PETER HUBER

Die englische forum-non-conveniens-Doktrin und ihre Anwendung im Rahmen des Europäischen Gerichtsstands- und Vollstreckungsübereinkommens

Schriften zum Internationalen Recht

Band 68

Die englische forum-non-conveniens-Doktrin und ihre Anwendung im Rahmen des Europäischen Gerichtsstands- und Vollstreckungsübereinkommens

Von

Peter Huber LL.M. (London)

Duncker & Humblot · Berlin

Die Deutsche Bibliothek – CIP-Einheitsaufnahme

Huber, Peter:
Die englische Forum-non-conveniens-Doktrin und ihre Anwendung im Rahmen des Europäischen Gerichtsstands- und Vollstreckungsübereinkommens / von Peter Huber. – Berlin : Duncker und Humblot, 1994
(Schriften zum Internationalen Recht ; Bd. 68)
Zugl.: Regensburg, Univ., Diss., 1993
ISBN 3-428-08148-X
NE: GT

Fotoprint: Berliner Buchdruckerei Union GmbH, Berlin
Printed in Germany

ISSN 0720-7646
ISBN 3-428-08148-X

Gedruckt auf alterungsbeständigem (säurefreiem) Papier
gemäß der ANSI-Norm für Bibliotheken

Meinen Eltern

Vorwort

Die vorliegende Arbeit wurde im Sommersemester 1993 von der Juristischen Fakultät der Universität Regensburg als Dissertation angenommen. Sie ist auf dem Stand von Mai 1993. Danach erschienene Literatur konnte vereinzelt berücksichtigt werden.

Danken möchte ich allen voran meinen Eltern, die mich immer vorbehaltlos unterstützt haben. Besonderer Dank gebührt auch meinem Doktorvater, Prof. Dr. Dieter Henrich, für die stete Förderung seit den Anfangssemestern meines Studiums, die Betreuung der Dissertation und die Möglichkeit, an seinem Lehrstuhl tätig zu sein. Ebenso möchte ich mich bei Prof. Dr. Peter Gottwald für zahlreiche Ratschläge und die Erstellung des Zweitgutachtens sowie bei Prof. C. G. J. Morse vom King's College London für die Vermittlung der Kenntnisse des englischen Rechts bedanken.

Peter Huber

Inhaltsübersicht

Inhaltsverzeichnis

Abkürzungsverzeichnis

A.A., a.A.	anderer Ansicht
abl.	ablehnend
Abl. EG	Amtsblatt der Europäischen Gemeinschaften
A.C.	Appeal Cases (The Law Reports, House of Lords and Judicial Committee of the Privy Council and Peerage Cases)
AcP	Archiv für die civilistische Praxis
All E.R.	All England Law Reports
Anh.	Anhang
Anm.	Anmerkung
Art.	Artikel
Aufl.	Auflage
AWD	Außenwirtschaftsdienst des Betriebs-Beraters
Bd.	Band
BGB	Bürgerliches Gesetzbuch
BGBl.	Bundesgesetzblatt
BGH	Bundesgerichtshof
bzw.	beziehungsweise
C.A.	Court of Appeal
Cambridge L.J.	Cambridge Law Journal
Ch., Ch.D.	The Law Reports, Chancery Division
CJJA 1982	Civil Jurisdiction and Judgments Act 1982
Col. L.R.	Columbia Law Review
Cornell Int. L.J.	Cornell International Law Journal
d.h.	das heißt
ders.	derselbe
Einl.	Einleitung
E.L.R.	European Law Review
EuGH	Gerichtshof der Europäischen Gemeinschaften
EuGVÜ	Europäisches Übereinkommen über die gerichtliche Zuständigkeit und die Vollstreckung gerichtlicher Entscheidungen in Zivil- und Handelssachen vom 27.9.1968
EuZPR	Europäisches Zivilprozeßrecht

EuZW	Europäische Zeitschrift für Wirtschaftsrecht
EWGV	Vertrag zur Gründung der Europäischen Wirtschaftsgemeinschaft vom 25.3.1957
f., ff.	und folgende
FamRZ	Zeitschrift für das gesamte Familienrecht
Fn.	Fußnote
Fordham Int.L.J.	Fordham International Law Journal
FS	Festschrift
GA	Generalanwalt beim EuGH
Harvard L.R.	Harvard Law Review
Hdb. IZVR	Handbuch des Internationalen Zivilverfahrensrechts
H.L.	House of Lords
Hrsg.	Herausgeber
I.C.L.Q.	The International and Comparative Law Quarterly
i.e.S.	im engeren Sinn
insbes.	insbesondere
IPRax	Praxis des internationalen Privat- und Verfahrensrechts
i.V.m.	in Verbindung mit
i.w.S.	im weiteren Sinn
IZPR	Internationales Zivilprozeßrecht
IZVR	Internationales Zivilverfahrensrecht
J.	Justice
JA	Juristische Arbeitsblätter
J.B.L.	Journal of Business Law
JZ	Juristenzeitung
Kap.	Kapitel
K.B.	The Law Reports, King's Bench Division
L.J.	Lord Justice
Lloyd's M.C.L.Q.	Lloyd's Maritime and Commercial Law Quarterly
Lloyd's Rep.	Lloyd's Law Reports
L.Q.R.	The Law Quarterly Review
L.S.	Legal Studies
m.	mit
M.R.	Master of the Rolls
MünchKommZPO	Münchner Kommentar zur Zivilprozeßordnung
m.w.N.	mit weiteren Nachweisen
n.F.	neue Fassung
N.I.L.Q.	Northern Ireland Legal Quarterly

NJW	Neue Juristische Wochenschrift
No., Nr(n).	Nummer(n)
OHG	Offene Handelsgesellschaft
OLG	Oberlandesgericht
Ord.	Order
Oxford J.L.S.	Oxford Journal of Legal Studies
P&I Club	Protection and Indemnity Association
P., P.D.	The Law Reports, Probate Division
Pr.C.	Privy Council
Q.B.	The Law Reports, Queen's Bench Division
r.	rule
RabelsZ	Rabels Zeitschrift für ausländisches und internationales Privatrecht
R.C.D.I.P.	Revue critique de droit international privé
Rdnr., Rdnrn.	Randnummer(n)
RIW, RIW/AWD	Recht der internationalen Wirtschaft
Rs.	Rechtssache
R.S.C.	Rules of the Supreme Court
S.	Seite
s.	siehe
S.C.	Session Cases
Sect., sect.	Section
S.I.	Statutory Instruments
Siehe o.	Siehe oben
Siehe u.	Siehe unten
Slg.	Sammlung der Rechtsprechung des EuGH
StAZ	Das Standesamt
S.Z.I.E.R.	Schweizerische Zeitschrift für internationales und europäisches Recht
T.L.R.	Times Law Reports
TransportR	Transportrecht
Tulane L.R.	Tulane Law Review
u.a.	und andere
US	United States Supreme Court Reports
v.	versus
Vgl., vgl.	Vergleiche
W.L.R.	The Weekly Law Reports
WM	Wertpapier-Mitteilungen
Z.B., z.B.	Zum Beispiel

ZfRvgl.	Zeitschrift für Rechtsvergleichung
zit.	zitiert
ZPO	Zivilprozeßordnung vom 30.1.1877
ZZP	Zeitschrift für Zivilprozeß

Einleitung

Die forum-non-conveniens-Doktrin ermöglicht es dem Gericht, eine an sich eröffnete internationale Zuständigkeit nicht in Anspruch zu nehmen, wenn es der Ansicht ist, es gebe ein anderes, besser geeignetes Gericht für das betreffende Verfahren. Dabei wird dem Gericht ein weiter Ermessensspielraum zugestanden.

Ihren Ursprung hat die forum-non-conveniens-Lehre im schottischen Recht des 17. Jahrhunderts. Im 20. Jahrhundert setzte sie sich auch im US-amerikanischen Recht durch. Die englischen Gerichte dagegen standen ihr lange Zeit skeptisch gegenüber und akzeptierten nur eine enge, auf Fälle von Rechtsmißbrauch beschränkte Version der Doktrin. Umso erstaunlicher war es, daß das House of Lords zwischen 1973 und 1987 in einer Serie von vier Entscheidungen das Steuer herumwarf und eine voll ausgeprägte forum-non-conveniens-Lehre auch für das englische Recht entwickelte.

Die Begeisterung der Gerichte über das neue Rechtsinstitut war so groß, daß sich der Court of Appeal dafür aussprach, es – unter bestimmten Voraussetzungen – auch im Rahmen des zwischenzeitlich für England in Kraft getretenen Europäischen Gerichtsstands- und Vollstreckungsübereinkommens (EuGVÜ) anzuwenden. Dies forderte heftigen Widerspruch heraus und führte zu einer Vorlage des House of Lords an den Europäischen Gerichtshof.

Die vorliegende Arbeit ist in drei Teile gegliedert. Der erste Teil schildert die Entwicklung der forum-non-conveniens-Lehre im Rahmen des traditionellen englischen Common Law unter Berücksichtigung ihrer schottischen Ursprünge. Der zweite Teil analysiert die Anwendungspraxis der englischen Gerichte und versucht, eine kurze Bewertung der englischen Erfahrungen zu geben. Der dritte Teil beschäftigt sich mit der Anwendbarkeit der englischen forum-non-conveniens-Doktrin im Rahmen des EuGVÜ.

Die Arbeit beschränkt sich auf die Entwicklung und Anwendung der Doktrin in schuld- und wirtschaftsrechtlichen Streitigkeiten. Nur vereinzelt werden Entscheidungen zu spezialgesetzlich geregelten Fällen von forum non conveniens im Familien- oder Erbrecht[1] herangezogen. Ausgeklammert

---

[1] Vgl. dazu *Cheshire/North*, S. 221.

bleiben grundsätzlich auch die Ermessensspielräume, die das englische Recht dem Gericht bei der Beurteilung der Derogationswirkung von Gerichtsstandsvereinbarungen[2] oder bei der Inanspruchnahme der Zuständigkeit über abwesende Beklagte gemäß Order 11 der Rules of the Supreme Court[3] gewährt. Entscheidungen zu diesen Problemkreisen werden nur berücksichtigt, wenn ihre Aussagen auch für klassische forum-non-conveniens-Fälle von Bedeutung sind.

Im englischen Recht wird die Beachtung ausländischer Rechtshängigkeit unter dem Stichwort lis alibi pendens als Unterfall der forum-non-conveniens-Doktrin betrachtet und in das Ermessen des Gerichts gestellt. Deshalb erstreckt sich die Arbeit auch auf diesen Problemkreis. Dabei wird bei der ausländischen Rechtshängigkeit (lis alibi pendens) zwischen zwei Fallgruppen unterschieden: derjenigen, in der Identität von Streitgegenstand und Parteien besteht (ausländische Rechtshängigkeit bzw. lis alibi pendens i.e.S.) und derjenigen, in der dies nicht der Fall ist, in der aber trotzdem ein so enger Zusammenhang zwischen beiden Verfahren besteht, daß ein gemeinsames Verfahren notwendig erscheint („konnexe" oder „im Zusammenhang stehende" Verfahren).

---

[2] Vgl. *Cheshire/North*, S. 234 ff.

[3] Siehe u. 1. Kap., B, 1, 3.

1. Teil

Die forum-non-conveniens-Doktrin im traditionellen englischen Common Law

1. Kapitel

Überblick über das traditionelle System der internationalen Zuständigkeit in wirtschaftsrechtlichen Streitigkeiten

Die Frage, wann englische Gerichte international zuständig sind, wann sie also "jurisdiction to hear the case" haben, unterliegt in England verschiedenen Regeln je nachdem, ob das EuGVÜ anwendbar ist oder nicht. Das EuGVÜ wurde im Vereinigten Königreich durch den Civil Jurisdiction and Judgments Act 1982 (CJJA 1982) mit Wirkung zum 1. Januar 1987 in Kraft gesetzt. In der Form des 3. Beitrittsübereinkommens von 1989 ist es seit dem 1. Dezember 1991 in Kraft. Außerdem hat der Civil Jurisdiction and Judgments Act 1992 (CJJA 1992) das Parallelabkommen von Lugano mit Wirkung zum 1. Mai 1992 in Kraft gesetzt. Finden weder das EuGVÜ noch das Abkommen von Lugano Anwendung, so gelten die traditionellen Zuständigkeitsregeln des Common Law weiter.

Um diese Regeln sinnvoll darstellen zu können, ist es notwendig, zuerst einen kurzen Einblick in Gerichtsorganisation und Verfahrenseinleitung in England zu geben.

A. Gerichtsorganisation und Verfahrenseinleitung

I. Gerichtsorganisation[1]

Obwohl das Vereinigte Königreich – bestehend aus England und Wales, Schottland und Nordirland – *ein* Staat ist, haben nur England und Wales ein gemeinsames Rechtssystem.[2] Bezugnahmen auf das „englische Recht" beziehen sich deshalb auf dieses Rechtssystem, nicht aber auf schottisches oder nordirisches Recht.

In privat- und wirtschaftsrechtlichen Streitigkeiten gibt es in der ersten Instanz zwei verschiedene Arten von Gerichten, die County Courts und den High Court.[3] Die County Courts sind über das gesamte Land verstreut und können in der Regel nur Klagen bis zu einem bestimmten Streitwert hören.[4] Der High Court, der in London und in bestimmten anderen Städten zu Gericht sitzt, unterliegt nach oben keinerlei Beschränkungen bezüglich des Streitwerts.[5] Insbesondere in internationalen Wirtschaftsstreitigkeiten ist der High Court deshalb fast immer die angerufene erste Instanz. Er besteht aus drei Abteilungen, der Queen's Bench Division, der Chancery Division und der Family Division.[6] Die meisten privat- und wirtschaftsrechtlichen Streitigkeiten fallen in den Bereich der Queen's Bench Division; viele von ihnen werden vor einer der beiden Unterabteilungen der Queen's Bench Division verhandelt, nämlich dem Admiralty Court oder dem Commercial Court.[7] Die Chancery Division beschäftigt sich hauptsächlich mit Fragen des Landerwerbs, mit trusts und mit insolvenzrechtlichen Verfahren, die Family Division mit familienrechtlichen Verfahren.[8]

---

[1] Vgl. dazu allgemein *Henrich*, S. 7 ff.

[2] *O'Malley/Layton*, Rdnr. 56.01.

[3] *O'Malley/Layton*, Rdnr. 56.18 ff.

[4] County Courts Act 1984, Sect. 15; gegenwärtig liegt beispielsweise die grundsätzliche Streitwertgrenze für vertragliche und deliktische Klagen bei 25000 Pfund. Liegt der Streitwert zwischen 25000 und 50000 Pfund, so wird nach bestimmten weiteren Kriterien entschieden, ob der County Court oder der High Court zuständig ist. Liegt der Streitwert über 50000 Pfund, so ist immer der High Court zuständig. Neben diesen Regeln für vertragliche und deliktische Klagen gibt es noch zahlreiche Spezialfälle, vgl. im einzelnen die High Court and County Courts Jurisdiction Order 1991 (S.I. 1991/724), die aufgrund von Sect. 1 des Courts and Legal Services Act 1990 erlassen wurde.

[5] Vgl. zum High Court allgemein *Henrich*, S. 9 ff.

[6] Supreme Court Act 1981, Sect. 5.

[7] Vgl. Supreme Court Act 1981, Sect. 6(1)(b).

[8] *O'Malley/Layton*, Rdnr. 56.20.

Appeals gegen die Entscheidung der erstinstanzlichen Gerichte kommen vor den Court of Appeal in London.[9] Court of Appeal und High Court formen zusammen den sogenannten Supreme Court of Judicature.[10]

Gegen die Entscheidung des Court of Appeal ist ein weiterer appeal zum House of Lords grundsätzlich möglich, bedarf aber der Zulassung entweder durch den Court of Appeal oder durch das House of Lords selbst.[11]

II. Grundsätze der Verfahrenseinleitung

Das Verfahren vor dem High Court richtet sich gegenwärtig im wesentlichen nach den Rules of the Supreme Court 1965 (R.S.C.), einer Sammlung von vom Supreme Court im Rahmen einer abgeleiteten Gesetzgebungsgewalt aufgestellten Verfahrensregeln.[12]

Grundsätzlich gibt es nach R.S.C., Order 5, rule 1 vier Möglichkeiten, das Verfahren vor dem High Court einzuleiten: writ, originating summons, originating motion und petition.

Die beiden letzteren Möglichkeiten gibt es nur in speziell geregelten Sonderfällen. Ein originating summons wird in der Praxis gewöhnlicherweise nur gewählt, wenn die Tatsachen nicht strittig sind und es nur um die Auslegung eines Gesetzes geht. Die meisten Verfahren vor der Queen's Bench Division werden deshalb durch ein writ eingeleitet.[13]

Ein writ ist ein die Klageformel enthaltendes Schriftstück, das vom Kläger angefertigt wird. Dieser reicht es beim Gericht ein, wo es – vorausgesetzt es erfüllt gewisse Formvorschriften (R.S.C., Order 6), und der Kläger hat die Gebühr bezahlt – mit dem Siegel des Gerichts versehen wird; zu diesem Zeitpunkt gilt das writ als ausgestellt (issued). Um das Verfahren ins Laufen zu bringen, muß das writ dem Beklagten zugestellt werden. Die Zustellung ist Sache des Klägers, dem dafür nur eine bestimmte Zeit zusteht (in der Regel 4 Monate); überschreitet er diese, so verfällt das writ.[14]

---

[9] Supreme Court Act 1981, Sect. 16(1).

[10] Supreme Court Act 1981, Sect. 1.

[11] *O'Malley/Layton*, Rdnr. 56.22.

[12] Supreme Court Act 1981, Sect. 84; *O'Hare/Hill*, S. 1; die einzelnen Orders der Rules of the Supreme Court sind in *Jacob*, The Supreme Court Practice 1991 abgedruckt und kommentiert.

[13] *O'Hare/Hill*, S. 128 f., vgl. R.S.C., Ord.5, r.1 – 5.

[14] Vgl. *O'Hare/Hill*, S. 129 ff. und R.S.C., Ord.6. (auch zum erforderlichen Inhalt des writ); zu den zeitlichen Grenzen insbesondere R.S.C., Ord. 6, r. 8.

B. Internationale Zuständigkeit (jurisdiction) englischer Gerichte nach den traditionellen Regeln

In Fällen, in denen weder das EuGVÜ noch das Parallelabkommen von Lugano Anwendung finden, gelten weiterhin die traditionellen Regeln des Common Law. Dabei ist zwischen actions in personam und actions in rem zu unterscheiden.

Die actio in rem des römischen Rechts war darauf gerichtet, die Rechte an einer Sache mit Wirkung gegenüber jedermann festzustellen.[15] Mit dieser Form der Klage hat die action in rem des englischen Rechts nicht mehr viel gemein. Ihr Anwendungsbereich ist auf Arrestverfahren gegen Schiffe und Luftfahrzeuge im Rahmen der Admiralty jurisdiction der Queen's Bench Division begrenzt.[16]

Actions in personam setzen Rechte und Pflichten der Parteien untereinander fest,[17] umfassen dabei aber auch Klagen, die dingliche Rechte an Sachen betreffen. Man darf deshalb die Unterscheidung zwischen actions in rem und actions in personam nicht mit der im deutschen Recht üblichen Unterscheidung zwischen dinglichen und obligatorischen Rechten gleichsetzen.

I. Actions in personam

Das System der Common-Law-Zuständigkeit unterscheidet sich fundamental von der Regelung der internationalen Zuständigkeit in der ZPO oder im EuGVÜ. ZPO und EuGVÜ setzen bestimmte – auf Sachverhalts- oder Parteinähe beruhende – Voraussetzungen fest, die erfüllt sein müssen, um die internationale Zuständigkeit eines Gerichts zu begründen; liegen diese Voraussetzungen vor, so ist das Gericht zuständig.[18] Der Ausgangspunkt des Common Law war dagegen streng prozessual. Die englischen Gerichte hatten immer dann Zuständigkeit über einen Beklagten, wenn ihm das writ (oder gegebenenfalls das andere prozeßeinleitende Schriftstück[19]) zugestellt werden konnte, während er sich innerhalb englischen Hoheitsgebiets

---

15 Vgl. *Kaser*, S. 34

16 *Dicey/Morris*, Bd. 1, S. 377; *O'Malley/Layton*, Rdnr. 1.07.

17 *Cheshire/North*, S. 182.

18 *Kropholler*, Hdb. IZVR I, Kap. III, Rdnr. 208.

19 Siehe o. 1. Kap., II.

aufhielt.[20] Auf den Grad der Verbindung des Sachverhalts mit England kam es nicht an.

Die Kehrseite dieses Prinzips war, daß die englischen Gerichte grundsätzlich keine Möglichkeit hatten, sich international für zuständig zu erklären, wenn der Beklagte nicht in England anwesend war, mochte der Sachverhalt auch noch so enge Verbindungen mit England aufweisen. Deshalb hat der Common Law Procedure Act 1852 englischen Gerichten die Befugnis gegeben, nach ihrem Ermessen abwesende Beklagte vor ihre Schranken zu zitieren. Diese Befugnis findet sich jetzt in R.S.C., Order 11.[21]

Eine zweite Ausnahme vom Prinzip der Anwesenheitszuständigkeit ist, daß die Unterwerfung (submission) des abwesenden Beklagten die internationale Zuständigkeit begründen kann.[22]

1. Zuständigkeit über anwesende Beklagte

Der klassische Fall internationaler Zuständigkeit ist also, daß dem Beklagten die Klageschrift zugestellt werden kann, während er in England anwesend ist (service of the writ on a defendant present within the jurisdiction).[23] Die entscheidende Frage ist deshalb immer, ob der Beklagte in England anwesend ist. Dabei muß man zwischen natürlichen Personen, nichtrechtsfähigen Gesellschaften (partnerships) und rechtsfähigen Gesellschaften (corporations) unterscheiden.

Wichtig ist dabei, daß es sich in jedem Fall um einen *allgemeinen* Gerichtsstand handelt. Er ist also auch für solche Streitigkeiten eröffnet, die nichts mit der Anwesenheit des Beklagten in England zu tun haben.[24]

a) Natürliche Personen (individuals)

Zwei Bedingungen müssen erfüllt sein, damit das englische Gericht jurisdiction über den Beklagten hat. Er muß sich in England aufhalten (presence), und die Klageschrift (writ) muß ihm dort zugestellt werden. Dies

---

[20] Vgl. *Cheshire/North*, S. 182.

[21] *Cheshire/North*, S. 190.

[22] *Cheshire/North*, S. 183.

[23] *Cheshire/North*, S. 183.

[24] *Cheshire/North*, S. 182; *Dicey/Morris*, Bd. 1, S. 297.

wirft zwei Fragen auf: Erstens, was bedeutet presence? Und zweitens, muß die Zustellung erfolgen, während der Beklagte sich in England aufhält?

Presence bedeutet einfach körperliche Anwesenheit.[25] Dabei ist anerkannt, daß auch eine bloß vorübergehende Anwesenheit in England genügt, selbst wenn sie nichts mit dem der Klage zugrundeliegenden Sachverhalt zu tun hat.[26] Ein gutes Beispiel hierfür gibt das Urteil von Lord Denning M.R. in Maharanee of Baroda v. Wildenstein.[27] Der Beklagte, M. Wildenstein, war ein französischer Kunsthändler, der hauptsächlich in Frankreich lebte. Als er im Juni 1970 für die Pferderennen in Ascot nach England kam, stellten ihm die Anwälte der Klägerin das writ am Rande der Rennbahn persönlich zu. Der Court of Appeal akzeptierte das und betrachtete sich als zuständig.

Zu höchstrichterlichen Ehren kam unlängst die zweite Frage, ob nämlich der Beklagte just in dem Moment in England anwesend sein müsse, in dem die Zustellung erfolge. R.S.C., Order 10, rule 1 gewährt prinzipiell drei Möglichkeiten der Zustellung: persönliche „Übergabe" an den Beklagten, Versendung per Post an die gewöhnliche oder letztbekannte Adresse oder Einwurf in den Briefkasten bei dieser Adresse. Bei Versendung oder Einwurf in den Briefkasten wird vermutet, daß die Zustellung am siebenten Tag nach der Zustellung erfolgt sei.[28]

In Barclays Bank of Swaziland v. Hahn[29] war nun folgendes passiert: Mr. Hahn war südafrikanischer Staatsbürger. Er verbrachte seine Zeit an verschiedenen Orten in der Welt und besaß unter anderem eine Wohnung in England. Die Klägerin behauptete, daß Mr. Hahn ihr 12 Millionen Pfund schuldete. Sie versuchte, das writ ins Ausland zuzustellen, was sich aber aus faktischen Gründen als nicht möglich erwies. Am 14. April 1987 wurde Mr. Hahn – aus Südafrika kommend – in England erwartet. An diesem Tag suchte ein Angestellter der Anwälte der Klägerin diese Wohnung auf und erfuhr von einem Bediensteten, daß Mr. Hahn für den Abend zurückerwartet werde. Daraufhin warf er den versiegelten Umschlag mit dem writ in den Briefkasten. Am Abend holte der Bedienstete Mr. und Mrs. Hahn am Flughafen ab und erzählte ihnen von dem eingeworfenen Umschlag. Mr. Hahn

---

25 Vgl. *Cheshire/North*, S. 183.

26 Colt Industries v. Sarlie [1966] 1 W.L.R. 440, 444; *Cheshire/North*, S. 183.

27 H.R.H. Maharanee Seethadevi Gaekwar of Baroda v. Wildenstein [1972] 2 Q.B. 283 (C.A.)

28 R.S.C., Ord. 10, r.3 (a).

29 Barclays Bank of Swaziland v. Hahn [1989] 1 W.L.R. 506 (H.L.); dazu *Beck*, (1990) 106 L.Q.R. 47.

änderte nun seine Pläne und ließ sich in einem Hotel absetzen. Nur seine Frau fuhr nach Hause, sah sich den Umschlag an und fuhr zurück zu ihrem Mann. Beide begaben sich dann zu einem anderen Hotel nahe des Flughafens und verließen England am nächsten Tag in Richtung Genf, ohne daß Mr. Hahn seine Wohnung einmal betreten hätte.

Mr. Hahn bestritt nun die Zuständigkeit der englischen Gerichte mit dem Argument, er sei weder zum Zeitpunkt des Einwurfs des writ in den Briefkasten, noch am siebten Tag danach, also an keinem der in Frage kommenden Zeitpunkte, in England anwesend gewesen, so daß das writ nicht ordnungsgemäß zugestellt worden sei.

Diese Verteidigung wurde im Court of Appeal mit dem Argument zurückgewiesen, die Anwesenheit des Beklagten müsse nicht genau zum Zeitpunkt der Zustellung vorliegen. Auch eine frühere Anwesenheit sei ausreichend, wenn der Kläger nachweisen könne, daß es wahrscheinlich sei, daß die Klageschrift innerhalb von sieben Tagen zur Kenntnis des Beklagten gelange.[30] Das House of Lords jedoch verwarf diese Begründung, weil sie das Erfordernis der personal presence aushöhlen würde und nicht in das System von R.S.C., Order 11 und Order 10 passe. Vielmehr sei es schon erforderlich, daß der Beklagte zur Zeit der Zustellung der Klageschrift in England anwesend sei. Allerdings wollte auch das House of Lords Mr. Hahn hier nicht so leicht entwischen lassen und kam auf einem anderen Weg zu einer ordnungsgemäßen Zustellung. Es entschied, daß die sieben-Tage-Vermutung gemäß R.S.C., Order 10, rule 3(a) widerlegt sei, wenn der Kläger darlegen könne, daß der Beklagte von dem ordnungsgemäß eingeworfenen writ Kenntnis erlangt habe, während er in England anwesend war. Zu diesem Zeitpunkt sei das writ ordnungsgemäß zugestellt.[31]

Das bedeutet also, daß der Beklagte prinzipiell zur Zeit der Zustellung der Klageschrift in England anwesend sein muß. Bei Einwurf der Klageschrift in den Briefkasten des Beklagten besteht zunächst eine Vermutung, daß dieser Zeitpunkt sieben Tage nach Einwurf eintritt; diese kann aber durch den Nachweis widerlegt werden, daß der anwesende Beklagte zu einem früheren Zeitpunkt von dem Einwurf der Klageschrift in seinen Briefkasten Kenntnis erlangt hat.

---

[30] Barclays Bank of Swaziland Ltd. v. Hahn [1989] 1 W.L.R. 13, 16 f. (C.A.).

[31] Barclays Bank of Swaziland v. Hahn [1989] 1 W.L.R. 506, 511 (H.L.); vgl. auch *O'Hare/Hill*, S. 150.

b) Nichtrechtsfähige Gesellschaften (partnerships)

Eine partnership im Sinne des Partnership Act 1890 ist eine "relation which subsists between persons carrying on business in common with a view of profit".[32] Sie besitzt keine eigene Rechtsfähigkeit; die Partner können aber im Namen der partnership klagen und verklagt werden. Sie ähnelt der OHG des deutschen Rechts, und eine Abwandlung, die limited partnership, ist mit der deutschen Kommanditgesellschaft vergleichbar.[33]

Weil die partnership keine eigene Rechtsfähigkeit besitzt, hatte man ursprünglich gefolgert, daß die einzige Möglichkeit, sie zu verklagen, darin bestünde, jedem Partner einzeln die Klageschrift zuzustellen, was nach den oben besprochenen Grundsätzen wiederum voraussetzen würde, daß alle Partner in England anwesend wären.[34] Dieses wenig praktikable Ergebnis änderten die Rules of the Supreme Court (R.S.C.) im Jahre 1891. Die heute geltende Fassung ist in R.S.C., Order 81, rule 1 und 3 enthalten. Danach kann einer partnership, die in England Geschäfte betreibt, die Klageschrift ordnungsgemäß zugestellt werden durch Zustellung entweder an einen der Partner (der dazu aber in England anwesend sein muß) oder an jede Person, die über den Hauptgeschäftssitz der partnership in England die Kontrolle ausübt, oder per Post an die Adresse dieses Hauptgeschäftssitzes.

c) Rechtsfähige Gesellschaften (corporations)

Bei den Gesellschaften muß man zwischen englischen und ausländischen Gesellschaften unterscheiden. Englische Gesellschaften sind solche, die nach englischem Recht gegründet wurden. Dies kann auf dreierlei Weise geschehen: Gründung durch die Krone (by Royal Charter), durch ein spezielles Gesetz (by special statute) oder durch Registrierung nach dem Companies Act in seiner jeweils gültigen Fassung.[35] In diesen Fällen gilt die Gesellschaft schon kraft ihrer Inkorporation in England als anwesend[36] und die Zustellung der Klageschrift kann gemäß Section 725(1) Companies Act 1985 am registered office der Gesellschaft erfolgen.

---

[32] Partnership Act 1890, Sect. 1.

[33] *Jasper*, S. 29.

[34] Vgl. *Park/Cromie*, S. 22.

[35] *Brown*, S. 97 ff.

[36] *Dicey/Morris*, Bd. 1, S. 295.

Wann eine ausländische Gesellschaft anwesend im Sinne der personal presence rule ist, wurde ursprünglich nach den Regeln des Common Law bestimmt. Die in mehreren Entscheidungen[37] entwickelten Erfordernisse lassen sich in drei Punkten zusammenfassen: Sie muß, erstens, von einem bestimmten Geschäftssitz in England aus Geschäfte betreiben (to carry on business from some fixed place of business). Dies muß, zweitens, eine nicht unerhebliche Zeit lang der Fall sein (a sufficiently substantial period of time). Und drittens muß die Person, durch die sie diese Geschäfte betreibt, Vertretungsmacht für die Gesellschaft haben (authority to bind).

War eine ausländische Gesellschaft danach anwesend, so konnte ihr das writ gemäß R.S.C., Order 65, rule 3(1) zugestellt werden, indem es dem Geschäftsführer, dem Präsidenten oder einem ähnlichen Funktionsträger zugestellt wurde.[38]

Diese Grundsätze für die Zuständigkeit in Klagen gegen ausländische Gesellschaften werden jetzt aber durch eine ausdrückliche Regelung im Companies Act 1985, Sections 691 ff., verdrängt.[39] Voraussetzung für die Anwendung der Sect. 691 ff. ist gemäß Section 691(1), daß es sich um eine außerhalb Englands gegründete Gesellschaft handelt, die einen place of business in England besitzt. Die Frage ist deshalb, welche Voraussetzungen erfüllt sein müssen, damit eine Gesellschaft einen place of business (in etwa mit Geschäftssitz zu übersetzen) in England hat.[40] Lange Zeit war hier vieles unklar. Inzwischen hat der Court of Appeal in Adams v. Cape Industries[41] wenigstens allgemeine Richtlinien zur presence von ausländischen Gesellschaften gegeben (dabei aber auch klargestellt, daß es sich nicht um eine abschließende Aufzählung handle). Erforderlich sei, daß es einen bestimmten place of business gebe, von dem aus – für eine mehr als minimale Zeit – die Geschäfte der ausländischen Gesellschaft betrieben worden seien, sei es durch eine förmliche Niederlassung mit eigenem Personal (sogenannte branch-office-Fälle), sei es durch einen Vertreter (representative). Entscheidend sei jeweils, daß es sich um die Geschäfte der Gesellschaft gehandelt habe und nicht um eigene Geschäfte der Niederlassung bzw. des Vertreters in England. Dies sei bei Niederlassungen mit eigenen Angestell-

---

[37] Dunlop Pneumatic Tyre v. Cudell [1902] 1 K.B. 342 (C.A.); Saccharin Corporation v. Chemische Fabrik von Heyden [1911] 2 K.B. 516 (C.A.); Okura v. Forsbacka Jernverks [1914] 1 K.B. 715 (C.A.).

[38] *Cheshire/North*, S. 185.

[39] Eine entsprechende Regelung fand sich auch im alten Companies Act 1948, Sect. 406 ff.

[40] Diese Frage muß streng genommen schon im Rahmen der Sect. 691 geprüft werden, weil es Tatbestandsvoraussetzung für die Anwendung von Sect. 691, 695 ist.

[41] Adams v. Cape Industries Plc. [1990] 2 W.L.R. 657, 747 f. (C.A.).

ten in der Regel gegeben. Bei Vertretern dagegen müsse man alle Umstände des Falls genau untersuchen. Die Frage, ob der Vertreter auch Vertretungsmacht für die Gesellschaft gehabt habe, sei dabei ein wichtiger Faktor; für sich allein genommen, sei er aber weder notwendig noch ausreichend.[42] Andere Faktoren seien zum Beispiel der Grad des Einflusses der Gesellschaft auf die Geschäfte des Vertreters oder die Frage, wer die Angestellten und die Geschäftsräume des Vertreters bezahle.[43]

Fällt eine ausländische Gesellschaft danach unter Section 691(1), so ist sie verpflichtet, beim zuständigen Gesellschaftsregister unter anderem eine Liste mit Namen und Adressen von Personen zu deponieren, die von der Gesellschaft ermächtigt sind, Klageschriften anzunehmen. Klageschriften können dann mit Wirkung gegen die Gesellschaft nach Section 695(1) diesen Personen an diese Adresse zugestellt werden. Hat eine ausländische Gesellschaft dies nicht getan oder ist die Zustellung an diese Personen aus anderen Gründen nicht möglich, so ermöglicht Section 695(2)(b) die Zustellung an jeden anderen place of business, den die Gesellschaft in England besitzt.

Wenn die Zustellung an die Adresse einer der gemäß Section 691(1) registrierten Personen erfolgt, ist es nicht erforderlich, daß die Gesellschaft zur Zeit der Zustellung noch Geschäfte in England betreibt.[44] Solange Name und Adresse dieser Personen im Register stehen, kann also die Zustellung an diese Adresse erfolgen.[45] Im Falle der Zustellung an einen place of business der Gesellschaft in England (Section 695(2)) dagegen muß die Gesellschaft zur Zeit der Zustellung noch geschäftliche Aktivitäten von diesem Geschäftssitz aus betreiben.[46]

Das Grundmuster für die Annahme englischer internationaler Zuständigkeit ist also bei Einzelpersonen, nichtrechtsfähigen Gesellschaften und rechtsfähigen Gesellschaften das gleiche: Erforderlich ist eine Art von presence des Beklagten und die ordnungsgemäße Zustellung der Klageschrift an ihn. Sind diese Voraussetzungen erfüllt, so ist ein allgemeiner Gerichtsstand eröffnet.

---

42 Insofern weicht die neue Rechtslage also von der alten Common-Law-Doktrin ab, die Vertretungsmacht für notwendig erachtete.

43 Adams v. Cape Industries Plc. [1990] 2 W.L.R. 657, 747 f. (C.A.); vgl. auch *Cheshire/North*, S. 350 f.

44 Rome v. Punjab National Bank (No. 2) [1989] 1 W.L.R. 1211, 1219 (C.A.); s.auch Deverall v. Grant Advertising Inc. [1955] 1 Ch. 111 (C.A.); Sabatier v. The Trading Co. [1927] 1 Ch. 495.

45 *Cheshire/North*, S. 185.

46 Deverall v. Grant Advertising Inc. [1955] Ch. 111 (C.A.).

2. Zuständigkeit über abwesende Beklagte aufgrund von Unterwerfung (submission)

Als Ausnahme zur personal presence rule ist allgemein anerkannt, daß englische Gerichte auch Zuständigkeit über abwesende Beklagte haben, die sich der englischen Gerichtsgewalt freiwillig unterwerfen.[47] Diese Unterwerfung kann auf vielfältige Weise geschehen. Zum Beispiel liegt in der Anweisung des Beklagten an den Anwalt, die Klageschrift für ihn entgegenzunehmen, eine solche submission.[48] Das gleiche gilt, wenn der Beklagte die Zustellung des writ anerkennt, bevor es tatsächlich zugestellt wird.[49] Einlassung des Beklagten zur Hauptsache begründet ebenfalls eine submission,[50] nicht dagegen die bloße Bestreitung der Zuständigkeit des Gerichts.[51]

3. Zuständigkeit über abwesende Beklagte durch service of the writ out of jurisdiction gemäß R.S.C., Order 11

Wie bereits erwähnt, durchbrach der Common Law Procedure Act 1852 die strikte personal presence rule und gab den Gerichten eine in ihrem Ermessen stehende Gewalt, ihre Zuständigkeit unter bestimmten Voraussetzungen auch auf abwesende Beklagte zu erstrecken. Diese Möglichkeit, Zuständigkeit zu beanspruchen, findet sich heute in Order 11 der R.S.C. 1965[52] in der Form der am 1. Januar 1987 in Kraft getretenen Änderung von 1983.[53]

R.S.C., Order 11 begründet eine Form der erweiterten Zuständigkeit[54] (assumed jurisdiction[55]). Auch hier wird wieder der prozessuale Charakter deutlich: Die Zuständigkeit wird daran gekoppelt, daß dem Beklagten das

---

[47] *Cheshire/North*, S. 188; *Dicey/Morris*, Bd. 1, Rule 26, S. 299.

[48] R.S.C., Ord.10., r.1(4).

[49] R.S.C., Ord.10., r.1(5).

[50] Boyle v. Sacker [1888] 39 Ch.D. 249 (C.A.).

[51] R.S.C., Ord.12, r.8(6) und r.8(1).

[52] Eine weitere Möglichkeit in seerechtlichen Fällen findet sich noch in R.S.C., Ord. 75, r.4.

[53] R.S.C. (Amendment No. 2, 1983) S.I. 1983/1181 (L.21); diese Änderung sollte die Regeln für diese Art der Zuständigkeit mit den Vorschriften des durch den Civil Jurisdiction and Judgments Act 1982 in Kraft gesetzten EuGVÜ bringen.

[54] *Jasper*, S. 34.

[55] *Cheshire/North*, S. 190.

writ ins Ausland zugestellt wird (service of the writ out of jurisdiction). Dabei muß man zwei Fälle unterscheiden, nämlich die Zustellung ins Ausland mit der Zustimmung des Gerichts (with the leave of the court) und die Zustellung ins Ausland, die ohne eine solche Zustimmung erfolgen kann (without the leave of the court). Die Darstellung dieser Zuständigkeitsgründe kann hier kurz gehalten werden, weil die forum-non-conveniens-Doktrin, die den Gegenstand dieser Arbeit bildet, im Rahmen der klassischen presence-rule entwickelt wurde.

a) Service out of jurisdiction with the leave of the court

Drei Voraussetzungen müssen erfüllt sein, damit das Gericht seine Zustimmung zu einer Zustellung der Klage ins Ausland gibt und damit internationale Zuständigkeit über einen abwesenden Beklagten in Anspruch nimmt.[56] Erstens muß einer der Zuständigkeitsgründe, die in R.S.C., Order 11, rule 1(1) aufgeführt sind, gegeben sein. Zweitens muß der Kläger einen good arguable case on the merits haben, also vernünftige Erfolgsaussichten in der Sache. Dies folgt aus R.S.C., Order 11, rule 4(2).[57] Und drittens muß eine Ermessensprüfung des Gerichts ergeben, daß es sich um einen Fall handelt, in dem die Zustellung ins Ausland und damit die Inanspruchnahme internationaler Zuständigkeit angemessen ist. Auch dies wird aus R.S.C., Order 11, rule 4(2) gefolgert.[58] Die Last, darzulegen, daß alle drei Voraussetzungen gegeben sind, liegt beim Kläger.[59]

Die wichtigsten Fälle, die R.S.C., Order 11, rule 1(1) nennt, sind:
(a) "Domicile" des Beklagten in England.[60]
(b) Fälle, in denen der Kläger eine injunction gegen den Beklagten beantragt.[61]

---

[56] *Cheshire/North*, S. 191.

[57] *Jacob*, The Supreme Court Practice 1991, Bd. 1, Rdnr. 11/1/6.

[58] *Jacob*, The Supreme Court Practice 1991, Bd. 1, Rdnr. 11/1/6.

[59] *Cheshire/North*, S. 191.

[60] Hierbei ist zu beachten, daß gemäß R.S.C., Ord. 11, r.1(4) die Definition von "domicile" anzuwenden ist, die in Sect. 41 – 46 des Civil Jurisdiction and Judgments Act 1982 gegeben wird. Diese entspricht nicht dem traditionellen englischen Begriff von domicile. Vielmehr ähnelt sie dem Begriff des gewöhnlichen Wohnsitzes, der im kontinentaleuropäischen Kollisionsrecht gebräuchlich ist. Vgl. *Cheshire/North*, S. 192, m.w.N. in Fn. 25; *Jacob*, The Supreme Court Practice 1991, Bd. 1, Rdnr. 11/1/10.

[61] Allerdings muß es sich dabei um ein Verfahren handeln, dessen Hauptgegenstand gerade die Frage ist, ob eine solche Anordnung erlassen werden soll, so daß Anträge auf einstweilige Verfügungen (interlocutory injunctions) grundsätzlich nicht darunter fallen. Vgl. *Cheshire/North*, S. 192.

(c) Fälle, in denen die abwesende Person eine notwendige oder geeignete Zweitbeklagte (necessary or proper party) ist und der erstbeklagten Partei die Klageschrift ordnungsgemäß zugestellt wurde.[62]

(d) Vertragsstreitigkeiten, in denen einer der folgenden Anknüpfungspunkte mit England gegeben ist:
   (1) Vertragsschluß in England
   (2) Vertragsschluß unter Einschaltung eines in England handelnden oder wohnenden "Vertreters"[63]
   (3) Englisches Recht als Vertragsstatut[64]
   (4) Gerichtsstandsvereinbarung zugunsten des englischen High Court.

(e) Streitigkeiten wegen Vertragsbruchs, wenn der Vertragsbruch in England begangen wurde, unabhängig davon, wo der Vertrag geschlossen wurde.[65]

(f) Deliktische Streitigkeiten, wenn entweder der Tatort oder der Erfolgsort in England liegen.[66]

Weitere Zuständigkeitsgründe in den Buchstaben (g), (h), (i) betreffen in England belegene Immobilien und dingliche Sicherungsrechte an in England belegenen Sachen. In schuld- und wirtschaftsrechtlichen Streitigkeiten von Bedeutung ist ferner Buchstabe (m), der eine Zuständigkeit für die Anerkennung und Vollstreckung ausländischer Urteile und Schiedssprüche eröffnet (womit freilich noch nichts über die Voraussetzungen gesagt ist, die erfüllt sein müssen, damit das Urteil in England tatsächlich anerkannt oder vollstreckt werden kann[67]).

Kann der Kläger darlegen, daß einer dieser Gründe vorliegt und daß er einen good arguable case on the merits hat, bleibt ihm immer noch die Auf-

---

[62] Diese Möglichkeit wird von den Gerichten wegen der fehlenden territorialen Verbindung zu England restriktiv gehandhabt, vgl. *Cheshire/North*, S. 193 ff.

[63] Dabei ist es nicht erforderlich, daß dieser Vertreter Vertretungsmacht hatte, so daß dieser Grund selbst dann eingreift, wenn der „Vertreter" die Verträge nur vermittelte, ohne mit Wirkung für den Geschäftsherrn abzuschließen, s. National Mortgage and Agency Co. of New Zealand Ltd. v. Gosselin [1922] 38 T.L.R. 832 (C.A.).

[64] Zu der Frage, ob das anwendbare Recht nach den traditionellen Common-Law-Regeln für das proper law of the contract bestimmt werden soll oder nach den Regeln des Römischen EWG-Schuldvertragsabkommens vom 19.6.1980 (das für England am 1.4. 1991 in Kraft getreten ist) siehe *Cheshire/North*, S. 197 f.

[65] Diese Vorschrift gibt also einen alternativen Vertragsgerichtsstand, wenn R.S.C., Ord.11, r.1(1)(d) nicht eingreift.

[66] Dies entspricht der Interpretation die der EuGH dem Art. 5 Nr. 3 EuGVÜ in Bier v. Mines de Potasse d'Alsace gegeben hat (Slg. 1976, 1735 = NJW 1977, 493).

[67] Vgl. *Cheshire/North*, S. 202 und S. 348 ff.

gabe, das Gericht davon zu überzeugen, daß der Fall so gelagert ist, daß er eine Ermessensentscheidung für die Zustellung des writ ins Ausland rechtfertigt. Das Kriterium dafür ist, ob England "forum conveniens" für die Klage ist.[68] Die dafür relevanten Erwägungen hat das House of Lords in Spiliada Maritime Corporation v. Cansulex Ltd.[69] wiederholt und zum Teil neu formuliert. Insoweit sie auch im Rahmen der forum-non-conveniens-Doktrin von Bedeutung sind, werden sie im 4. Kapitel behandelt. Was darüber hinausgeht, ist nicht Gegenstand dieser Arbeit.

b) Service out of jurisdiction without the leave of the court

Die Zustimmung des Gerichts zur Zustellung ins Ausland ist in zwei Fällen nicht erforderlich, die in R.S.C., Order 11, rule 1(2) genannt sind: wenn sich die Zuständigkeit der englischen Gerichte aus dem Civil Jurisdiction and Judgments Act 1982 (also letztlich aus dem EuGVÜ) oder aus einem anderen, speziellen Gesetz ergibt.

II. Actions in rem

Actions in rem sind, wie bereits ausgeführt,[70] auf dingliche Arrestverfahren gegen Schiffe (und – selten – Flugzeuge) beschränkt. Sachlich zuständig[71] ist der Admiralty Court, eine Unterabteilung der Queen's Bench Division des High Court in London,[72] der daneben aber auch noch Zuständigkeiten in actions in personam hat.[73]

Die internationale Zuständigkeit für solche actions in rem wird durch service of the writ on the ship (aircraft) begründet, also durch Zustellung des writ an die res selbst.[74] Die action in rem richtet sich also grundsätzlich

---

[68] Vgl. *Cheshire/North*, S. 204: "clearly the most appropriate forum in the interests of the parties and the ends of justice".

[69] Spiliada Maritime Corporation v. Cansulex Ltd. [1987] 1 A.C. 460 (H.L.).

[70] Siehe o. 1. Kap., B.

[71] Die gesetzliche Grundlage dafür findet sich in Sect. 20, 21 des Supreme Court Act 1981.

[72] Siehe o. 1. Kap., A, I.

[73] *Dicey/Morris*, Bd. 1, S. 377, Fn. 1; allgemein zu Arrest und in-rem-Verfahren im englischen Recht *Schulze*, Transport R 1987, 409.

[74] The Nautik [1895] P. 121; zu Art und Weise dieser Zustellung für Schiffe vgl. R.S.C., Ord.75, r.11.

nicht in personam gegen den Schiffseigner, sondern gegen die res.[75] Dies hat zur Folge, daß – solange es bei einer action in rem bleibt – ein Urteil einerseits nur gegen die res vollstreckt werden kann und nicht gegen den Schiffseigner und sein übriges Vermögen, andererseits aber hinsichtlich der Rechte an der res bindend gegenüber jedermann ist, der ein Interesse an ihr haben könnte, unabhängig davon ob er Partei im Verfahren war oder ob er überhaupt der englischen Zuständigkeit unterworfen wäre.[76]

Die Zustellung kann nur erfolgen, wenn sich das Schiff bzw. Flugzeug im englischen Hoheitsbereich aufhält.[77] Die internationale Zuständigkeit in actions in rem gründet sich also auf die Belegenheit der arrestierten Sache in England bzw. in englischen Gewässern.

Dies ist jedoch nicht die einzige Voraussetzung für die Inanspruchnahme einer in-rem-Zuständigkeit. Erforderlich ist außerdem, daß es sich bei dem geltend gemachten Anspruch des Klägers um einen der in Section 21 (2)-(4) in Verbindung mit Section 20 des Supreme Court Act 1981 genannten Fälle handelt, beispielsweise um Streitigkeiten aus Schiffskollisionen oder Seefrachtverträgen.[78] Allen dort genannten Fällen ist gemeinsam, daß sie einen Zusammenhang zwischen der arrestierten res und dem Streitgegenstand verlangen. Es ist also nicht möglich, durch den Arrest eines Vermögensgegenstandes des Beklagten unmittelbar eine Zuständigkeit für eine Klage zu begründen, die mit dem betreffenden Gegenstand nichts zu tun hat. Eine gewisse Auflockerung dieses Grundsatzes ergibt sich aber aus der in Section 21(4) in Verbindung mit Section 21(8) des Supreme Court Act 1981 vorgesehenen Möglichkeit des Arrests in ein Schwesterschiff. Danach kann der Kläger auch jedes andere Schiff arrestieren, das im Eigentum desjenigen Schiffseigners steht, dessen Schiff den Gegenstand der Klage darstellt. Auch hier ist aber mittelbar eine Verbindung insoweit gegeben, als die Klage wenigstens mit einem der Schiffe des betroffenen Eigners in Zusammenhang stehen muß.

In der Praxis führt die Möglichkeit dieser jurisdiction in rem meistens dazu, daß sich der Beklagte der englischen Zuständigkeit unterwirft. Dies kann auf zwei verschiedenen Wegen geschehen.

---

[75] Vgl. The Burns [1907] P. 137, 149 (C.A.): "(...) the action in rem is an action against the ship itself. It is an action in which the owners may take part, if they think proper, but whether or not they do so is a matter for them to decide, and if they do not decide to make themselves parties to the suit in order to defend their property, no personal liability can be established against them in that action" (per Fletcher Moulton L.J.).

[76] *Hartley,* (1989) 105 L.Q.R. 640, 641.

[77] The Nautik [1895] P. 121; *Dicey/Morris,* Bd. 1, S. 379; *O'Malley/Layton,* Rdnr. 1.33.

[78] Supreme Court Act 1981, Sect. 21(4) i.V.m. Sect. 20(2)(e) bzw. 29(2)(h).

Eher selten ist die erste Möglichkeit; sie besteht darin, daß das Schiff des späteren Beklagten tatsächlich arrestiert wird und während der Dauer des Verfahrens arrestiert bleibt. Dann hat der Eigner des Schiffes die Wahl, ob er sich auf ein Versäumnisurteil einläßt, das dann gegen sein Schiff vollstreckbar wäre (was er selten tun wird) oder ob er sich zur Sache einläßt und sich dadurch der in-personam-jurisdiction der englischen Gerichte unterwirft. Im letzteren Fall wird das Verfahren als gewöhnliches Verfahren in personam betrachtet und ein Urteil könnte sowohl gegen die res als auch gegen den Schiffseigner persönlich vollstreckt werden.[79]

Weil die Schiffseigner in der Regel nicht während des gesamten Verfahrens auf den Gebrauch des Schiffes verzichten wollen, ist die weitaus häufigere Fallgruppe diejenige, in der der Schiffseigner dem Kläger Sicherheit leistet und der Kläger im Gegenzug das Schiff aus dem Arrest freigibt und sich verpflichtet, keinen erneuten Arrest in dieser Sache zu bewirken. Die Sicherheit besteht meistens in einem Garantieversprechen einer Bank oder eines P&I Clubs[80], die Urteilssumme einschließlich Zinsen und Kosten bis zu einer bestimmten Grenze (in der Regel dem Wert des Schiffes) zu bezahlen.[81] Auf diese Sicherheitsleistung läßt sich der Kläger aber in der Regel nur ein, wenn der Beklagte die Zustellung einer (in personam) Klageschrift akzeptiert und sich so der englischen Zuständigkeit unterwirft. Die Folge ist wiederum, daß das Verfahren wie ein gewöhnliches in-personam-Verfahren weitergeht.[82] Eine Variante dieser zweiten Möglichkeit ist die bloße Androhung des Arrests gegenüber dem Schiffseigner, gekoppelt mit dem Angebot, auf den tatsächlichen Arrest zu verzichten, wenn sich der Schiffseigner der englischen Zuständigkeit unterwirft (zum Beispiel indem er den service of the writ in personam akzeptiert). Die Ergebnisse bleiben die gleichen.[83]

In der Praxis ist eine action in rem also häufig ein Mittel, um einen abwesenden Beklagten über den Umweg einer „anwesenden" res vor die englischen Gerichte zu zwingen, ohne sich der Ungewißheit einer Ermessens-

---

[79] Vgl. *Hartley*, (1989) 105 L.Q.R. 640, 641.

[80] Ein P&I Club (Protection and Indemnity Club) ist eigentlich eine Haftpflichtversicherung auf Gegenseitigkeit für Schiffseigner. Eine der weiteren Funktionen eines solchen P&I Clubs ist es aber auch, derartige Garantieversprechen abzugeben und sich dadurch dem Kläger gegenüber direkt zu verpflichten, vgl. *Grime*, S. 23 f. und S. 413 ff.

[81] *Hartley*, (1989) 105 L.Q.R. 640, 641.

[82] *Dicey/Morris*, Bd. 1, S. 377; The Gemma [1899] P. 285, 291 ff. (C.A.).

[83] Vgl. *Dicey/Morris*, Bd. 1, S. 377; *Hartley*, (1989) 105 L.Q.R. 640, 641, Fn. 11.

entscheidung des Richters im Rahmen einer Order-11-Prüfung aussetzen zu müssen.[84]

Wie gesagt finden sich die Fälle, in denen englische Gerichte jurisdiction in rem ausüben können, in Sections 20 f. des Supreme Court Act 1981. Dabei ist zu beachten, daß die Vorgängerregelung von Section 21 geschaffen wurde, um das in Brüssel geschlossene Internationale Übereinkommen zur Vereinheitlichung von Regeln über den Arrest in Seeschiffe von 1952[85] (in England kurz "the Brussels Arrest Convention" genannt) in das englische Recht zu transponieren.[86] Die Regeln in Sections 21 und 20 stimmen deshalb bis auf wenige Ausnahmen mit den Vorschriften des Arrestübereinkommens überein. Besonders wichtig ist diese Übereinstimmung, seit in England am 1. Januar 1987 das EuGVÜ in Kraft getreten ist. Hat der spätere Beklagte nämlich seinen Wohnsitz bzw. Sitz in einem Vertragsstaat, so könnte man denken, die englische jurisdiction in rem sei durch Artikel 3 EuGVÜ ausgeschlossen, weil (bzw. soweit) sie nicht auf einem der Zuständigkeitsgründe des EuGVÜ beruhe. Diese Problematik kam bei den Beitrittsverhandlungen mit dem Vereinigten Königreich zur Sprache.[87] Ihre Lösung liegt darin, daß man das Brüsseler Arrestübereinkommen als vorrangigen Staatsvertrag im Sinn von Artikel 57(1) EuGVÜ betrachtet. Dies bedeutet, daß die Inanspruchnahme von jurisdiction in rem aufgrund von Sections 21, 20 des Supreme Court Act 1981 solange vom EuGVÜ unberührt bleibt, als sich die Zuständigkeitsgründe der Sections 21, 20 im Rahmen der Vorschriften der Brüsseler Arrestkonvention halten.[88]

Der wichtigste Unterschied zwischen dem Arrestübereinkommen und dem nationalen englischen Recht ist, daß die sich aus dem Arrest eines Schiffes ergebende Zuständigkeit nach dem Arrestübereinkommen voraussetzt, daß das Schiff tatsächlich arrestiert wurde. Anders als im nationalen englischen Recht genügt es also nicht, wenn der Kläger nur mit dem Arrest droht und der Schiffseigner daraufhin die Zustellung der Klageschrift akzeptiert.[89] Dies bedeutet, daß, wenn der Schiffseigner (und spätere Beklagte) in einem Vertragsstaat des EuGVÜ seinen Wohnsitz oder Sitz hat,

---

84 Vgl. *Collier*, S. 77.

85 Englischer Text abgedruckt in: Arroyo, S. 1372; deutscher Text abgedruckt in *Prüßmann/Rabe*, Anh. 482, S. 49.

86 *Dicey/Morris*, Bd. 1, S. 380.

87 Vgl. *Schlosser*-Bericht, Rdnr. 121.

88 *Hartley*, (1989) 105 L.Q.R. 640, 649.

89 The Deichland [1990] 1 Q.B. 361, 377 (C.A.).

die auf den Arrest gegründete Zuständigkeit nur dann unter Artikel 57(1) EuGVÜ fällt und damit zulässig ist, wenn der Kläger das Schiff tatsächlich arrestiert hat. Daß er das Schiff nach entsprechender Sicherheitsleistung aus dem Arrest entläßt, schadet dann nichts mehr, weil diese Möglichkeit in Artikel 5 des Arrestübereinkommens vorgesehen ist und deshalb von Artikel 57(1) EuGVÜ erfaßt wird.[90]

Will der Kläger das Schiff nicht tatsächlich arrestieren, so bleibt ihm im Anwendungsbereich des EuGVÜ nur die Möglichkeit, auf einer dem Artikel 17 EuGVÜ entsprechenden Gerichtsstandsvereinbarung zugunsten englischer Gerichte zu bestehen oder darauf zu hoffen, daß der Beklagte sich im Sinne von Artikel 18 EuGVÜ rügelos zur Sache einläßt.[91]

---

[90] Vgl. *Hartley*, (1989) 105 L.Q.R. 640, 650.

[91] *Hartley*, (1989) 105 L.Q.R. 640, 650; The Deichland [1990] 1 Q.B. 361, 385 (C.A.); im Ergebnis ebenso, aber nicht sauber begründet, The Prinsengracht [1993] 1 Lloyd's Rep. 41, 45, wo Sheen J. eine rügelose Einlassung der Beklagten annahm, ohne auf Artikel 18 EuGVÜ einzugehen.

2. Kapitel
Ursprünge der forum-non-conveniens-Doktrin im schottischen Recht

A. Grundprinzipien der internationalen Zuständigkeit im schottischen Common Law

Das schottische Recht vermischt auf interessante Weise Elemente der kontinentaleuropäischen Rechtstradition mit den Gedanken des Common Law.[1] Diese vom Kontinent stammenden Einflüsse prägen auch das traditionelle Recht der internationalen Zuständigkeit stark.[2] So gründet es sich nicht, wie das englische Recht, auf eine prinzipielle Unterscheidung zwischen anwesenden und abwesenden Beklagten. Vielmehr legt es generell bestimmte Tatbestände fest, auf die die Zuständigkeit gegründet werden kann, wobei die Frage, ob der Beklagte in Schottland anwesend ist, zunächst keine Rolle spielt.

Heute richtet sich die internationale Zuständigkeit prinzipiell nach dem EuGVÜ, das aufgrund des Civil Jurisdiction and Judgments Act 1982 auch für Schottland gilt. Auch die Regeln für Fälle, in denen das EuGVÜ keine Anwendung findet, wurden durch dieses Gesetz weitgehend den Grundsätzen des EuGVÜ angenähert.[3] Allerdings wurden auch einige Besonderheiten der traditionellen Regeln erhalten.[4]

Die forum-non-conveniens-Doktrin hat sich aber unter der Geltung der traditionellen Regeln entwickelt. Danach lassen sich die Zuständigkeitsgründe grundsätzlich in zwei Klassen aufteilen: zum einen diejenigen Fälle, in denen die residence des Beklagten in Schottland liegt, zum anderen solche Fälle, in denen der zugrundeliegende Sachverhalt eine besondere Verbindung mit Schottland hat.[5]

Die Grundregel ist dabei, daß der Beklagte seine residence in Schottland haben muß, um dort verklagt werden zu können.[6] Bloße Anwesenheit in

---

1 *O'Malley/Layton*, Rdnr. 58.02; s. auch *Blum*, S. 39 m.w.N.

2 *O'Malley/Layton*, Rdnr. 58.24.

3 CJJA 1982, Sect. 20 und Schedule 8, 9.

4 Vgl. z.B. CJJA 1982, Schedule 8, rule 2(8)-(14).

5 *Anton*, 1. Aufl., S. 92.

6 *Anton*, 1. Aufl., S. 95.

Schottland genügt nicht; hier liegt ein wesentlicher Unterschied zum englischen Zuständigkeitsrecht.[7] Was residence im klassischen schottischen Zuständigkeitsrecht bedeutet, hat Lord President Inglis in Joel v. Gill folgendermaßen beschrieben:

"a residence of forty days is sufficient, – not mere presence within the territory, travelling about and never fixed in any one place – but continuous residence in one locality for forty days".[8]

Ähnlich dem EuGVÜ eröffnet auch das schottische Recht dem Kläger bestimmte zusätzliche Gerichtsstände, die von der allgemeinen Regel abweichen, so zum Beispiel für Vertrag und Delikt.[9] Voraussetzung ist dabei immer, daß der Sachverhalt enge Verbindungen mit Schottland aufweist (bei Verträgen zum Beispiel, daß der Vertrag entweder in Schottland abgeschlossen oder dort erfüllt wurde).[10] Eine besondere Art der Zuständigkeitsbegründung, die für die Entwicklung der forum-non-conveniens-Doktrin eine wichtige Rolle gespielt hat, war das arrestment to found jurisdiction. Dieses Rechtsinstitut erlaubt es dem Kläger, eine Zuständigkeit über einen sonst nicht der schottischen Gerichtsgewalt unterliegenden Beklagten zu begründen, indem er im Eigentum dieses Beklagten stehende bewegliche Sachen arrestiert, während sie sich in der Hand einer dritten Person in Schottland befinden.[11]

B. Entwicklung der forum-non-conveniens-Doktrin im schottischen Recht[12]

I. Ursprünge

Die Anfänge der Doktrin im schottischen Recht sieht man gemeinhin in der sogenannten forum(-non-)competens-Doktrin, die zum ersten Mal im 17. Jahrhundert auftaucht.[13] Diese Lehre umfaßte zunächst zwei verschie-

---

[7] *Anton*, 1. Aufl., S. 95.

[8] Joel v. Gill [1858-1859] 21 S.C. (Dunlop) 929, 939.

[9] Vgl. dazu *Anton*, 1. Aufl., S. 117 ff.

[10] *Anton*, 1. Aufl., S. 118.

[11] *Anton*, 1. Aufl., S. 106 ff.

[12] Zur Entwicklung im US-amerikanischen Recht vgl. *Berger*, RabelsZ 41 (1977), 39, 47 ff.; *Blum*, S. 46 ff.; *Reus*, RIW 1991, 542, 543 ff., jeweils m.w.N.

[13] Zum Beispiel Col. Brog's Heir [1639] Morison's Dictionary of Decisions, Bd. XI/XII, S. 4816; *Blum, S. 40 f.; Anton*, 1. Aufl., S. 148; *Braucher*, (1947) 60 Harvard L.R. 908, 909.

dene Anwendungsfälle: auf der einen Seite diejenigen, in denen das Gericht von vornherein unzuständig war (hier paßt der Ausdruck "non competens" wörtlich), auf der anderen Seite solche, in denen das Gericht zwar grundsätzlich zuständig war, diese Zuständigkeit aber nicht in Anspruch nahm, weil es der Überzeugung war, daß die Sache besser vor einem anderen Gericht verhandelt werden sollte.[14] Diese zweite Fallgruppe entspricht den Grundgedanken der heutigen forum-non-conveniens-Lehre. Sie nahm auch im Laufe der Entwicklung der schottischen forum-non-competens-Doktrin immer mehr Raum ein; besondere Bedeutung hatten dabei Fälle, in denen die Zuständigkeit der schottischen Gerichte sich nur auf ein arrestment to found jurisdiction stützen konnte.[15]

Und so konnte Lord President McNeill im Jahre 1865 in Longworth v. Hope[16] feststellen:

"The next question is the question of *forum non competens.* Now the plea usually thus expressed does not mean that the forum is one in which it is wholly incompetent to deal with the question. The plea has received a wider signification, and is frequently stated in reference to cases in which the Court may consider it more proper for the ends of justice that the parties should seek their remedy in another forum."[17]

Braucher meint, der Ausdruck forum non conveniens sei dann das erste Mal in Macadam v. Macadam[18] gebraucht worden.[19] Zwanzig Jahre später, im Jahr 1893, nannte Lord Kinnear in einem "classic statement"[20] in Sim v. Robinow[21] als Voraussetzung dafür, daß der Beklagte mit seiner Berufung auf forum non conveniens Erfolg habe, daß:

"the court is satisfied that there is some other tribunal, having competent jurisdiction, in which the case may be tried more suitably for the interests of all the parties and for the ends of justice."[22]

---

[14] *Blum,* S. 41, insbes. Fn. 5 m.w.N.

[15] Vgl. *Blum,* S. 41 f.

[16] Longworth v. Hope [1864-1865] 3 S.C. (Macpherson) 1049.

[17] Longworth v. Hope [1864-1865] 3 S.C. (Macpherson) 1049, 1053.

[18] Macadam v. Macadam [1872-1873] 11 S.C. (Macpherson) 860.

[19] *Braucher,* (1947) 60 Harvard L.R. 908, 909.

[20] *Anton,* 1. Aufl., S. 149.

[21] Sim v. Robinow [1891-1892] 19 S.C. (Rettie) 665.

[22] Sim v. Robinow [1891-1892] 19 S.C. (Rettie) 665, 668.

Die Ursprünge der Doktrin im schottischen Recht liegen also im 17. Jahrhundert. Ob die Wurzeln weiter zurückreichen und vielleicht sogar im kontinentalen oder römischen Recht liegen, ist unklar. Jedenfalls sollte man nicht allein von der lateinischen Bezeichnung auf einen Ursprung im römischen Recht schließen, weil die Bezeichnung "forum non conveniens", jedenfalls nach Ansicht Brauchers[23], nur eine neulateinische Übersetzung des schon vorher üblichen Begriffs "inconvenient forum" war. Auch finden sich in den kontinentaleuropäischen Rechtssystemen kaum Anhaltspunkte für eine forum-non-conveniens-Lehre.[24]

II. Praktische Anwendung der Doktrin

Aus der „klassischen" Beschreibung der forum-non-conveniens-Doktrin in Sim v. Robinow[25] lassen sich zwei Voraussetzungen ableiten, die erfüllt sein müssen, damit eine Berufung auf forum non conveniens Erfolg hat. Erstens muß es ein alternatives Forum geben, das sich auch für zuständig erklärt. Zweitens müssen die Interessen der Parteien und die Erfordernisse der Gerechtigkeit zu dem Schluß führen, daß die Sache dort besser aufgehoben sei. Das zweite Erfordernis wurde in Société du Gaz de Paris v. Armateurs Francais[26] relativiert: Lord Sumner war der Ansicht, daß die Interessen der Parteien kaum geeignete Kriterien abgeben könnten, weil sie in der Regel einander entgegengesetzt seien und sich so neutralisierten.[27] Seinen Worten nach bedeutet das zweite Erfordernis folgendes:

"The object, under the words 'forum non conveniens', is to find that *forum* which is more suitable for the ends of justice, and is preferable because pursuit of the litigation in that forum is more likely to secure those ends."[28]

Faktoren, die im Rahmen dieses Tests für eine Aussetzung des Verfahrens aufgrund der Doktrin sprechen, sind zum Beispiel die Tatsache, daß notwendiges Beweismaterial nicht in Schottland verfügbar ist, oder die hohe finan-

---

23 *Braucher,* (1947) 60 Harvard L.R. 908, 909.

24 *Nussbaum,* S. 206; *Anton,* 1. Aufl., S. 148; *Blum,* S. 43 m.w.N.

25 Sim v. Robinow [1891-1892] 19 S.C. (Rettie) 665, 668.

26 La Société du Gaz de Paris v. La Société Anonyme de Navigation "Les Armateurs Français" [1926] S.C. (H.L.) 13, 22.

27 Die Frage, inwieweit die Interessen der Parteien berücksichtigt werden können, spielt auch in den Entscheidungen der englischen Gerichte eine große Rolle.

28 La Société du Gaz de Paris v. La Société Anonyme de Navigation "Les Armateurs Français" [1926] S.C. (H.L.) 13, 22.

zielle Belastung, die ein Prozeß in Schottland für den Beklagten im konkreten Fall bedeuten würde. Auch die frühere Rechtshängigkeit der Streitsache in einem anderen Staat oder eine Gerichtsstandsvereinbarung zugunsten eines ausländischen Gerichts können Argumente dafür sein, daß das schottische Gericht forum non conveniens ist.[29] Auf der anderen Seite ist die bloße Tatsache, daß ausländisches Recht im Verfahren eine Rolle spielen könnte, kein Grund, der allein eine Aussetzung aufgrund der forum-non-conveniens-Doktrin rechtfertigt.[30] Allgemein gilt, daß eine Aussetzung des Verfahrens umso wahrscheinlicher ist, je schwächer die Verbindung der Sache mit Schottland ist.[31] Wie dieser Test nun im einzelnen von den schottischen Gerichten angewendet wurde, ist nicht Gegenstand dieser Arbeit. Soweit bestimmte Erwägungen auch für die englischen Fälle von Bedeutung sind, werden sie dort diskutiert.

---

29 Vgl. dazu *Anton*, 2. Aufl., S. 215 m.w.N.

30 *Anton*, 2. Aufl., S. 216.

31 *Anton*, 2. Aufl., S. 215.

3. Kapitel

Die Entwicklung der forum-non-conveniens-Doktrin im englischen Recht

Allgemein gesprochen, gibt die forum-non-conveniens-Doktrin dem Gericht einen Ermessensspielraum, innerhalb dessen es das Verfahren unter bestimmten Voraussetzungen aussetzen ("to stay the action") kann, obwohl es nach den anzuwendenden Zuständigkeitsregeln international zuständig wäre.[1]

Vor dem Inkrafttreten des Supreme Court of Judicature Act 1873 waren solche stays nicht zulässig; die einzige Möglichkeit, ein Verfahren vor einem Gericht zu beenden, war, eine entsprechende injunction eines anderen Gerichts zu erwirken. Section 24(5) des Supreme Court of Judicature Act 1873 beseitigte diese Möglichkeit von antisuit-injunctions, gab dem Gericht aber die Befugnis, einen stay auszusprechen, "if it thinks fit". Ähnliche Bestimmungen fanden sich auch in den Nachfolgegesetzen.[2] In der Folgezeit betrachteten die Gerichte diese Befugnis als sich systemimmanent aus ihrer jurisdiction ergebend.[3]

Im englischen Recht ist es wichtig, im Auge zu behalten, daß diese Doktrin nur Anwendung findet, wenn sich die Zuständigkeit zwingend ("as of right") aus den anzuwendenden Regeln ergibt, also bei actions in personam, wenn der Beklagte in England „anwesend" ist[4] und bei actions in rem, wenn die arrestierte Sache innerhalb englischen Hoheitsgebiets belegen ist.[5] In diesen Fällen hat die Doktrin also zur Folge, daß eine an sich zwingend bestehende internationale Zuständigkeit aufgrund einer Ermessensentscheidung des Gerichts nicht in Anspruch genommen wird.

Davon zu unterscheiden sind die Fälle, in denen die Zuständigkeit von vornherein nur aufgrund einer Ermessensentscheidung des Gerichts begründet werden konnte, also diejenigen, in denen der Beklagte „abwesend" ist und ihm die Klageschrift gemäß R.S.C., Order 11 ins Aus-

---

1 Vgl. *Cheshire/North*, S. 220 f.

2 Supreme Court of Judicature (Consolidation) Act 1925, Sect. 41(b); heute im Supreme Court Act 1981, Sect. 49(3); vgl. auch *Jacob*, The Supreme Court Practice 1991, Bd. 2, Rdnr. 5204 und *Cheshire/North*, S. 220.

3 Vgl. Mc Henry v. Lewis [1882] 22 Ch.D. 397 (C.A.).

4 Siehe o. 1. Kap., B, I.

5 Siehe o. 1. Kap., B, II.

land zugestellt werden muß, was eine entsprechende Ermessensentscheidung des Gerichts voraussetzt.[6] In diesen Fällen wird schon diese Ermessensentscheidung im Rahmen einer forum-conveniens-Prüfung nach Kriterien getroffen, die denen der forum-non-conveniens-Doktrin ähnlich sind.[7]

Die vorliegende Arbeit beschäftigt sich nur mit der forum-non-conveniens-Lehre strictu sensu, wird dabei aber auch Erwägungen aus den forum-conveniens-Fällen miteinbeziehen, soweit sie von Bedeutung sind.

A. Überblick über die Entwicklung[8]

Die Entwicklung der forum-non-conveniens-Doktrin im englischen Recht läßt sich in fünf Stufen einteilen.

Ausgangspunkt war die äußerst restriktive Theorie, die in einigen Entscheidungen in der zweiten Hälfte des 19. Jahrhunderts ihren Anfang nahm und in ihrer klassischen Form im Jahr 1935 von Scott L.J. in St. Pierre v. South American Stores[9] formuliert wurde. Sie ließ einen stay nur zu, wenn die Klage in England schikanös oder rechtsmißbräuchlich ("oppressive or vexatious or an abuse of the process of the court") und der stay für den Kläger nicht ungerecht war. Die Bezeichnung forum non conveniens wurde für diese Theorie noch nicht gebraucht.

Der zweite Schritt war im Jahr 1973 die Entscheidung des House of Lords in The Atlantic Star.[10] Darin weigerte sich das House of Lords ausdrücklich, die schottische forum-non-conveniens-Lehre ins englische Recht zu übernehmen und behielt den St. Pierre-Test als entscheidendes Kriterium bei. Allerdings gab es dem ersten Teil des Tests ("oppressive and vexatious") eine liberalere Interpretation. Danach war es nicht mehr erforderlich, daß auf seiten des Klägers eine gewisse moral blameworthiness, Verwerflichkeit, im Spiel war. Vielmehr sollten die Vorteile einer Aussetzung des englischen Verfahrens für den Beklagten und die Nachteile, die daraus für den Kläger entstehen würden, in neutraler Weise gegeneinander abgewogen werden.

---

[6] Siehe o. 1. Kap., B, I, 3, a.

[7] Siehe o. 1. Kap., B, I, 3, a.

[8] Vgl. auch *Reus*, RIW 1991, 542, 545 ff.

[9] St. Pierre and Others v. South American Stores (Gath and Chaves) Ltd. and Others [1936] 1 K.B. 382 (C.A.), auf S. 398.

[10] Atlantic Star (Owners) v. Bona Spes (Owner) (The Atlantic Star) [1974] A.C. 436 (H.L.); dazu *Maclean*, (1973) 22 I.C.L.Q. 748; *Bridge*, (1973) 36 M.L.R. 649; *Kronke*, RIW/AWD 1977, 613.

Vier Jahre später meinte Lord Diplock in MacShannon v. Rockware Glass[11], angesichts der liberalen Interpretation in The Atlantic Star könne man die Worte "oppressive und vexatious" auch weglassen und den Test neu formulieren. Zwei Voraussetzungen seien für einen stay vonnöten. Erstens müsse der Beklagte beweisen, daß es ein anderes, zuständiges Forum gebe, in dem die Streitsache mit erheblich weniger Aufwand (substantially less inconvenience or expense) zu einem gerechten Ende geführt werden könne. Zweitens dürfe der stay nicht den Kläger eines legitimen persönlichen oder juristischen Vorteils berauben, den ihm ein Verfahren in England brächte, wobei die Beweislast für den Verlust eines solchen Vorteils beim Kläger liege. Den Namen forum non conveniens wollte Lord Diplock dafür aber (noch) nicht verwenden, obwohl er einräumte, daß die Unterschiede zur schottischen forum-non-conveniens-Lehre nur noch gering sein mochten.

In der Praxis herrschte Verwirrung über die genaue ratio decidendi von MacShannon. Dies lag daran, daß die anderen Richter zwar im Prinzip mit Lord Diplock übereinstimmten, dann aber in ihren Begründungen Aussagen trafen, die mit der Diplockschen Formel nur schwer vereinbar waren.[12]

Klarstellung in einigen dieser Fragen brachte die Entscheidung des House of Lords in The Abidin Daver im Jahr 1984.[13] Dort konnte Lord Diplock dann auch feststellen, daß der grundlegende Wandel auf diesem Gebiet seit der Entscheidung in The Atlantic Star dergestalt sei,

"that judicial chauvinism has been replaced by judicial comity to an extent which I think the time is now ripe to acknowledge frankly is (...) indistinguishable from the Scottish legal doctrine of forum non conveniens".[14]

Zu ihrem bisherigen Ende kam die dogmatische Entwicklung in der Entscheidung des House of Lords in Spiliada.[15] Dieser Fall war eigentlich ein Order-11-Fall (forum-conveniens-Prüfung[16]). Trotzdem behandelte Lord Goff allgemein die forum-non-conveniens-Doktrin und formulierte sie neu.

Die erste Voraussetzung für einen stay lautet danach: Der Beklagte muß darlegen, daß es ein anderes, zuständiges Forum gibt, das deutlich besser

---

[11] MacShannon v. Rockware Glass Ltd. [1978] A.C. 795, 811 (H.L.); dazu *Weiler*, (1978) 41 M.L.R. 739.

[12] Vgl. *Briggs*, (1983) 3 L.S. 74, 76: "spoke with many tongues"; zu Einzelheiten s. 3. Kap., B, II, 2.

[13] The Abidin Daver [1984] 1 A.C. 398 (H.L.); dazu *Fawcett*, (1984) 47 M.L.R. 481.

[14] The Abidin Daver [1984] 1 A.C. 398, 411 (H.L.).

[15] Spiliada Maritime Corporation v. Cansulex Ltd. [1987] 1 A.C. 460 (H.L.).

[16] Siehe o. 1. Kap., B, I, 3.

geeignet ist (clearly more appropriate), die Sache zu hören. Wenn der Beklagte ein clearly more appropriate forum nachgewiesen hat, verlagert sich die Beweislast auf den Kläger. Um einen stay zu vermeiden, muß dieser dann in einem zweiten Schritt darlegen, daß es die Gerechtigkeit erfordert, daß der Prozeß in England stattfindet. Dabei müssen jetzt alle Umstände des Falls berücksichtigt werden, und die Tatsache, daß der Kläger einen legitimen persönlichen oder juristischen Vorteil verlieren würde, ist nur noch ein Faktor unter vielen und nicht mehr der entscheidende, der er noch unter Geltung der Diplockschen Formel in MacShannon war.

Auf dieser Grundlage sind inzwischen viele Urteile ergangen, die im 4. Kapitel genauer analysiert werden. Zunächst soll die eben kurz geschilderte Entwicklung detaillierter dargestellt werden.

B. Die Entwicklung im einzelnen

I. Restriktive Haltung in St. Pierre v. South American Stores:[17] "oppressive and vexatious"

1. Die Regel in St. Pierre

Die Entscheidung des Court of Appeal in St. Pierre wird allgemein als Ausgangspunkt für die Entwicklung der modernen Theorie der im Ermessen des Gerichts stehenden Aussetzung des Verfahrens durch einen stay of proceedings betrachtet.[18] Die klassische Formulierung der Voraussetzungen, unter denen das Gericht das Verfahren aussetzen kann, obwohl aufgrund der Zuständigkeitsregeln seine internationale Zuständigkeit gegeben ist, stammt von Scott L.J. in St. Pierre:

"(1.) A mere balance of convenience is not a sufficient ground for depriving a plaintiff of the advantages of prosecuting his action in an English Court if it is otherwise properly brought. The right of access to the King's Court must not be lightly refused. (2.) In order to justify a stay two conditions must be satisfied, one positive and the other negative: (a) the defendant must satisfy the Court that the continuance of the action would work an

---

[17] St. Pierre and Others v. South American Stores (Gath and Chaves) Ltd. and Others [1936] 1 K.B. 382 (C.A.).

[18] *Barma/Elvin,* (1985) 101 L.Q.R. 48, 51: "It is by now trite learning to state that the starting point for considering the rules relating to the granting of stays is the judgment of Scott L.J. in St. Pierre v. South American Stores (Gath and Chaves) Ltd."; vgl. auch *Schuz,* (1986) 35 I.C.L.Q. 374, 377 und *Slater,* (1988) 104 L.Q.R. 554, 555.

injustice because it would be oppressive or vexatious to him or would be an abuse of the process of the Court in some other way; and (b) the stay must not cause an injustice to the plaintiff. On both the burden of proof is on the defendant."[19]

Zum vollen Verständnis dieses Tests ist es nötig, zunächst die Vorgeschichte zu St. Pierre zu betrachten. Die Formel von Scott L.J. stützt sich nämlich auf einige ältere Entscheidungen englischer Gerichte.

2. *Die Vorgeschichte zu St.Pierre*

a) Die Entwicklung des "vexatious or oppressive"-Tests aus lis-alibi-pendens-Fällen

Die ersten Entscheidungen, in denen die Frage von stays aufgrund des vexatious-Tests diskutiert wurde, betrafen Fälle, in denen der Kläger ein Verfahren über denselben oder einen eng verwandten Streitgegenstand sowohl in England als auch in einem anderen Land eingeleitet hatte (Fälle einer lis alibi pendens[20]).

Leading case ist die Entscheidung des Court of Appeal in McHenry v. Lewis.[21] Mr. McHenry hatte in England Klage wegen Vertragsbruchs im Zusammenhang mit dem Kauf von Aktien einer neu zu gründenden amerikanischen Gesellschaft erhoben, und zwar gegen die Treuhänder (trustees), die den Verkauf in England abgewickelt hatten. Kurz darauf erhob er (zusammen mit einem anderen Kläger) Klage vor amerikanischen Gerichten mit beinahe identischem Klageantrag, bezog in diese Klage aber neben den trustees auch die Gesellschaft selbst und deren Geschäftsführer mit ein.[22] Die Beklagten beantragten mit Hinweis auf das in den USA anhängige Verfahren, das englische Verfahren auszusetzen, also einen stay auszusprechen.

[19] St. Pierre and Others v. South American Stores (Gath and Chaves) Ltd. [1936] 1 K.B. 382, 398 (C.A.).

[20] Dabei ist zu beachten, daß der Begriff "lis alibi pendens" grundsätzlich auch diejenigen Fälle umfaßt, in denen in den beiden Verfahren Kläger- und Beklagtenrolle vertauscht sind, s. dazu 4. Kap., B, II.

[21] McHenry v. Lewis [1882] 22 Ch.D. 397 (C.A.).

[22] Es gab auch noch eine zweite Klage mit ähnlichem Inhalt vor englischen Gerichten, doch handelte es sich dabei um einen anderen Kläger. Für die hier relevante Diskussion über die Möglichkeit eines stay war diese nicht von Bedeutung.

Das Gericht bejahte zunächst seine grundsätzliche Befugnis, ein Verfahren auszusetzen, wenn seine Fortsetzung vexatious für den Beklagten wäre.[23] In Bezug auf die Frage, wann bei Fällen von lis alibi pendens das vexatious-Erfordernis gegeben sei, traf Jessel M.R. folgende Unterscheidung:[24] Seien beide Verfahren vor englischen Gerichten anhängig, so bestehe eine Vermutung dafür, daß die zweifache Klageerhebung vexatious sei, weil der Kläger weder verfahrensrechtliche noch sachrechtliche Unterschiede ausnutzen könne, so daß als Motiv nur noch übrigbleibe, er wolle den Beklagten schikanieren. Sei dagegen eines der beiden Verfahren im Ausland erhoben, so bestehe keine derartige Vermutung. Denn hier sei es möglich, daß sich der Kläger von der Klageerhebung im Ausland verfahrens- oder sachrechtliche Vorteile erhoffe, so daß die vexation des Beklagten nicht das einzig mögliche Motiv sei. Deshalb komme es in diesen Fällen immer auf die Umstände des Einzelfalls an, wobei man den Begriff der vexation sehr restriktiv auslegen müsse.[25]

Im vorliegenden Fall nahm der Court of Appeal nicht an, daß die doppelte Klageerhebung vexatious gewesen sei. Denn im amerikanischen Verfahren habe McHenry zwei wichtige Beklagte verklagen können, die er in England mangels Zuständigkeit nicht hätte belangen können. Die in England verklagten trustees dagegen hätte er zwar in dem amerikanischen Verfahren verklagen können, aber mit geringen Erfolgsaussichten bei der Vollstreckung eines solchen Urteils in England.

Als allgemeines Ergebnis aus McHenry v. Lewis läßt sich also festhalten, daß bei doppelter Klageerhebung in verschiedenen Staaten nur dann vexation vorliegt, wenn der Kläger keine sachlichen Gründe für die doppelte Klageerhebung hat, wobei das Fehlen solcher Gründe als Indiz für die Verwerflichkeit der Motive gewertet wird.

Diese Regel wurde in Peruvian Guano Company v. Bockwoldt[26] aufgegriffen, wo der Court of Appeal zwei Fälle von vexation unterschied: zum einen die Fälle der "pure vexation", in denen der Kläger eine Klage nur erhebt, um den Beklagten zu schikanieren, zum anderen die Fälle der doppelten Klageerhebung, um die es auch schon in McHenry v. Lewis gegangen war.

---

[23] McHenry v. Lewis [1882] 22 Ch.D. 397, 399 (C.A.).

[24] McHenry v. Lewis [1882] 22 Ch.D. 397, 398 f. (C.A.).

[25] McHenry v. Lewis [1882] 22 Ch.D. 397, 398 f. (C.A.).

[26] Peruvian Guano Company v. Bockwoldt [1883] 23 Ch.D. 225 (C.A.).

Für die Fälle der doppelten Klageerhebung in verschiedenen Ländern faßte Jessel M.R. die McHenry-Regel folgendermaßen zusammen: "it is not vexatious to bring an action in each country where there are substantial reasons of benefit to the plaintiff."[27] Ein solcher benefit sei gegeben, wenn er dadurch einen echten und substantiellen Vorteil erlange. Als Beispiel führt er eine Situation an, in der ein Kläger Anspruch auf sechs Warenladungen hat und nun für drei Ladungen Klage in Frankreich erhebt und für die anderen drei in England, weil der Beklagte in England und Frankreich jeweils nur genügend Vermögen hat, um ein Urteil für drei Ladungen erfüllen zu können. In diesem Fall bringe ihm die doppelte Klageerhebung einen echten Vorteil und könne deshalb nicht vexatious sein.[28] Im allgemeinen müsse man mit stays deshalb vorsichtig sein, weil man nie genau wissen könne, welche Vorteile sich der Kläger von der Klageerhebung im Ausland erhoffe.[29]

Sowohl McHenry als auch Peruvian Guano erfordern für die Gewährung eines stay eine gewisse Verwerflichkeit auf seiten des Klägers. Bei den Fällen der pure vexation ist das selbstverständlich und gewissermaßen systemimmanent. Doch auch in den Fällen doppelter Klageerhebung wird nicht etwa auf objektive Faktoren wie das Ausmaß der Verbindungen der Streitsache mit dem jeweiligen Forum oder die Unannehmlichkeiten für die Beteiligten abgestellt. Die Unterscheidung zwischen Doppelklagen in England und Doppelklagen in verschiedenen Staaten gründet sich eindeutig auf die Motive des Klägers.

Schließlich ist in der Reihe der Fälle mit parallelen Verfahren in verschiedenen Staaten die Entscheidung des Court of Appeal in Thornton v. Thornton[30] von Bedeutung. Dort ging das Gericht zum ersten Mal auf die Rolle von sogenannten factors of convenience für den vexatious-Test ein und entschied, daß das englische Verfahren (das parallel zu einem indischen Verfahren über dieselben Streitfragen lief) nicht ausgesetzt werden sollte, obwohl dies für den Beklagten im englischen Verfahren erhebliche Kosten und Unannehmlichkeiten (inconvenience) verursachte, weil er ein Indien stationierter Armeeoffizier war, der sich bei der Zustellung des writ nur zu einem Kurzurlaub in England aufgehalten hatte.[31] Daraus läßt sich

---

[27] Peruvian Guano Company v. Bockwoldt [1883] 23 Ch.D. 225, 230 (C.A.).

[28] Peruvian Guano Company v. Bockwoldt [1883] 23 Ch.D. 225, 230 f. (C.A.).

[29] Peruvian Guano Company v. Bockwoldt [1883] 23 Ch.D. 225, 232 (C.A.).

[30] Thornton v. Thornton [1886] 11 P.D. 176 (C.A.).

[31] Thornton v. Thornton [1886] 11 P.D. 176 (C.A.).

schließen, daß factors of convenience jedenfalls keine große Rolle im Rahmen des vexatious-Tests spielen.

Diese Frage wurde in zwei weiteren Entscheidungen ausdrücklicher behandelt, in denen es nicht um parallele Verfahren ging.

b) Die Rolle der convenience-Faktoren im Rahmen des vexatious-Tests

Inwieweit der vexatious-Test auch convenience-Faktoren berücksichtigen kann, wurde in der Entscheidung in Logan v. Bank of Scotland[32] erheblich. Dabei ist zu berücksichtigen, daß der Begriff "factors of convenience" lange Zeit nicht einheitlich verwendet wurde. Zwei verschiedene Bedeutungen lassen sich unterscheiden. Zum einen die Verwendung des Begriffs im engeren Sinn; danach steht er für die Unannehmlichkeiten (zum Beispiel Zeit- und Kostenaufwand), die den Beteiligten aus einem Verfahren in einem bestimmten Forum erwachsen würden. Zum anderen die Verwendung im weiteren Sinne, die den Begriff als Oberbegriff für die convenience-Faktoren im engeren Sinne einerseits und die „kollisionsrechtlichen" Verbindungspunkte zwischen Sachverhalt und Forum (beispielsweise Handlungsort, anwendbares Recht, Herkunft der Parteien) andererseits betrachtet. Bis zur Entscheidung des House of Lords in The Abidin Daver[33] wurde meistens die weite Bedeutung verwendet. Danach setzte sich die enge Fassung durch, die es ermöglichte, die „kollisionsrechtlichen" Anknüpfungsfaktoren auch begrifflich sauber von den auf die Unannehmlichkeiten abstellenden Faktoren zu trennen. Für die Darstellung der historischen Entwicklung verwendet deshalb auch diese Arbeit die weite Fassung des Begriffs der „convenience-Faktoren".[34]

In Logan v. Bank of Scotland klagte der Kläger in England auf eine geringfügige Summe Schadensersatzes wegen angeblich falscher Angaben in einem Prospekt für eine zu gründende schottische Gesellschaft, deren Aktien er gekauft hatte. Die Gesellschaft war nur zu dem Zweck gegründet worden, ein anderes schottisches Unternehmen zu übernehmen, dessen Geschäfte ausschließlich in Schottland betrieben wurden. Der Kläger hatte seinen Wohnsitz in Schottland, die Beklagte war eine schottische Bank. Die einzigen Verbindungen zu England waren, daß die Beklagte eine Filiale in

---

[32] Logan v. Bank of Scotland and Others (No. 2) [1906] K.B. 141 (C.A.).

[33] The Abidin Daver [1984] 1 A.C. 398 (H.L.).

[34] Für die Darstellung der modernen Doktrin nach The Abidin Daver wird dann allerdings die enge Fassung verwendet.

London unterhielt, an die die Klageschrift zugestellt worden war und daß einer der weiteren Beklagten in England ansässig war. Dieser war aber bankrott und auch nicht erschienen.

Der Court of Appeal ordnete die Aussetzung des Verfahrens an und stützte sich im Rahmen des vexatious-Tests auf Faktoren der convenience (im weiteren Sinn). Sir Gorell Barnes, President, stellte fest:

"it seems to me clear that the inconvenience of trying a case in a particular tribunal may be such as practically to work a serious injustice upon the defendant and be vexatious."[35]

Logan v. Bank of Scotland steht also für die These, daß ein Verfahren auch dann vexatious sein kann, wenn es einen bestimmten – wenn auch sehr hohen – Grad an inconvenience erreicht. Im Urteil heißt es an zwei Stellen sogar, es sei möglich, daß kaum mehr ein Unterschied zur schottischen forum-non-conveniens-Doktrin bestünde.[36]

Im konkreten Fall war entscheidend, daß – mit Ausnahme des bankrotten englischen Beklagten, den das Gericht als nicht ernsthaft in Betracht zu ziehend ansah – alle Parteien in Schottland residierten, daß der zugrundeliegende Sachverhalt nur Verbindungen mit Schottland hatte und daß Zeugen und Beweismittel ausnahmslos in Schottland waren.[37] Und so kam das Gericht zu dem Schluß, der Kläger solle "pursue his remedies against the bank (...) on the other side of the Tweed among his own countrymen."[38]

Auf den Sachverhalt bezogen erscheint diese Entscheidung nicht unvertretbar. Im Rahmen einer voll ausgeprägten forum-non-conveniens-Doktrin wäre der Sachverhalt geradezu ein Schulfall für eine Aussetzung des Verfahrens.

Hinsichtlich ihrer Geltung als allgemeiner Grundsatz wird diese These aber durch die spätere Entscheidung in Norton v. Norton in Zweifel gezogen.[39] Dort ging es um eine Streitigkeit zwischen Ehegatten über eine güterrechtliche Vereinbarung (settlement) über ein Grundstück, das in Indien belegen war. Dort hatte auch der beklagte Ehemann seinen Wohnsitz, während die Frau längere Zeit in Frankreich gelebt hatte und kurz vor Klageerhebung nach England gekommen war. Sie stellte ihrem Mann die eng-

---

35 Logan v. Bank of Scotland (No. 2) [1906] 1 K.B. 141, 151 (C.A.).

36 Logan v. Bank of Scotland (No. 2) [1906] 1 K.B. 141, 149, 151 (C.A.).

37 Logan v. Bank of Scotland (No. 2) [1906] 1 K.B. 141, 146 f. (C.A.).

38 Logan v. Bank of Scotland (No. 2) [1906] 1 K.B. 141, 154 (C.A.).

39 In re Norton's Settlement, Norton v. Norton [1908] 1 Ch. 471 (C.A.).

lische Klageschrift zu, während er sich für kurze Zeit in England aufhielt, und zwar kurz bevor er wieder nach Indien zurückkehren mußte, wo ihn seine Praxis als barrister erwartete.

Auch in diesem Fall gab der Court of Appeal dem Antrag des Beklagten statt und ordnete einen stay an. Er tat dies aber nicht deshalb, weil das Verfahren in England inconvenient wäre (obwohl auch hier fast alle Anknüpfungspunkte nach Indien deuteten, unter Geltung der Logan-These also ein stay aufgrund von inconvenience wohl zu rechtfertigen gewesen wäre); vielmehr hielt er sich streng an den vexatious-Test, wie er in den älteren Entscheidungen entwickelt worden war, und gründete den stay auf ein rechtsmißbräuchliches Verhalten seitens der Klägerin:

"Mrs. Norton has brought the action in England, not for the purpose of any legitimate advantage which she might gain by so doing, but for the purpose of putting her husband in such a position that he would practically be compelled to settle the action".[40]

Ein wichtiger Faktor war dabei, daß – wie die Klägerin wußte – eine Beteiligung am englischen Verfahren für den Beklagten praktisch bedeutet hätte, daß er seine Anwaltspraxis in Indien für eine beträchtliche Zeit aufgeben hätte müssen. Die Wahrscheinlichkeit war deshalb groß, daß er keine andere Wahl gehabt hätte, als sich auf die Vorschläge der Klägerin für einen Vergleich einzulassen.

Für die allgemeine Theorie des vexatious-Tests ist von Bedeutung, daß alle drei Richter ausdrücklich klarstellten, daß der stay nicht aufgrund von Erwägungen der convenience gewährt würde, sondern nur aufgrund des rechtsmißbräuchlichen Verhaltens der Klägerin.

Über die Bedeutung von convenience-Faktoren (i.w.S.) im Rahmen des vexatious-Tests äußerten sie sich sehr zurückhaltend. Vaughan Williams L.J. sagte zunächst, daß eine "mere balance of convenience in favour of proceedings in some other country" nicht ausreichend sei, um einen stay zu rechtfertigen. Allerdings sei ein stay dann doch möglich, wenn der Antragsteller beweisen könne, daß Kosten oder Schwierigkeiten eines Verfahrens in England so groß wären, daß es für ihn so gut wie unmöglich wäre, in England Gerechtigkeit zu erhalten.[41] Derartige Kosten und Schwierigkeiten sind aber typische convenience-Faktoren. Die Schlußfolgerung aus Logan v. Bank of Scotland und Norton v. Norton muß deshalb wohl lauten, daß nach dem damaligen Stand der Entwicklung eine Aussetzung des Verfahrens

---

[40] In re Norton's Settlement, Norton v. Norton [1908] 1 Ch. 471, 482 (C.A.).

[41] In re Norton's Settlement, Norton v. Norton [1908] 1 Ch. 471, 479 (C.A.).

aufgrund einer bloßen Abwägung von Erwägungen der convenience (i.w.S.) zwar grundsätzlich nicht möglich war, daß es aber andererseits auch nicht ausgeschlossen werden konnte, daß sich – ausnahmsweise – solche Faktoren ab einer gewissen Stärke zu einer vexation des Beklagten verdichten und dann einen stay rechtfertigen.

3. Der St. Pierre-Test

In St. Pierre v. South American Stores[42] ging es um folgendes: Die Beklagten schuldeten den Klägern Mietzins für in Chile belegene Grundstücke. Der Mietvertrag war auf spanisch abgefaßt und enthielt eine Rechtswahl für chilenisches Recht. Die Beklagten hatten zwar ihren Hauptverwaltungssitz in England, betrieben aber ihre Geschäfte ausschließlich in Chile. Der Streit ging darum, ob der Mietvertrag es erlaube, daß der Mietzins in chilenischen Pesos bezahlt werde oder ob die Kläger auf Zahlung in Gold in Europa bestehen konnten. Die Beklagten begannen in Chile ein Verfahren auf Feststellung, daß sie in Pesos zahlen könnten. Daraufhin erhoben die Kläger in England Klage auf Zahlung in Gold. In diesem englischen Verfahren stellten die Beklagten nun den Antrag auf Aussetzung mit der Begründung, die Fortsetzung der Klage in England sei vexatious and oppressive.

Scott L.J. akzeptierte, daß an sich das chilenische Gericht das more convenient forum sei. Dafür spreche, daß der Vertrag auf spanisch abgefaßt sei, chilenischem Recht unterliege, Sachverständige für chilenisches Recht in England rar seien, der Mietgegenstand in Chile belegen sei und die Beklagten ihre Geschäfte ausschließlich in Chile betrieben.[43] Dennoch setzte er das Verfahren nicht aus, weil die bloße Tatsache, daß ein anderes Gericht geeigneter sei, nicht ausreiche, um einen stay zu rechtfertigen. Was dafür erforderlich sei, faßte er in der bereits zitierten, klassischen Formel zusammen, die folgende Aussagen traf:

Eine mere balance of convenience, also die größere Geeignetheit eines anderen Gerichts allein, sei nicht ausreichend, um dem Kläger mit einem stay die an sich zwingend gegebene Zuständigkeit des englischen Gerichts zu nehmen. Ein stay könne nur dann gewährt werden, wenn der Beklagte beweisen könne, daß, erstens, die Fortführung des englischen Verfahrens

---

[42] St. Pierre and Others v. South American Stores (Gath and Chaves) Ltd. and Others [1936] 1 K.B. 382 (C.A.).

[43] St. Pierre and Others v. South American Stores (Gath and Chaves) Ltd. and Others [1936] 1 K.B. 382, 397 (C.A.).

für ihn ungerecht, weil oppressive oder vexatious oder in anderer Weise rechtsmißbräuchlich, wäre und, zweitens, der stay nicht ungerecht gegenüber dem Kläger wäre.[44]

Ausdrücklich berief sich Scott L.J. dabei auf die oben genannten Fälle (mit Ausnahme von Norton v. Norton, welcher aber von Greer L.J. zugrundegelegt wurde[45]), so daß die Regeln, die sich daraus ableiten lassen, auch für die Interpretation des St. Pierre-Tests von Bedeutung sind. Danach könnte man den ersten Teil des Tests (vexatious or oppressive) grob in drei Fallgruppen unterteilen:

Erstens, die Fälle einer lis alibi pendens, in denen jedoch die bloße Tatsache der doppelten Klageerhebung durch den Kläger nicht schon per se vexatious ist, sondern nur dann, wenn der Kläger dafür keinerlei sachlichen und objektiven Gründe hat (McHenry v. Lewis; Peruvian Guano; Hyman v. Helm).

Zweitens, die Fälle der pure vexation, in denen die Klageerhebung in England nur zu dem Zweck erfolgte, den Beklagten zu schikanieren, zum Beispiel um ihn zu einem Vergleich nach den Vorstellungen des Klägers zu zwingen (Norton v. Norton).

Drittens, allerdings mit Zweifeln, die Fälle, die unter die Regel in Logan v. Bank of Scotland fallen, wo also die Verbindungspunkte mit einem anderen Forum und die übrigen factors of convenience so stark sind, daß die Klageerhebung in England vexatious erscheint. Dafür reicht aber, wie in St. Pierre ausdrücklich klargestellt wurde, die größere Geeignetheit eines anderen Gerichts allein nicht aus. Vielmehr muß man im Auge behalten, daß in Logan v. Bank of Scotland wirklich alle Faktoren mit Ausnahme der Klageerhebung in England nach Schottland deuteten, so daß an diese Fallgruppe sehr hohe Anforderungen gestellt werden müssen.

Über den zweiten Teil des Tests, der besagt, daß die Aussetzung für den Kläger nicht ungerecht sein dürfe, finden sich kaum Aussagen. Er war wohl auch praktisch nicht relevant, weil es einem Kläger, dem soeben schikanöses Verhalten attestiert wurde, schwergefallen sein dürfte, Gerechtigkeitserwägungen zu seinen Gunsten vorzutragen.

Der St. Pierre-Test wurde von den englischen Gerichten bis ins Jahr 1973 in dieser restriktiven Interpretation angewendet.

---

[44] St. Pierre and Others v. South American Stores (Gath and Chaves) Ltd. and Others [1936] 1 K.B. 382, 398 (C.A.).

[45] St. Pierre and Others v. South American Stores (Gath and Chaves) Ltd. and Others [1936] 1 K.B. 382, 392 (C.A.).

Dazu, prägnant wie immer, Lord Denning M.R. in Ionian Bank Ltd. v. Couvreur:

"The law is not in doubt. The court will not stay an action by a plaintiff in the English courts simply because he has also started proceedings in another country. He is entitled to come to the Queen's courts to enforce his right. No stay will be granted unless the defendant shows – and the burden is on him to show – that the continuance of the English proceedings is vexatious and oppressive."[46]

II. Die liberalere Interpretation des vexatious-Tests in The Atlantic Star[47]

Eine Änderung der restriktiven Haltung brachte die Entscheidung des House of Lords in The Atlantic Star, in der die Richter den vexatious-Test zwar aufrechterhielten, ihm aber – mit 3 : 2 Stimmen – eine liberalere Interpretation gaben.

1. Der Sachverhalt

Es handelte sich um eine Schiffskollision, die sich im Januar 1970 auf dem Fluß Schelde in Belgien ereignet hatte. Das holländische Schiff Atlantic Star kollidierte in dichtem Nebel mit dem holländischen Lastkahn Bona Spes, der an dem belgischen Lastkahn Hugo van der Goes festgemacht war, welcher wiederum am Kai festgemacht war. Die beiden Lastkähne wurden zwischen der Atlantic Star und dem Kai eingeklemmt und sanken mitsamt ihren Ladungen. Dabei ertranken zwei der Besatzungsmitglieder der Hugo van der Goes. In Übereinstimmung mit gängiger belgischer Praxis beantragten die Eigner der beiden zerstörten Schiffe (und späteren Kläger) vor dem Gericht in Antwerpen zunächst die Ernennung eines gerichtlichen Prüfers, der eine genaue Untersuchung einleitete, Zeugen anhörte und umfangreiches Material auswertete. Die Ergebnisse der Untersuchung liefen darauf hinaus, daß die Atlantic Star wegen des dichten Nebels nicht für die Kollision verantwortlich gemacht werden könne. Dies waren schlechte Nachrichten für die Eigner der zerstörten Schiffe, weil die belgischen Gerichte den Schlußfolgerungen des Prüfers oft zu folgen pflegten.

---

[46] Ionian Bank Ltd. v. Couvreur [1969] 1 W.L.R. 781, 784 (C.A.).

[47] Atlantic Star (Owners) v. Bona Spes (Owner) (The Atlantic Star) [1974] A.C. 436 (H.L.).

In der Zwischenzeit hatte eine Welle von Prozessen ihren Ausgang genommen. Bis zum 15. Juni 1971 waren vier Klagen gegen die Eigner der Atlantic Star (die Beklagten) in Antwerpen anhängig gemacht worden: von den Eignern der Hugo van der Goes, von den Eigentümern der Ladung der Hugo van der Goes, von Angehörigen der ertrunkenen Seeleute und von den Eigentümern der Ladung der Bona Spes. Am 15. Juni 1971 erfuhren die Eigner der Bona Spes (die Kläger), daß die Atlantic Star in Liverpool erwartet werde und begannen im Admiralty Court in London eine action in rem gegen die Beklagten mit dem Ziel (unter anderem) des Arrests der Atlantic Star sobald sie englische Hoheitsgewässer erreiche. Um den drohenden Arrest des Schiffes zu vermeiden, akzeptierten die Beklagten den service of the writ, unterwarfen sich damit der Zuständigkeit der englischen Gerichte für die Hauptsacheklage und leisteten Sicherheit für den behaupteten Anspruch der Kläger. In diesem Verfahren beantragten die Beklagten den stay of proceedings. Schließlich begannen die Kläger im Januar 1972 auch noch ein Verfahren gleichen Inhalts in Antwerpen, jedoch nur um den Eintritt der Verjährung in Belgien für den Fall zu verhindern, daß das englische Verfahren ausgesetzt werde.

2. *Die juristische Bewertung*

Die entscheidende Frage war also, ob die englischen Gerichte das Verfahren aussetzen sollten, was bedeutet hätte, daß die Sache vor den belgischen Gerichten entschieden worden wäre.

Brandon J. hatte in der ersten Instanz[48] festgestellt, daß das Gericht in Antwerpen eindeutig das besser geeignete Forum (by far the more appropriate forum) sei. Erstens weise der Sachverhalt eine enge Verbindung zu Belgien auf (Handlungsort, anwendbares Recht, eines der zerstörten Schiffe belgisch); zweitens seien bereits vier andere Klagen über den gleichen Sachverhalt in Belgien anhängig, wo es bereits eine gerichtlich bestellte Untersuchung gegeben habe; drittens könne das belgische Gericht dem Kläger die gleichen Ansprüche zusprechen wie das englische; und viertens sei keinerlei Verbindung mit England gegeben (mit Ausnahme der Tatsache, daß die Atlantic Star gelegentlich nach England komme und deshalb der Möglichkeit eines Arrestes ausgesetzt sei).[49] Dennoch sah er sich daran gehindert, einen stay zu gewähren, weil der Grad der inconvenience nicht das Ausmaß erreicht habe, das eine Aussetzung im Rahmen des vexatious-Tests rechtfertige.

---

[48] The Atlantic Star [1971] 1 Lloyd's Rep. 534.

[49] The Atlantic Star [1971] 1 Lloyd's Rep. 534, 539.

Diese Entscheidung wurde im Court of Appeal[50] aufrechterhalten. Lord Denning M.R. folgte ausdrücklich dem St.Pierre-Test und grenzte ihn von der schottischen forum-non-conveniens-Doktrin ab. Er schloß die Erörterungen zu dieser Frage mit Worten ab, die Berühmtheit erlangt haben:

"If a plaintiff considers that the procedure of our courts, or the substantive law of England, may hold advantages for him superior to that of any other country, he is entitled to bring his action here – provided always that he can serve the defendant, or arrest his ship, within the jurisdiction of these courts – and provided also that his action is not vexatious or oppressive. (...) This right to come here is not confined to Englishmen. It extends to any friendly foreigner. He can seek the aid of our courts if he desires to do so. You may call this 'forum shopping' if you please, but if the forum is England, it is a good place to shop in, both for the quality of the goods and the speed of the service."[51]

Daß der Wind im House of Lords aus einer anderen Richtung wehte, läßt sich aus der Antwort ablesen, die Lord Reid auf diese Aussage gab:

"My Lords, with all respect, this seems to me to recall the good old days, the passing of which many may regret, when inhabitants of this island felt an innate superiority over those unfortunate enough to belong to other races."[52]

Zwar lehnte es das House of Lords ausdrücklich ab, die schottische forum-non-conveniens-Doktrin einfach zu übernehmen und den St.Pierre-Test ad acta zu legen.[53] Drei der Lords waren aber der Ansicht, der vexatious-Test müsse in Zukunft liberaler, also weiter, interpretiert werden.[54] Lord Wilberforce sagte:

"(...) too close and rigid an application of it may defeat the spirit which lies behind it. And this is particularly true of the words 'oppressive' and 'vexatious'. These words are not statutory words: as I hope to have shown from earlier cases, they are descriptive words which illustrate but do not

---

[50] The Atlantic Star [1973] 1 Q.B. 364 (C.A.).

[51] The Atlantic Star [1973] 1 Q.B. 364, 382 (C.A.).

[52] Atlantic Star (Owners) v. Bona Spes (Owner) (The Atlantic Star) [1974] A.C. 436, 453 (H.L.).

[53] Atlantic Star (Owners) v. Bona Spes (Owner) (The Atlantic Star) [1974] A.C. 436, 454 (H.L.), per Lord Reid.

[54] Atlantic Star (Owners) v. Bona Spes (Owner) (The Atlantic Star) [1974] A.C. 436, 454 (per Lord Reid), 468 (per Lord Wilberforce), 477 f. (per Lord Kilbrandon).

confine the courts' general jurisdiction. They are pointers rather than boundary marks. They are capable of a strict, or technical application: conversely, if this House thinks fit, and as I think they should, they can in the future be interpreted more liberally."[55]

Er fuhr fort, die neue, liberalere Interpretation des St. Pierre-Tests darzulegen. Ein stay könne danach nur dann gewährt werden, wenn er aufgrund einer umfassenden Interessenabwägung erforderlich sei. Diese Abwägung (critical equation) müsse jeden Vorteil in Betracht ziehen, den der Kläger von einer Fortführung des Verfahrens in England habe, sowie jeden Nachteil, den der Beklagte daraus erleide.[56]

Soweit die Vorteile für den Kläger betroffen seien, sei es nun nicht mehr ausreichend, wenn der Kläger überhaupt einen Vorteil aus der Klageerhebung geltend machen könne. Dies stelle zwar nach wie vor ein gewichtiges Argument im Rahmen der Güterabwägung dar, sei aber nicht mehr alleinentscheidend (was es unter der Geltung der Regel in Peruvian Guano[57] noch war).[58]

Die Nachteile für den Beklagten müßten schon gewichtig sein, um überhaupt in Betracht gezogen werden zu können. Um sich gegenüber den Vorteilen für den Kläger durchzusetzen, müßten sie sogar noch gewichtiger sein.[59] Diese allgemeinen Kriterien des „Gewichts" sind natürlich für die Anwendung in einem konkreten Fall kaum geeignet. Sie machen aber deutlich, daß der Beklagte, der den stay beantragt, nach wie vor starke Argumente vorbringen muß, um sein Ziel zu erreichen.

Die Anwendung des Tests in dieser neuen Fassung auf den Sachverhalt war kurz. Lord Kilbrandon begann mit den Nachteilen, die die Beklagten aus dem Verfahren in England erleiden würden und maß der Tatsache großes Gewicht bei, daß das belgische Gericht ganz deutlich das besser geeignete Forum war. Er sagte, daß derartige convenience-Faktoren (im weiteren Sinn) im Rahmen der neuen, moralisch neutralen Interpretation

---

[55] Atlantic Star (Owners) v. Bona Spes (Owner) (The Atlantic Star) [1974] A.C. 436, 468 (H.L.).

[56] Atlantic Star (Owners) v. Bona Spes (Owner) (The Atlantic Star) [1974] A.C. 436, 468 (H.L.).

[57] Siehe o. 3. Kap. B, I, 2, a.

[58] Atlantic Star (Owners) v. Bona Spes (Owner) (The Atlantic Star) [1974] A.C. 436, 368 f. (H.L.).

[59] Atlantic Star (Owners) v. Bona Spes (Owner) (The Atlantic Star) [1974] A.C. 436, 469 (H.L.).

des Tests die Klageerhebung in England vexatious machen könnten.[60] Demgegenüber könne der Kläger hier nicht auf Vorteile verweisen, die es als Ungerechtigkeit erscheinen lassen würden, wenn die Klage ausgesetzt würde. Die einzige Erwägung, die die Kläger anführen könnten, sei, daß das englische Gericht unter Umständen weniger geneigt sein könnte, dem Bericht des belgischen Prüfers zu folgen, als es das belgische Gericht wäre. Die bloße Erwartung aber, daß das angerufene Gericht eine für den Kläger günstigere Auslegung des Sachverhalts vornehmen würde, sei nicht ausreichend, um den stay zu verhindern.[61]

Zu diesem Ergebnis kamen auch Lord Reid und Lord Wilberforce, während die anderen beiden Lords sowohl die liberalere Auslegung des St. Pierre-Tests mißbilligten, als auch im konkreten Sachverhalt einen stay ablehnten.

3. Einordnung des neuen Tests

Im Ergebnis entschied sich das House of Lords deshalb mit 3 : 2 Stimmen für die liberalere Auslegung und für die Aussetzung des englischen Verfahrens.

Die „Atlantic-Star-Auslegung" in den Rahmen des St. Pierre-Tests einzupassen, ist nicht ganz einfach, weil die einzelnen Meinungen der Richter zwar den Inhalt der neuen Interpretation angeben, diesen aber nicht exakt unter den Zwei-Stufen-Test von St.Pierre eingliedern. Dies war wohl auch ein Grund dafür, daß Lord Diplock es später im MacShannon-Fall[62] für nötig erachtete, den Test in neue Worte zu fassen.

Man könnte folgenden Versuch einer Beschreibung der Rechtslage nach The Atlantic Star unternehmen:

Ein stay kann nur gewährt werden, wenn eine umfassende Interessenabwägung der Vorteile des englischen Verfahrens für den Kläger mit seinen Nachteilen für den Beklagten einen stay als erforderlich erscheinen läßt.

Die Beachtung der Nachteile für den Beklagten übernimmt die Funktion, die die "vexatious or oppressive"-Formel im ursprünglichen St.Pierre-Test hatte. Die Hürde für den Beklagten ist nach wie vor sehr hoch. Dies wird

---

[60] Atlantic Star (Owners) v. Bona Spes (Owner) (The Atlantic Star) [1974] A.C. 436, 477 f. (H.L.).

[61] Atlantic Star (Owners) v. Bona Spes (Owner) (The Atlantic Star) [1974] A.C. 436, 477 ff. (H.L.).

[62] MacShannon v. Rockware Glass Ltd. [1978] A.C. 795 (H.L.).

durch die Weiterverwendung der Begriffe "vexatious" und "oppressive" klargestellt, die aber jetzt liberaler interpretiert werden und keine moralische Verwerflichkeit auf seiten des Klägers mehr erfordern. Insbesondere können Erwägungen der convenience (i.w.S.) ausreichen, um eine vexation zu begründen.

Die Beachtung der Vorteile für den Kläger übernimmt die Funktion, die im ursprünglichen Test der zweite Teil hatte, der besagte, daß ein stay dann nicht gewährt werden dürfe, wenn er für den Kläger eine Ungerechtigkeit bedeuten würde. Die neue Formulierung stellt auf die Vorteile ab, die der Kläger von einem Verfahren in England haben würde. Drei Punkte sind dabei wichtig. Zum einen wirkt sich die Tatsache, daß die englischen Gerichte an sich zwingend zuständig wären, immer stark zugunsten des Klägers aus. Zum anderen hat sich die Position des Klägers aber insofern verschlechtert, als es jetzt – anders als es sich für den alten Test aus der Entscheidung in Peruvian Guano ableiten ließ[63] – nicht mehr genügt, einen Vorteil darzutun, um den stay zu verhindern. Die Vorteile für den Kläger sind eben nur noch ein Faktor unter mehreren.

III. Die MacShannon-Formel und die sich daraus ergebenden Unklarheiten

In MacShannon v. Rockware Glass Ltd.[64] ging es um aus Arbeitsunfällen resultierende Schadensersatzklagen von Arbeitnehmern gegen ihre Arbeitgeber. Die Kläger waren Schotten, die in Schottland lebten und dort auch ihrer Arbeit nachgingen. Die Unfälle hatten sich an den jeweiligen Arbeitsplätzen in Schottland ereignet. Alle Tatzeugen waren Schotten und auch die behandelnden Ärzte waren Schotten. Die einzige Verbindung mit England war, daß die jeweiligen Arbeitgeber in England registrierte Gesellschaften waren und deshalb der englischen Zuständigkeit unterlagen.[65] Die Kläger wendeten sich an ihre Gewerkschaft, die bei ihren englischen solicitors Rat einholte. Die solicitors rieten zur Klageerhebung in England. In diesem Verfahren beantragten die Beklagten eine Aussetzung mit der Begründung, die schottischen Gerichte seien das „natürliche" Forum für diese Klagen.

---

[63] Peruvian Guano Company v. Bockwoldt [1883] 23 Ch.D. 225, 230 (C.A.).

[64] MacShannon v. Rockware Glass Ltd. [1978] A.C. 795 (H.L.).

[65] MacShannon v. Rockware Glass Ltd. [1978] A.C. 795, 816 (H.L.).

Sowohl die angerufenen Richter der ersten Instanz (es handelte sich um mehrere Verfahren) als auch die Mitglieder des Court of Appeal waren sich einig, daß die am besten geeigneten Gerichte für dieses Verfahren die schottischen Gerichte wären. Sie sahen sich aber durch die Entscheidung in Atlantic Star daran gehindert, allein aufgrund dieser Umstände einen stay zu gewähren.[66]

Das House of Lords stimmte im Ergebnis darin überein, daß in diesem Fall ein stay angemessen sei und daß der Atlantic-Star-Test weiterentwickelt werden müsse. Unklarheit herrschte aber hinsichtlich der dogmatischen Begründung.

1. Die Diplocksche Formel

Lord Diplock kleidete den neuen Test in eine Formel, die in späteren Entscheidungen und Lehrbüchern oft als „MacShannon-Test" bezeichnet wurde.[67]

Zunächst gab er seine Einschätzung der Bedeutung der Entscheidung in The Atlantic Star. Dort habe das House of Lords zwar die Notwendigkeit einer Weiterentwicklung der traditionellen St.Pierre-Regel erkannt; es habe aber nicht einfach die schottische forum-non-conveniens-Doktrin von heute auf morgen in das englische Recht übernehmen wollen.[68] Dies sei auch gerechtfertigt, weil eine derartige „Schnellübernahme" eines fremden Rechtsinstituts dem Geist des englischen Rechts widerspreche:

"The progress of the common law is gradual. It is undertaken step by step as what has been stated in a previous precedent to be the law is re-examined and modified so as to bring it into closer accord with the changed conditions in which it falls to be applied today."[69]

Den nächsten Schritt in diesem Prozeß der Weiterentwicklung des common law unternahm Lord Diplock dann gleich selbst. Angesichts der liberalen Interpretation des "vexatious or oppressive"-Tests in The Atlantic Star sei es besser, die Worte "oppressive" und "vexatious" ganz wegzulassen, weil sie im Rahmen eines wertneutralen Tests nur Verwirrung stiften würden.[70] Danach, so Lord Diplock, könne man den Test, den die Mehrheit in The Atlantic Star vor Augen hatte, folgendermaßen neuformulieren:

---

[66] Vgl. MacShannon v. Rockware Glass Ltd. [1978] A.C. 795, 809 (H.L.).

[67] Vgl. *Dicey/Morris*, Bd. 1, S. 393: "locus classicus".

[68] MacShannon v. Rockware Glass Ltd. [1978] A.C. 795, 810 f. (H.L.).

[69] MacShannon v. Rockware Glass Ltd. [1978] A.C. 795, 811 (H.L.).

[70] MacShannon v. Rockware Glass Ltd. [1978] A.C. 795, 811 (H.L.).

"In order to justify a stay two conditions must be satisfied, one positive and one negative: (a) the defendant must satisfy the court that there is another forum to whose jurisdiction he is amenable in which justice can be done between the parties at substantially less inconvenience or expense, and (b) the stay must not deprive the plaintiff of a legitimate personal or juridical advantage which would be available to him if he invoked the jurisdiction of the English court."[71]

Dies bedeutet also, daß zunächst der Beklagte, der einen stay erreichen will, zeigen muß, daß es ein anderes zuständiges Gericht gibt, wo das Verfahren mit weniger "inconvenience"[72] und Kosten stattfinden kann. Hat er dies getan, so verlagert sich die Beweislast auf den Kläger, der – wenn er einen stay verhindern will – darlegen muß, daß ihm durch die Aussetzung ein legitimer persönlicher oder juristischer Vorteil entginge, den ihm das englische Gericht bieten würde.

Daß der Test sich dadurch der schottischen forum-non-conveniens-Doktrin stark angenähert hatte, akzeptierte auch Lord Diplock, als er feststellte:

"If the distinction between this re-statement of the English law and the Scottish doctrine of forum non conveniens might on examination prove to be a fine one, I cannot think that it is any worse for that."[73]

Die Anwendung dieses neuen Test auf den konkreten Fall gestaltete sich folgendermaßen: Lord Diplock hielt Schottland aufgrund der eingangs bereits erwähnten Verbindungen des Falls mit Schottland eindeutig für ein Forum, in dem das Verfahren mit "substantially less inconvenience and expense" als in England stattfinden könne.[74] Bezüglich der vom Kläger darzulegenden legitimen Vorteile eines Verfahrens in England, meinte er, diese müßten objektiv und real vorliegen. Es genüge nicht, daß der Kläger aufrichtig daran glaube. Im vorliegenden Fall ließen sich die behaupteten Vorteile für die Kläger in drei Gruppen zusammenfassen. Erstens behaupteten sie, der Umfang der gewöhnlich zugesprochenen Schadensersatzsummen sei in England höher als in Schottland. Dies wies Lord Diplock als unzutreffend zurück.[75] Zweitens sei die Verfahrensdauer in Schottland län-

[71] MacShannon v. Rockware Glass Ltd. [1978] A.C. 795, 812 (H.L.).

[72] Dabei war unklar, ob "convenience" im weiteren Sinn oder im engeren Sinn gemeint war, s.u. 4. Kap., B, 2, a.

[73] MacShannon v. Rockware Glass Ltd. [1978] A.C. 795, 812 (H.L.).

[74] MacShannon v. Rockware Glass Ltd. [1978] A.C. 795, 812 (H.L.).

[75] MacShannon v. Rockware Glass Ltd. [1978] A.C. 795, 815 (H.L.).

ger. Auch dies sah er anders.[76] Und schließlich sei ein Verfahren in Schottland schon deshalb teurer, weil sie zusätzlich zu den englischen solicitors ihrer Gewerkschaft auch noch schottische Anwälte bezahlen müßten. Hier meinte Lord Diplock, dieses Problem sei hausgemacht; denn man hätte ja von vornherein im „richtigen" Forum klagen können (nämlich in Schottland) und sich so die Kosten für die englischen Anwälte sparen können.[77] Er akzeptierte also keinen der geltendgemachten Vorteile und sprach sich für eine Aussetzung des Verfahrens aus.[78]

2. *Die Meinungen der anderen Richter und die sich daraus ergebenden Unklarheiten bezüglich der Rechtslage*

Neben Lord Diplock gaben noch Lord Salmon und Lord Keith eine ausführliche Begründung. Beide kamen, wie Lord Fraser und Lord Russell (die keine längeren Begründungen abgaben), zu dem Ergebnis, daß im konkreten Fall ein stay angemessen wäre.

Wie bereits erwähnt, wurde in den Jahren nach MacShannon weithin die Diplocksche Formel als „der MacShannon-Test" betrachtet.[79] Betrachtet man allerdings Praxis und Literatur, so zeigt sich, daß unterschiedliche Formulierungen und Begründungen in den Urteilen von Lord Salmon und Lord Keith erhebliche Verwirrung darüber stifteten, wie denn nun die genaue Rechtslage nach MacShannon sei.[80] Im wesentlichen waren drei Fragen unklar: der genaue Inhalt des ersten Teils des Tests ("substantially less inconvenience or expense" oder "more appropriate forum" oder "closest connection"?), das Gewicht, das den legitimen Vorteilen für den Kläger im Rahmen des zweiten Teils zukommt (alleinentscheidend oder nur ein Faktor unter mehreren?) und die Verteilung der Beweislast.

---

[76] MacShannon v. Rockware Glass Ltd. [1978] A.C. 795, 815 (H.L.).

[77] MacShannon v. Rockware Glass Ltd. [1978] A.C. 795, 816 (H.L.).

[78] MacShannon v. Rockware Glass Ltd. [1978] A.C. 795. 816 (H.L.).

[79] Vgl. *Briggs*, [1987] Lloyd's M.C.L.Q. 1, 2; *Dicey/Morris*, Bd. 1, Rule 33 (2), S. 390 und S. 393.

[80] Vgl. Lord Goff in Spiliada Maritime Corporation v. Cansulex Ltd. [1987] 1 A.C. 460, 475 (H.L.): "(...) it cannot be said that the members of the Judicial Committee of this House spoke with one voice"; vgl. auch sein Urteil als erstinstanzlicher Richter in Trendtex Trading Corporation and Another v. Crédit Suisse [1980] 3 All E.R. 721, 734; *Briggs*, (1983) 3 L.S. 74, 76.

a) Unklarheiten hinsichtlich des ersten Teils des Tests

In den Begründungen der einzelnen Richter gab es unterschiedliche Vorschläge, wie der Test aussehen solle, nach dem das alternative Forum, dessen Existenz die erste Voraussetzung für einen stay ist, bestimmt wird.

Lord Diplock sprach in seiner bekannten Formel von dem Forum "in which justice can be done between the parties at substantially less inconvenience or expense"[81]. Bei der Anwendung des Tests auf den konkreten Fall sprach er dann jedoch von Faktoren, die die schottischen Gerichte zum "only natural or appropriate forum"[82] für die Klage machten.

Lord Keith formulierte etwas anders. Seiner Ansicht nach ging es um "the natural forum for the action, in the sense of being that with which the action has the most real and substantial connection"[83]. Dieser Test soll hier der Einfachkeit halber der „Test der engsten Verbindung" genannt werden.

Unterschiede zwischen den beiden Vorschlägen könnten sich deshalb ergeben, weil sich argumentieren ließe, daß im Rahmen des "less convenience or expense"-Ansatzes nur sogenannte convenience-Faktoren im engeren Sinn berücksichtigt werden könnten (wie zum Beispiel die Unannehmlichkeiten für Parteien und Zeugen, die in den jeweiligen Forumstaat reisen müßten), während der Test der engsten Verbindung auch andere, „kollisionsrechtliche" Faktoren miteinbeziehen könne (wie den Handlungsort oder das auf den zugrundeliegenden Sachverhalt anwendbare Recht).[84]

Schuz[85] hat festgestellt, daß in der Folgezeit die Gerichte zwar häufig die Diplocksche Formel zitierten, dann aber nach dem "more natural or appropriate forum" suchten und dabei auch über die reine "convenience" (i.e.S.) hinausgehende Faktoren berücksichtigten, also faktisch den zweiten Ansatz wählten. Wie auch die entsprechenden Diskussionen in der Literatur[86] zeigen, war die Lage nicht eindeutig.

---

[81] MacShannon v. Rockware Glass Ltd. [1978] A.C. 795, 812 (H.L.).

[82] MacShannon v. Rockware Glass Ltd. [1978] A.C. 795, 812 (H.L.).

[83] MacShannon v. Rockware Glass Ltd. [1978] A.C. 795, 829 (H.L.).

[84] *Schuz*, (1986) 35 I.C.L.Q. 374, 381, die auf diesen Unterschied hinweist; *Barma/Elvin*, (1985) 101 L.Q.R. 48, 61.

[85] *Schuz*, (1986) 35 I.C.L.Q. 374, 381 m.w.M.

[86] Vgl. *Schuz*, (1986) 35 I.C.L.Q. 374, 381; Briggs, (1983) 3 L.S. 74, 81; *Barma/Elvin*, (1985) 101 L.Q.R. 49, 61.

b) Unklarheiten hinsichtlich des zweiten Teils des Tests

Der zweite Teil der Diplockschen Formel setzt voraus, daß es ein alternatives Forum gibt, das den ersten Teil des Tests bestanden hat; er versucht sodann, die Umstände festzulegen, in denen trotzdem kein stay gewährt werden soll. Auch hier bestanden erhebliche Unsicherheiten, nach welchen Kriterien diese Entscheidung erfolgen solle. Insbesondere war umstritten, ob allein die Tatsache, daß der Kläger von einem Verfahren in England legitime persönliche oder juristische Vorteile habe, die ihm im Falle eines stay zugunsten des alternativen Gerichts genommen würden, ausreichen solle, um den stay zu verhindern oder ob sie nur ein Faktor unter mehreren im Rahmen eines Abwägungsprozesses sei.

Zwei Ansätze lassen sich herausfiltern: der Diplocksche Ansatz (in MacShannon)[87] und der Ansatz, den Lord Keith und Lord Salmon vertraten. Nach der Diplockschen Formel liest sich der zweite Teil des Tests so:

"(...) the stay must not deprive the plaintiff of a legitimate personal or juridical advantage which would be available to him if he invoked the jurisdiction of the English court."[88]

Danach scheint also die bloße Tatsache, daß der Kläger durch den stay einen solchen Vorteil verlieren würde, ausreichend, um einen stay ganz zu verhindern.

Lord Keith dagegen faßte den zweiten Teil folgendermaßen zusammen:

" The plaintiff may, however, seek to show some reasonable justification for his choice of forum in the shape of advantage to him. If he succeeds it becomes necessary to weigh against each other the advantages to the plaintiff and the disadvantages to the defendant, and a stay will not be granted unless the court concludes that to refuse it would involve injustice to the defendant and no injustice to the plaintiff."[89]

Danach wäre also der Nachweis eines solchen Vorteils durch den Kläger nicht schon ausreichend, um einen stay zu verhindern; vielmehr wäre er gewissermaßen nur die „Eintrittskarte" zu einem nächsten Schritt, in dem dann Vorteile für den Kläger und Nachteile für den Beklagten gegeneinan-

[87] Es geht hier nur um seine Aussagen in MacShannon; die Modifikationen, die er in The Abidin Daver [1984] 1 A.C. 398 (H.L.) vornahm, werden später behandelt.

[88] MacShannon v. Rockware Glass Ltd. [1978] A.C. 795, 812 (H.L.).

[89] MacShannon v. Rockware Glass Ltd. [1978] A.C. 795, 829 (H.L.).

der abgewogen würden. Der Vorteil für den Kläger wäre also nur noch ein Faktor unter vielen.[90]

Daß diese beiden Ansätze in der praktischen Anwendung zu ganz unterschiedlichen Ergebnissen führen würden, ist offensichtlich. Nach der Diplockschen Ansicht wären stays wesentlich seltener als nach der anderen Ansicht. Die Gerichte waren sich in der Zeit nach MacShannon nicht einig, welcher der beiden Tests vorzuziehen sei.[91]

Eine weitere Quelle von Unsicherheiten war der Begriff des "legitimate personal or juridical advantage" selbst. Insbesondere taten sich die Gerichte sehr schwer, herauszufiltern, welche Unterschiede zwischen den beteiligten Rechtsordnungen man als legitimen Vorteil gelten lassen könnte. Ein Beispiel dafür sind die widersprüchlichen Äußerungen zu der Frage, ob die Tatsache, daß in einer der beteiligten Rechtsordnungen höhere Schadensersatzsummen zugesprochen werden, einen solchen Vorteil darstellen könnte. Auf der einen Seite findet sich eine Aussage von Lord Denning in Smith Kline & French Laboratories Ltd. v. Bloch, die dies verneint,[92] auf der anderen Seite gibt es Entscheidungen, die dies bejahen.[93] Ähnliche Beispiele ließen sich problemlos aufzählen.[94] Eine genaue Analyse der Bedeutung der einzelnen Faktoren findet sich im 4. Kapitel. Fürs erste genügt es festzustellen, daß die Unterschiede in der Formulierung der Voraussetzungen, unter denen ein stay verhindert werden kann, in der Folgezeit zu erheblicher Rechtsunsicherheit führten.

c) Unklarheiten über die Verteilung der Beweislast

Nicht sicher war nach MacShannon auch, wer die Beweislast für die einzelnen Teile des MacShannon Tests haben sollte. Einig war man sich nur hinsichtlich des ersten Teils, nämlich daß der Beklagte, der den stay beantrage, die Existenz des alternativen Forums nachweisen müsse.[95]

---

[90] *Schuz*, (1986) 35 I.C.L.Q. 374, 395 ff.

[91] *Schuz*, (1986) 35 I.C.L.Q. 374, 397 m.w.N. in Fn. 139.

[92] Smith Kline & French Laboratories Ltd. v. Bloch [1983] 1 W.L.R. 730, 738 (C.A.).

[93] The Jalakrishna [1983] 2 Lloyd's Rep. 628; ebenso für den Fall einer antisuit-injunction Castanho & Brown v. Root [1981] A.C. 557 (H.L.); vgl. *Schuz*, (1986) 35 I.C.L.Q. 374, 393 m.w.N.; *Barma/Elvin*, (1985) 101 L.Q.R. 48, 59.

[94] Vgl. die Diskussion bei *Schuz*, (1986) 35 I.C.L.Q. 374, 386 ff.

[95] Vgl. *Schuz*, (1986) 35 I.C.L.Q. 374, 398.

Fraglich war aber, wem es oblag, die Existenz bzw. Nichtexistenz der legitimen Vorteile für den Kläger nachzuweisen. Nach der Diplockschen Formel war klar, daß dies Sache des Klägers sei, der den stay verhindern wolle. Was die Ansicht der anderen Richter angeht, herrschte Verwirrung. Goff J. war in Trendtex v. Crédit Suisse[96] der Meinung, die Mehrheit in MacShannon habe auch die Beweislast bezüglich des zweiten Teils beim Beklagten lassen wollen, mit der Folge, daß der Beklagte auch noch nachweisen müßte, daß ein stay den Kläger nicht eines legitimen Vorteils berauben würde. Diese Ansicht wird aber von Schuz zurecht kritisiert.[97] Insbesondere scheint sie das Urteil von Lord Keith nicht korrekt zu verstehen, der ausdrücklich feststellte, daß in der zweiten Stufe des Tests der Kläger eine vernünftige Begründung in Form von Vorteilen geben müsse.[98]

Diese Diskussion zeigt deutlich, daß auch bei der Frage nach der Beweislastverteilung erhebliche Unsicherheit über die Konsequenzen aus MacShannon bestand. Erst im Jahr 1984 brachte eine weitere Entscheidung des House of Lords weitgehende Klarheit in diesen von MacShannon aufgeworfenen Fragen: The Abidin Daver.[99]

IV. Weitgehende Klarstellung der Rechtslage und offizielle Anerkennung der forum-non-conveniens-Doktrin in The Abidin Daver[100]

Wie schon in The Atlantic Star handelte es sich auch in The Abidin Daver um eine Schiffskollision. Im Bosporus kollidierte innerhalb türkischer Hoheitsgewässer das türkische Schiff Abidin Daver mit einem kubanischen Schiff. Kurz darauf arrestierten die türkischen Schiffseigner das kubanische Schiff und begannen ein Verfahren gegen die kubanischen Eigner vor einem türkischen Gericht. Einige Monate später begannen die kubanischen Eigner als Kläger ein Verfahren über denselben Streitgegenstand gegen die türkischen Eigner im Admiralty Court in England. Die Zuständigkeit über die türkischen Beklagten wurde dadurch begründet, daß die Kläger ein Schwesterschiff der Abidin Daver, das sich innerhalb englischer Hoheitsgewässer befand, arrestierten.[101] Um das Schiff aus dem Arrest zu befreien,

[96] Trendtex Trading Corporation and Another v. Crédit Suisse [1980] 3 All E.R. 721, 734.

[97] *Schuz*, (1986) 35 I.C.L.Q. 374, 399.

[98] MacShannon v. Rockware Glass Ltd. [1978] A.C. 795, 829 (H.L.).

[99] The Abidin Daver [1984] 1 A.C. 398 (H.L.).

[100] The Abidin Daver [1984] 1 A.C. 398 (H.L.).

[101] Zur Zulässigkeit des Arrests in ein Schwesterschiff vgl. *Dicey/Morris*, Bd. 1, S. 382 f.

leisteten die türkischen Beklagten Sicherheit und unterwarfen sich der Zuständigkeit der englischen Gerichte für das von den kubanischen Klägern angestrengte Verfahren wegen der Schiffskollision.[102] In diesem Verfahren beantragten die Beklagten die Aussetzung des Verfahrens.

In der ersten Instanz gewährte Sheen J. den stay. Der Court of Appeal hob ihn auf mit der Begründung, der Richter habe sich bei der Ermessensausübung von falschen Prinzipien leiten lassen. Das House of Lords wiederum hob die Entscheidung des Court of Appeal auf, betrachtete eine Aussetzung hier als angemessen und äußerte sich allgemein zur forum-non-conveniens-Doktrin.

1. Die Grundaussagen in The Abidin Daver

Briggs[103] hat die ratio decidendi der Entscheidung in The Abidin Daver in vier Punkten zusammengefaßt:

"(I) For a stay to be granted there must be another forum elsewhere in which justice can be done more conveniently and appropriately in the dispute between the parties.

(II) If there is such a forum, then the court must establish whether there would be lost to the English plaintiff any legitimate personal or juridical advantage if he were not permitted to sue in England.

(III) If there is no such advantage, then justice demands that the action should be stayed.

(IV) If there is at least one such advantage a balance has to be struck in accordance with the demands of justice between the claims of the plaintiff to sue in England and the claims of the defendant not to be sued there."[104]

2. Die Antworten auf die drei nach MacShannon offenen Fragen

a) Die Bestimmung des alternativen Forums

Nach MacShannon war nicht klar, nach welchen Kriterien entschieden werden sollte, ob es ein anderes Gericht gebe, bei dem der Rechtsstreit bes-

---

[102] Zu dieser Praxis der Unterwerfung zur Abwendung des Arrests s.o. 1. Kap., B, II.

[103] *Briggs*, (1984) Lloyd's M.C.L.Q. 227.

[104] *Briggs*, (1984) Lloyd's M.C.L.Q. 227, 230.

ser aufgehoben wäre. Insbesondere stellte sich die Frage, ob dabei nur Faktoren berücksichtigt werden dürften, die auf die convenience im engeren Sinn[105] abstellen oder ob auch andere Verbindungspunkte eine Rolle spielen, wie zum Beispiel der Grad der Verbindung des Sachverhalts mit dem jeweiligen Forum.

Was die Formulierung des Tests angeht, wiederholte Lord Diplock in The Abidin Daver zwar zunächst die Formel von "less inconvenience and expense", sprach dann aber von dem türkischen Gericht als demjenigen, welches sowohl mit dem Sachverhalt die "closest connections" habe, als auch unter dem Gesichtspunkt von convenience und Kosten das "natural and appropriate forum" sei.[106] Lord Keith stellte auf das "natural forum" ab, welches dasjenige sei, das mit dem Sachverhalt die "most real and substantial connection" habe.[107] Dabei bezog er aber auch reine convenience-Faktoren mit in die Prüfung ein.[108]

Hinsichtlich des ersten Teils des Tests kann man The Abidin Daver also so verstehen, daß die Suche sich auf das „natürliche Forum" richtet. Es erscheint auch korrekt, dabei einen Test der engsten Verbindung zwischen Forum und Streitsache anzuwenden, vorausgesetzt, daß sowohl die convenience-Faktoren (i.e.S.) als auch die „kollisionsrechtlichen" Verbindungspunkte berücksichtigt werden. Über diesen letzten Punkt herrschte zwischen den Richtern trotz geringfügig unterschiedlicher Formulierungen Einigkeit. Selbst Lord Diplock, dessen Formulierung in MacShannon[109] möglicherweise so interpretiert werden konnte, daß nur convenience-Faktoren (i.e.S.) zu berücksichtigen seien, gab in The Abidin Daver beiden Arten von Faktoren gleiches Gewicht.[110]

Die Unklarheiten hinsichtlich des ersten Teils des Tests wurden also durch die Entscheidung in The Abidin Daver ausgeräumt.

---

[105] Von nun an wird der Begriff "convenience-Faktoren" immer in seiner engen Fassung verwendet, also als Bezeichnung für die Unannehmlichkeiten, die den Beteiligten aus einem Verfahren in einem bestimmten Forum entstehen würden.

[106] The Abidin Daver [1984] 1 A.C. 398, 410 (H.L.).

[107] The Abidin Daver [1984] 1 A.C. 398, 415 (H.L.).

[108] The Abidin Daver [1984] 1 A.C. 398, 416 (H.L.).

[109] Siehe o. 3. Kap., B, III, 2, a.

[110] The Abidin Daver [1984] 1 A.C. 398, 410 (H.L.).

b) Die Rolle der legitimen Vorteile für den Kläger im Rahmen des zweiten Teils des Tests

Der zweite Teil des Tests beschreibt die Umstände, unter denen ein stay versagt werden kann, wenn der erste Teil ergeben hat, daß ein anderes Forum das natural forum für die Klage wäre. Die Unsicherheiten nach MacShannon rührten daher, daß nach Lord Diplocks Formulierung die Existenz legitimer Vorteile für den Kläger im englischen Verfahren allein ausreichend zu sein schien, um einen stay zu verhindern, während Lord Salmon und Lord Keith dazu tendierten, eine umfassende Interessenabwägung vorzunehmen, bei der diese legitimen Vorteile für den Kläger nur ein Faktor unter mehreren wären.[111]

In The Abidin Daver formulierte Lord Diplock den zweiten Teil nun folgendermaßen:

" (...) the would-be plaintiff can establish objectively by cogent evidence that there is some personal or judicial advantage that would be available to him only in the English action that is of such importance that it would cause injustice to him to deprive him of it."[112]

Daraus läßt sich schließen, daß er es nicht länger als ausreichend für den Kläger ansieht, einen solchen Vorteil darzulegen; vielmehr müssen diese Vorteile so gewichtig sein, daß es eine Ungerechtigkeit wäre, sie dem Kläger vorzuenthalten. Im Ergebnis hat also auch Lord Diplock in The Abidin Daver anerkannt, daß diese legitimen Vorteile für den Kläger nur *ein* Faktor im Rahmen einer umfassenden Interessenabwägung sind. Dieser Wandel in der Diplockschen Auffassung wurde auch in Rechtsprechung[113] und Literatur[114] festgestellt.

The Abidin Daver hat also auch die zweite aus MacShannon resultierende Streitfrage bereinigt. Die bloße Existenz legitimer Vorteile für den Kläger im englischen Verfahren ist nicht ausreichend, um eine Aussetzung zu verhindern; sie ist gewissermaßen nur die Eintrittskarte für die umfassende Interessenabwägung, die darüber entscheidet, ob das Verfahren ausgesetzt wird oder nicht. Interessant ist dabei, daß die These von der Notwendigkeit

---

[111] Siehe o. 3. Kap., B, III, 2, b; vgl. auch *Briggs*, (1984) Lloyd's M.C.L.Q. 227, 239.

[112] The Abidin Daver [1984] 1 A.C. 398, 412 (H.L.).

[113] Lord Goff in Spiliada Maritime Corp. v. Cansulex Ltd. [1987] 1 A.C. 460, 475 (H.L.).

[114] *Briggs*, (1984) Lloyd's M.C.L.Q. 227, 239; *ders.*, (1985) Lloyd's M.C.L.Q. 360.

einer Abwägung bereits in The Atlantic Star vertreten wurde.[115] Dort war allerdings nicht klar, wie diese Abwägung dogmatisch in einen konkreten Test eingebaut werden sollte.

c) Die Verteilung der Beweislast

Während nach MacShannon feststand, daß die Beweislast bezüglich des ersten Teils beim Kläger liege, gab es Zweifel darüber, wie die Beweislast im zweiten Teil verteilt werden solle; insbesondere war nicht klar, wer die Existenz bzw. Nichtexistenz von legitimen Vorteilen für den Kläger darzulegen habe.[116]

In The Abidin Daver waren sich alle Richter darin einig, daß sich, wenn der Beklagte die Existenz des alternativen, natürlichen Forums dargelegt habe, die Beweislast auf den Kläger verlagere; dieser müsse legitime Vorteile darlegen, die ihm das englische Verfahren bieten würde, um in die Interessenabwägung zu gelangen, die über die Aussetzung des Verfahrens letztendlich entscheide.[117]

Nicht ganz klar ist weiterhin, wie die Beweislast für die Zwecke der Interessenabwägung verteilt wird. Zwei Möglichkeiten scheinen dabei in Betracht zukommen: Entweder sagt man, daß jede Seite die ihr günstigen Abwägungsfaktoren zu beweisen hat, oder man erlegt die Beweislast für den gesamten Abwägungsprozeß dem Kläger auf, der dann nicht nur die ihm günstigen Faktoren (wie zum Beispiel die legitimen Vorteile) darlegen muß, sondern das Gericht auch davon zu überzeugen hat, daß die Argumente auf der Seite des Beklagten schwächer seien als seine eigenen.

3. Aussagen von allgemeiner Bedeutung für die forum-non-conveniens-Doktrin

Neben der weitgehenden Klärung der in MacShannon offengebliebenen Fragen brachte The Abidin Daver auch noch eine Reihe allgemeiner Aussagen, die für die Entwicklung der Lehre vom forum non conveniens von Bedeutung sind.

---

[115] Siehe o. 3. Kap. B, II, 2.

[116] Siehe o. 3. Kap., B, III, 2, c.

[117] The Abidin Daver [1984] 1 A.C. 398, 412 (per Lord Diplock), 415 f. (per Lord Keith); auch die anderen drei Richter gingen implizit von dieser Verteilung aus, vgl. *Briggs*, (1984) Lloyd's M.C.L.Q. 227, 240 f.; *Schuz*, (1986) 35 I.C.L.Q. 374, 399.

So räumte Lord Diplock in dem oben[118] zitierten statement[119] ein, daß die Voraussetzungen, unter denen im englischen Recht ein stay gewährt werde, nach den Modifikationen in The Abidin Daver mit denen der schottischen forum-non-conveniens-Doktrin identisch seien. In The Abidin Daver erkannte das House of Lords also zum ersten Mal offiziell an, daß es im englischen Recht eine forum-non-conveniens-Doktrin gebe, die die Aussetzung von Verfahren zugunsten eines anderen, geeigneteren Gerichts regle.

Zwei weitere Aussagen in der Entscheidung waren von allgemeiner Bedeutung: erstens, daß die Frage, ob ein stay gewährt werde, in das Ermessen des erstinstanzlichen Richters gestellt sei, der dabei einen weiten Spielraum habe, in den die Rechtsmittelinstanzen nur in Ausnahmefällen eingreifen sollten;[120] zweitens, daß das Gericht im Rahmen der Interessenabwägung grundsätzlich nicht befugt sei, die Qualität der Rechtsprechung vor dem alternativen Forum zu bewerten oder mit derjenigen der englischen Gerichte zu vergleichen.[121] Beide Punkte werden im nächsten Kapitel genauer erläutert.

4. Die Anwendung der Grundsätze auf den vorliegenden Fall

In The Abidin Daver handelte es sich um einen lis-alibi-pendens-Fall. Bei der Suche nach dem natürlichen Forum für das Verfahren kam Lord Diplock zu dem Ergebnis, sowohl die convenience-Faktoren als auch die anderen Verbindungspunkte zwischen dem Sachverhalt und den jeweiligen Fora deuteten klar auf das türkische Gericht als das "natural and appropriate forum"[122] hin.

Bei den Verbindungspunkten spreche für die Türkei, daß sich der Unfallort innerhalb türkischer Hoheitsgewässer befinde, daß eines der an der Kollision beteiligten Schiffe unter türkischer Flagge fahre und daß von dem türkischen Gericht bestellte Sachverständige ein Gutachten über die Kollision abgegeben hätten. Dagegen hätten weder die Parteien noch der zugrundeliegende Sachverhalt (die Kollision) eine Verbindung mit England (der zuständigkeitsbegründende Arrest erfolgte ja gegenüber einem Schwesterschiff der Abidin Daver).

---

[118] Siehe o. 3. Kap., A.

[119] The Abidin Daver [1984] 1 A.C. 398, 411 (H.L.).

[120] The Abidin Daver [1984] 1 A.C. 398, 420 ff. (H.L.).

[121] The Abidin Daver [1984] 1 A.C. 398, 424 (H.L.).

[122] The Abidin Daver [1984] 1 A.C. 398, 410 (H.L.).

Bei den convenience-Faktoren sei es klar, daß für die türkischen Zeugen das türkische Gericht weniger Unannehmlichkeiten mit sich brächte, während die Unannehmlichkeiten für die kubanischen Zeugen sowohl in England als auch in der Türkei gleich groß seien. Den einzigen Punkt, der hier für England sprach, nämlich, daß die Kubaner wahrscheinlich eher englisch sprächen als türkisch, gewichtete Lord Diplock nicht besonders schwer.

Die zweite Frage war dann, ob die Kläger im englischen Verfahren legitime Vorteile des englischen Verfahrens geltend machen könnten, die sie im türkischen Verfahren verlieren würden und, wenn ja, ob eine Abwägung dieser Vorteile mit den Interessen der Beklagten zu dem Ergebnis führen würde, daß es die Gerechtigkeit erfordere, einen stay zu verweigern. Hier sagte Lord Diplock, diese Abwägung müsse auf der Basis von "objective standards supported by evidence"[123] erfolgen, so daß es nicht auf den guten Glauben des Klägers bei der Klageerhebung in England ankommen könne.

Seiner Ansicht nach war der einzige Vorteil, der den Klägern aus dem Verfahren in England erwachse, die Tatsache, daß sie durch den Arrest des Schwesterschiffes die Beklagten zur Sicherheitsleistung in England bewegt hatten. Dies könne zwar in bestimmten Fällen einen abwägungserheblichen Vorteil darstellen, nicht aber im vorliegenden Fall, weil sich die Beklagten im englischen Verfahren (die im türkischen Verfahren die Kläger waren) bereiterklärt hatten, auch im türkischen Verfahren Sicherheit für eventuelle Widerklagen der Kläger zu leisten. Damit biete das türkische Verfahren den Klägern im englischen Verfahren ein gleiches Maß an Sicherheit wie das englische, so daß von einem Vorteil im englischen Verfahren nicht mehr die Rede sein könne.[124]

Dazu kam in The Abidin Daver noch eine besondere Erwägung: die Tatsache, daß neben dem Verfahren in England bereits ein gerichtliches Verfahren über den gleichen Sachverhalt vor dem türkischen Gericht, dem natürlichen Forum also, im Gang war, daß es sich mithin um einen lis-alibi-pendens-Fall handelte. Dies war insofern eine Besonderheit, als es sich in The Atlantic Star und MacShannon jeweils um Fälle gehandelt hatte, in denen ein stay zugunsten eines anderen Gerichts beantragt wurde, in dem noch kein Verfahren über denselben Streitgegenstand anhängig war. Lord Diplock maß dieser Tatsache große Bedeutung im Rahmen des Abwägungsprozesses bei. Es bestünde einerseits die Gefahr einander widersprechender

---

[123] The Abidin Daver [1984] 1 A.C. 398, 410 (H.L.).

[124] The Abidin Daver [1984] 1 A.C. 398, 410 (H.L.); vgl. auch *Briggs*, (1984) Lloyd's M.C.L.Q. 227, 236.

Entscheidungen und andererseits die Möglichkeit, daß sich eine der Parteien durch das Doppelverfahren genötigt sehe, auf einen für sie ungünstigen Vergleich einzugehen.[125] Aus seinen Formulierungen kann man entnehmen, daß die Tatsache einer lis alibi pendens ein starkes Argument für die Gewährung eines stay ist.

Im Ergebnis waren sich die Richter einig, daß es dem Kläger nicht gelungen sei, eine vernünftige Rechtfertigung für seine Klage in England vorzutragen.[126] Deshalb hoben sie die Entscheidung des Court of Appeal auf und bestätigten die Entscheidung des erstinstanzlichen Richters, der einen stay gewährt hatte.

V. Vorläufiges Ende der dogmatischen Entwicklung in Spiliada Maritime Corporation v. Cansulex Ltd.

Spiliada Maritime Corporation v. Cansulex Ltd.[127] war ein Order-11-Fall; es ging also um die Frage, ob das englische Gericht sein Ermessen in der Weise ausüben sollte, daß es die Zustellung des writ ins Ausland (Kanada) zuließe und so den Rechtsstreit vor die englischen Gerichte zöge.[128] Lord Goff unterwarf diese Prüfung weitgehend den Grundsätzen, die auch für die Frage eines stay aufgrund von forum non conveniens anwendbar sind[129] und machte deshalb auch grundlegende Ausführungen zur forum-non-conveniens-Doktrin.[130] Er hielt sich dabei weitgehend an die Ratio aus The Abidin Daver und gab einige ergänzende Klarstellungen.

Der Sachverhalt kann kurz gefaßt werden, weil er für die Ausführungen zur forum-non-conveniens-Doktrin nicht von Bedeutung ist. Es ging um die Charter eines Schiffes zum Transport einer Ladung Sulfur von Vancouver, Kanada, nach Indien. Die Schiffseigner behaupteten, die Ladung sei naß gewesen und habe Rostschäden am Schiff verursacht. Sie wollten die Verfrachter in England verklagen und benötigten, weil jene in England keine presence hatten, die Zustimmung des Gerichts zur Auslandszustellung des

---

[125] The Abidin Daver [1984] 1 A.C. 398, 411 f. (H.L.).

[126] Vgl. The Abidin Daver [1984] 1 A.C. 398, 416 (per Lord Keith).

[127] Spiliada Maritime Corporation v. Cansulex Ltd. [1987] 1 A.C. 460 (H.L.).

[128] Vgl. zur Order-11-Zuständigkeit 1. Kap., B, I, 3.

[129] Spiliada Maritime Corporation v. Cansulex Ltd. [1987] 1 A.C. 460, 480 f. (H.L.); s. auch *Briggs*, (1987) Lloyd's M.C.L.Q. 1, 2.

[130] Spiliada Maritime Corporation v. Cansulex Ltd. [1987] 1 A.C. 460, 474 ff. (H.L.).

writ. Der erstinstanzliche Richter sprach sich für eine solche Zustimmung aus, der Court of Appeal dagegen und das House of Lords wiederum dafür. Von Bedeutung ist in diesem Kapitel vor allem der Teil, in dem sich Lord Goff allgemein mit der forum-non-conveniens-Doktrin befaßt.

1. Allgemeine Bemerkungen zur forum-non-conveniens-Doktrin

Drei allgemeine Aussagen von Lord Goff zur Lehre vom forum non conveniens verdienen besondere Beachtung.

Bemerkenswert sind zunächst seine Bedenken gegen die Bezeichnung "non conveniens". Er sagte, die lateinische Bezeichnung "conveniens" dürfe nicht dazu verleiten, den Test nur unter solchen Gesichtspunkten zu betrachten, die unter die englische Bezeichnung "convenience" fallen. Denn letztere meine nur die Annehmlichkeiten oder Unannehmlichkeiten, die ein bestimmtes Forum mit sich bringe (also diejenigen Faktoren, die im Laufe dieser Arbeit als convenience-Faktoren im engeren Sinne bezeichnet wurden). Es sei aber aus den Entscheidungen klar zu entnehmen, daß es nicht nur auf solche Faktoren ankomme, sondern auch auf andere Anknüpfungspunkte wie den Grad der Verbindung des jeweiligen Forums zum Sachverhalt. Eine korrekte englische Terminologie würde also eher von "appropriateness" als von "convenience" sprechen. Da sich aber der Name "forum non conveniens" nun schon eingebürgert habe, solle man ihn auch beibehalten, aber eben mit der Maßgabe, daß beide Arten von Faktoren berücksichtigt werden müssen.[131]

Der zweite Punkt ist, daß Lord Goff die Tatsache, daß das englische Recht in diesem Punkt nun der schottischen forum-non-conveniens-Doktrin glich, zum Anlaß nahm, zum Zwecke einer allgemeinen Definition der Doktrin auf die klassische Stelle in der schottischen Entscheidung in Sim v. Robinow[132] hinzuweisen,[133] die für einen stay aufgrund von forum non conveniens zur Voraussetzung machte, daß

"the court is satisfied that there is some other tribunal, having competent jurisdiction, in which the case may be tried more suitably for the interests of all the parties and for the ends of justice".[134]

---

[131] Spiliada Maritime Corporation v. Cansulex Ltd. [1987] 1 A.C. 460, 474 und 477 f. (H.L.).

[132] Sim v. Robinow (1891-1892) 19 S.C.(Rettie) 665.

[133] Spiliada Maritime Corporation v. Cansulex Ltd. [1987] 1 A.C. 460, 474 (H.L.).

[134] Sim v. Robinow (1891-1892) 19 S.C. (Rettie) 665, 668.

Schließlich ging Lord Goff auf die Bedeutung ein, die der Diplockschen Formel im Lichte der nachfolgenden Entwicklung der Rechtsprechung noch zukomme. Er war der Ansicht, daß diese Formel modifiziert werden müsse und kleidete dies in höfliche Worte, als er sagte:

"I do not think that Lord Diplock himself would have regarded this passage as constituting an immutable statement of the law, but rather as a tentative statement at an early stage of a period of development."[135]

Dies werde schon dadurch belegt, daß Lord Diplock selbst in The Abidin Daver anerkannt habe, daß legitime Vorteile für den Kläger allein nicht mehr ausreichend seien, um einen stay zu verhindern. Er habe also selbst schon Veränderungen an dieser Formel vorgenommen.[136]

Auf dieser Basis ging Lord Goff anschließend daran, die im Rahmen der forum-non-conveniens-Doktrin geltenden Grundsätze neu zu formulieren.

2. *Der Spiliada-Test in Kurzform*

Die gegenwärtig geltenden Prinzipien sind in folgender Passage aus Lord Goffs Urteil treffend wiedergegeben:

"(a) The basic principle is that a stay will only be granted on the ground of forum non conveniens where the court is satisfied that there is some other available forum, having competent jurisdiction, which is the appropriate forum for the trial of the action, i.e. in which the case may be tried more suitably for the interests of all the parties and the ends of justice.

(b) As Lord Kinnear's formulation of the principle indicates, in general the burden of proof rests on the defendant to persuade the court to exercise its discretion to grant a stay (...) Furthermore, if the court is satisfied that there is another available forum which is prima facie the appropriate forum for the trial of the action, the burden will then shift to the plaintiff to show that there are special circumstances by reason of which justice requires that the trial should nevertheless take place in this country (...)."[137]

Der Beklagte, der eine Aussetzung des englischen Verfahrens anstrebt, muß also als ersten Schritt beweisen, daß es ein anderes – international

[135] Spiliada Maritime Corporation v. Cansulex Ltd. [1987] 1 A.C. 460, 475 (H.L.).

[136] Spiliada Maritime Corporation v. Cansulex Ltd. [1987] 1 A.C. 460, 475 (H.L.).

[137] Spiliada Maritime Corporation v. Cansulex Ltd. [1987] 1 A.C. 460, 476 (H.L.).

zuständiges – Gericht gibt, welches das besser geeignete Forum für das betreffende Verfahren ist. Ist dies dem Beklagten gelungen, so verlagert sich die Beweislast auf den Kläger. Will dieser eine Aussetzung verhindern, muß er seinerseits besondere Umstände nachweisen, denen zufolge es die Gerechtigkeit erfordere, daß der Prozeß in England stattfinde.

3. Der erste Schritt: Nachweis des alternativen, besser geeigneten Forums durch den Beklagten

In diesem Zusammenhang mußte Lord Goff zunächst klären, wie man der Tatsache Rechnung tragen solle, daß der Kläger sich in diesen Fällen grundsätzlich auf die klassische Form der internationalen Zuständigkeit nach Common Law stützen könne, nämlich die presence-jurisdiction.

Wie im ersten Kapitel ausgeführt, eröffnet die Anwesenheit des Beklagten in England dem Kläger ja die Möglichkeit, durch die Zustellung des writ die internationale Zuständigkeit des englischen Gerichts insofern zwingend (as of right) zu begründen, als dem Gericht zunächst kein Ermessen darüber zusteht, ob es diese auch in Anspruch nehmen will. Durch die Anwendung der forum-non-conveniens-Doktrin würde diese Art der zwingenden Zuständigkeit im Ergebnis aber doch zu einer Ermessenszuständigkeit. Lord Goff löste diese Schwierigkeiten, indem er an die Erfüllung des ersten Teils des Tests durch den Beklagten hohe Anforderungen stellte. Er sagte, es genüge nicht, wenn der Beklagte nur darlege, daß England nicht das natural or appropriate forum sei; vielmehr müsse er positiv beweisen, daß es ein anderes, zuständiges Forum gebe, welches deutlich geeigneter sei als das englische ("clearly or distinctly more appropriate").[138]

Was die Formulierung dieses Teils betraf, bevorzugte Lord Goff die Worte von Lord Keith in The Abidin Daver[139]. Das alternative Forum müsse das natural forum sein, welches wiederum dasjenige sei, mit dem die Klage die most real and substantial connection habe.[140] Es handelt sich also um einen Test der engsten Verbindung von Klage bzw. Sachverhalt und Forum, der sowohl convenience-Faktoren als auch „kollisionsrechtliche" Anknüpfungsfaktoren wie Tatort oder anwendbares Recht umfaßt.[141]

---

138 Spiliada Maritime Corporation v. Cansulex Ltd. [1987] 1 A.C. 460, 477 (H.L.).

139 The Abidin Daver [1984] 1 A.C. 398, 415 (H.L.).

140 Spiliada Maritime Corporation v. Cansulex Ltd. [1987] 1 A.C. 460, 478 (H.L.).

141 Vgl. Spiliada Maritime Corporation v. Cansulex Ltd. [1987] 1 A.C. 460, 478 (H.L.).

Interessant ist, daß Lord Goff andeutete, daß Unterschiede in der „Stärke" der verschiedenen Zuständigkeitsgründe auch einen unterschiedlichen Ausgang der forum-non-conveniens Prüfung mit sich bringen könnten. Er sagte nämlich, daß es in der Regel für den Beklagten umso leichter sein dürfte, die Existenz eines anderen, clearly more appropriate forum nachzuweisen, je fragiler seine Verbindung mit England sei. Ausdrücklich erwähnte er als Beispiel den Fall, daß dem Beklagten das writ während nur vorübergehender Anwesenheit zugestellt wurde.[142]

Gelingt es dem Beklagten nach diesen Grundsätzen nicht, die Existenz eines anderen, deutlich geeigneteren Forums nachzuweisen, so wird das Gericht in aller Regel keinen stay gewähren.[143] Gelingt ihm dieser Nachweis aber, so tritt der Test in die zweite Stufe ein.

4. Der zweite Schritt: Verweigerung eines stay aus Gründen der Gerechtigkeit

Hat der Beklagte den im ersten Teil geforderten Nachweis geführt, so verlagert sich die Beweislast auf den Kläger. Will dieser einen stay verhindern, so muß er nachweisen, daß besondere Umstände vorliegen, aufgrund derer die Gerechtigkeit es erfordert, einen stay zu verweigern.[144] In diesem Zusammenhang muß das Gericht alle Umstände des Einzelfalls berücksichtigen.[145]

Dabei bestätigt Spiliada die schon in The Abidin Daver getroffene Feststellung, daß die Tatsache, daß der Kläger durch einen stay legitime Vorteile verlieren würde, nicht mehr alleinentscheidend sei, sondern nur noch ein Faktor unter vielen.[146]

Vergleicht man diesen Teil des Spiliada-Falls mit der Rechtslage nach The Abidin Daver, so wird man feststellen, daß sich materiell kaum Unterschiede ergeben. Die Formulierungen mögen geringfügig verschieden sein, doch liegt dies eher daran, daß Lord Goff in Spiliada versuchte, die Lage mit neuen Worten klarzustellen. Ein Beispiel dafür ist, daß es nach The Abidin

[142] Spiliada Maritime Corporation v. Cansulex Ltd. [1987] 1 A.C. 460, 477 (H.L.).

[143] Spiliada Maritime Corporation v. Cansulex Ltd. [1987] 1 A.C. 460, 478 (H.L.).

[144] Spiliada Maritime Corporation v. Cansulex Ltd. [1987] 1 A.C. 460, 478 (H.L.).

[145] Spiliada Maritime Corporation v. Cansulex Ltd. [1987] 1 A.C. 460, 478 (H.L.).

[146] Spiliada Maritime Corporation v. Cansulex Ltd. [1987] 1 A.C. 460, 482 (H.L.); vgl. auch *Collier,* (1987) Cambridge L.J. 33, 35.

Daver so aussah, als könnte der Kläger nur dann in den Abwägungsprozeß der zweiten Stufe gelangen, wenn er auf legitime Vorteile des englischen Verfahrens verweisen könnte, während diese Eintrittskarte in Spiliada nicht mehr erforderlich zu sein scheint. Dieser vermeintliche Unterschied löst sich aber bei genauerer Betrachtung auf. Denn erstens ließe sich mit guten Gründen argumentieren, die Hervorhebung der legitimen Vorteile als Eintrittskarte sei vor dem Hintergrund von MacShannon zu sehen und zeige nur, daß die Diskussion in The Abidin Daver so auf diese Entscheidung verengt gewesen sei, daß die Richter sich keine anderen Argumente eines Klägers vorstellen konnten als solche Vorteile. Dann wäre die Behandlung der legitimen Vorteile als Eintrittskarte als exemplarisch zu werten und der Weg wäre auch nach den Grundsätzen von The Abidin Daver frei für die Geltendmachung anderer Argumente durch den Kläger. Und zweitens wird es selbstverständlich in der Praxis meistens so sein, daß ein Kläger, der nicht einmal auf irgendwelche legitimen Vorteile eines Verfahrens in England verweisen kann, auch keine anderen Argumente für ein Verfahren in England wird vorbringen können. Sollte aber tatsächlich einmal ein solcher Fall vorkommen, so ist jedenfalls nach Spiliada klar, daß der Kläger auch mit anderen Argumenten als solchen Vorteilen in die zweite Stufe gelangen kann.

Des weiteren kann man auch nach Spiliada feststellen, daß der zweite Teil des Tests eine Interessenabwägung durch das Gericht erforderlich macht. Die Frage nach der genauen Beweislastverteilung in diesem Teil wird auch in Spiliada nicht beantwortet. Es scheint aber korrekt, festzustellen, daß die Beweislast grundsätzlich beim Kläger liegt, der also diejenigen Argumente vorbringen muß, die seiner Ansicht nach für ein Verfahren in England sprechen. Diese Argumente werden dann aber durch das Gericht in eine allgemeine Interessenabwägung einbezogen.

2. Teil

Anwendungspraxis und Bewertung

4. Kapitel

Die Anwendung der englischen forum-non-conveniens-Doktrin in der gerichtlichen Praxis

In diesem Kapitel soll untersucht werden, wie die Gerichte die forum-non-conveniens-Doktrin in der Praxis anwenden. Insbesondere ist dabei von Interesse, welche Faktoren sie in den Abwägungsprozeß miteinbeziehen, wie sie diese gewichten und ob sie bereitwillig stays gewähren oder damit eher zurückhaltend sind.

Analysiert wurden über 60 Entscheidungen, die meisten davon aus der Zeit nach der Entscheidung des House of Lords in Spiliada[1]. Dabei wurden Entscheidungen zu Order 11 und zu Gerichtsstandsvereinbarungen insoweit berücksichtigt, als ihre Aussagen auf klassische forum-non-conveniens-Fälle übertragbar sind. Wegen der Fülle des Materials ist es notwendig, die Ergebnisse der Auswertung im wesentlichen überblicksmäßig wiederzugeben. Faktoren, die besonders interessant oder umstritten sind, werden aber im Rahmen dieses Überblicks ausführlich behandelt.

[1] Spiliada Maritime Corporation v. Cansulex Ltd. [1987] 1 A.C. 460 (H.L.).

A. Allgemeine Fragen zur Theorie der Doktrin

Drei Fragen zur Dogmatik des Tests verdienen besondere Erwähnung: erstens die Frage, ob die Zweiteilung des Tests immer noch beibehalten werden soll, zweitens der Umfang der Nachprüfungskompetenz des Court of Appeal und drittens der Rechtscharakter eines stay of action.

I. Zwei-Stufen-Test oder einstufiger Abwägungsprozeß?

Hier geht es im wesentlichen um die Frage, ob die Gerichte die im vorhergehenden Kapitel dargestellte Zweiteilung zwischen der Suche nach dem natürlichen Forum und der Interessenabwägung beibehalten haben oder ob sie beide Schritte zu einem zusammengefaßt haben.

Die Unsicherheiten darüber, in wieviel Schritte der forum-non-conveniens-Test zerlegt werden soll, haben ihren Ursprung in seiner historischen Entwicklung. Die MacShannon-Formel mußte eine strikte Zweiteilung vorsehen, um die alleinentscheidende Wirkung des legitimen Vorteils für den Kläger herausstreichen zu können. Nach Spiliada steht nun fest, daß es für den Kläger nicht mehr ausreicht, auf einen legitimen Vorteil eines Verfahrens in England hinzuweisen, um einen stay zu verhindern. Ist damit auch die Notwendigkeit weggefallen, die zwei Schritte sauber auseinanderzuhalten? Lord Goffs Ausführungen in Spiliada[2] ergeben zwar kein eindeutiges Bild, scheinen mir aber letztlich eine Beibehaltung der Zweiteilung zu rechtfertigen. Einerseits könnte man zwar aus seinem Verweis auf die schottische Entscheidung in Sim v. Robinow[3], wonach die Interessen aller Parteien gegeneinander abgewogen werden müssen, schließen, daß es nur noch eine Stufe gebe. Andererseits unterschied er aber bei der genauen Beschreibung des anzuwendenden Tests klar zwischen der Suche nach dem natürlichen Forum und der Interessenabwägung.

Die Praxis der Gerichte in diesem Punkt ist nicht einheitlich. Nach einer Reihe von Entscheidungen ergibt sich angeblich aus Spiliada, daß die Zweiteilung nun nicht mehr notwendig sei. Vielmehr können dieser Ansicht nach alle abwägungserheblichen Faktoren in einem einzigen Abwägungsprozeß gegeneinander abgewogen werden.[4] In der Sache ergibt sich dadurch aber

---

[2] Spiliada Maritime Corporation v. Cansulex Ltd. [1987] 1 A.C. 460, 474 ff. (H.L.).

[3] Sim v. Robinow [1891-1892] 19 S.C. (Rettie) 665, 668.

[4] Charm Maritime Inc. v. Minos Xenophon Kyriakou and David John Mathias [1987] 1 Lloyd's Rep. 433, 447 (C.A.); ähnlich im Ergebnis Australian Commercial Research and Development Ltd. v. ANZ McCaughan Merchant Bank Ltd. [1989] 3 All E.R. 65 und The Lakhta [1992] 2 Lloyd's Rep. 269.

keine Veränderung, weil auch nach dieser Ansicht die Beweislast zwar allgemein beim Beklagten liegt, bezüglich der legitimen Vorteile eines Verfahrens in England aber auf den Kläger verlagert wird, wie dies auch im Rahmen des zweistufigen Prozesses der Fall wäre. Auf der anderen Seite finden sich auch Beispiele, in denen beide Schritte sauber voneinander getrennt wurden.[5]

Letztlich kann die Frage aber offenbleiben, weil im Ergebnis alle Gerichte die gleichen Gruppen von Faktoren berücksichtigen[6] und diese auch gegeneinander abwägen, wie von Spiliada gefordert.[7]

II. Ermessensspielraum für den erstinstanzlichen Richter

Gegen die Entscheidung des erstinstanzlichen Richters über eine Aussetzung aufgrund von forum non conveniens ist der appeal zum Court of Appeal grundsätzlich statthaft. Er bedarf jedoch der Zulassung entweder durch den erstinstanzlichen Richter oder durch den Court of Appeal.[8]

Die Überprüfungsmöglichkeiten des Court of Appeal sind eng begrenzt. Bereits in The Abidin Daver[9] legte Lord Brandon großen Wert darauf, daß die Entscheidung über die Gewährung eines stay in erster Linie in das Ermessen des erstinstanzlichen Richters gestellt sei. Das Rechtsmittelgericht hat seiner Ansicht nach nur begrenzte Korrekturmöglichkeiten. Es könne nicht allein deshalb die Entscheidung der ersten Instanz aufheben, weil es selbst zu einem anderen Ergebnis der Ermessensausübung gelangt wäre, sondern nur bei Vorliegen bestimmter Gründe. Solche Gründe seien: erstens, daß der Richter die rechtliche Grundlage falsch verstanden habe (mit anderen Worten, daß er den falschen Test angewendet habe); zweitens, daß er Faktoren berücksichtigt habe, die er nicht hätte berücksichtigen dür-

---

5 Z.B. The Vishva Ajay [1989] 2 Lloyd's Rep. 558; ähnlich im Prinzip The Adhiguna Meranti [1988] 1 Lloyd's Rep. 384 (Hong Kong C.A.).

6 Nämlich erstens Verbindungspunkte zwischen Forum und Sachverhalt, zweitens convenience-Faktoren und drittens Gesichtspunkte, die aus Gründen der Gerechtigkeit gegen einen stay sprechen, insbesondere legitime Vorteile des Klägers aus einem Verfahren in England.

7 So auch Lloyd L.J. in The Po [1991] 2 Lloyd's Rep. 206, 213 (C.A.): "It does not matter by what route the Judge approaches the basic question, whether there is some other forum which is clearly more appropriate, as long as he gets there in the end, bearing all the relevant factors in mind."

8 Supreme Court Act 1981, Sect. 18(1)(h) i.V.m. R.S.C., Ord. 59, r. 1A(6)(m).

9 The Abidin Daver [1984] 1 A.C. 398, 420 (H.L.).

fen beziehungsweise Faktoren außer acht gelassen habe, die er hätte berücksichtigen müssen; und drittens, daß seine Entscheidung völlig falsch (plainly wrong) sei.[10] Dieser Vorrang der Einschätzung des erstinstanzlichen Richters wurde in Spiliada bestätigt.[11] Er ist auch in der gerichtlichen Praxis anerkannt.[12]

III. Die Entscheidung des Gerichts

Kommt das englische Gericht zu dem Ergebnis, es sei ein forum non conveniens für das betreffende Verfahren, so ordnet es einen stay an. Lange Zeit war nicht ganz klar, ob ein stay das Verfahren nur vorübergehend aussetzt oder ob er es endgültig beendet (und damit einer endgültigen Klageabweisung gleichkommt). Inzwischen hat sich aber die Ansicht durchgesetzt, daß ein stay nur eine vorübergehende Aussetzung ist.[13] Das bedeutet, daß das Verfahren weiter anhängig bleibt und vom Gericht fortgeführt werden kann, wenn gute Gründe dafür vorliegen.[14] Ein derartiger Grund könnte beispielsweise sein, daß das alternative Gericht wider Erwarten seine internationale Zuständigkeit ablehnt.[15] Solche Fälle sind in der Praxis aber eher selten.

IV. Zusammenfassung

Aus dem Gesagten ergibt sich, daß drei Gruppen von Faktoren in der Praxis eine Rolle spielen: Verbindungsfaktoren zwischen den jeweiligen Fora und dem Sachverhalt, convenience-Faktoren und die aus Gründen der Gerechtigkeit für England sprechenden Faktoren (insbesondere die legitimen Vorteile für den Kläger aus einem Verfahren in England). Diese werden im folgenden genauer dargestellt. Dabei ist zu berücksichtigen, daß nach der hier vertretenen Ansicht die beiden ersten Gruppen zur ersten Stufe des

---

[10] The Abidin Daver [1984] 1 A.C. 398, 420 (H.L.).

[11] Spiliada Maritime Corporation v. Cansulex Ltd. [1987] 1 A.C. 460, 486 (H.L.).

[12] Vgl. Meadows Indemnity v. ICI [1989] 2 Lloyd's Rep. 298, 305 f. (C.A.).

[13] ROFA Sport Management AG and Another v. DHL International (UK) Ltd. and Another [1989] 2 All E.R. 743, 747 ff. (C.A.).

[14] Vgl. *Jacob*, The Supreme Court Practice 1991, Bd. 2, Rdnr. 5208.

[15] Vgl. ROFA Sport Management AG and Another v. DHL International (UK) Ltd. and Another [1982] 2 All E.R. 743, 749 (C.A.).

Tests gehören (Suche nach dem natürlichen Forum), während die dritte Gruppe zum zweiten Teil des Tests gehört, innerhalb dessen die Faktoren dieser Gruppe dann auch mit den Faktoren aus den ersten beiden Gruppen abgewogen werden.

B. Verbindungsfaktoren zwischen dem Verfahren und den jeweiligen Fora

Hier geht es um diejenigen Faktoren, die (zusammen mit den convenience-Faktoren i.e.S., die unter (C.) behandelt werden) zu dem natural forum hinführen sollen, das den Gegenstand des ersten Teils des Spiliada-Tests bildet. Zur Erinnerung: Im ersten Teil des Tests muß der Beklagte darlegen, daß es ein anderes, zuständiges Gericht gibt, welches das natural forum für die Klage ist, also dasjenige Forum, mit dem das Verfahren die engste Verbindung hat.[16]

I. Verbindungspunkte bezüglich des Sachverhalts

1. Handlungsort

Der Handlungsort ist im deutschen Kollisionsrecht – insbesondere auf dem Gebiet des Deliktsrechts – als Anknüpfungspunkt sowohl für Fragen der internationalen Zuständigkeit[17] als auch für Fragen des anwendbaren Rechts[18] bekannt. Auch in der englischen forum-non-conveniens-Praxis wird der Handlungsort häufig als abwägungserheblicher Faktor berücksichtigt.

a) Der Handlungsort als Verbindungsfaktor in deliktischen Klagen

Daß der Handlungsort in deliktischen Klagen oft herangezogen wird, ist nicht erstaunlich. Interessant ist es aber, zu untersuchen, welches Gewicht er im Rahmen des Abwägungsprozesses einnimmt.

---

[16] Spiliada Maritime Corporation v. Cansulex Ltd. [1987] 1 A.C. 460, 477 f. (H.L.).

[17] Vgl. § 32 ZPO, Artikel 5 Nr. 3 EuGVÜ; *Schack*, IZVR, Rdnrn. 288 ff.

[18] Vgl. *Kegel*, § 18 IV.

Beginnen kann man, indem man zwei Entscheidungen aus den Jahren 1980 und 1981 gegenüberstellt. In The Wellamo[19] ging es um eine Schiffskollision[20] innerhalb schwedischer Hoheitsgewässer. Beide Schiffe wurden von in Schweden zugelassenen Lotsen dirigiert. Der Sachverhalt hatte keinerlei Verbindung mit England und die Zuständigkeit der englischen Gerichte gründete sich auf eine vom Kläger durch die Drohung mit dem Arrest in ein Schwesterschiff bewirkte Unterwerfung des Beklagten unter die englische Zuständigkeit. Sheen J. betrachtete das schwedische Gericht als das natürliche Forum; er berief sich dabei insbesondere darauf, daß sich die Kollision in schwedischen Gewässern ereignet hatte und daß die beiden Lotsen vor der Kollision auf schwedisch miteinander kommuniziert hatten.[21] Weil er auch sonst keine Faktoren sah, die gegen einen stay sprächen, setzte er das englische Verfahren aus. In The Hida Maru[22] handelte es sich ebenfalls um eine Kollision, allerdings diesmal zwischen einem Schiff und bestimmten Hafeneinrichtungen in einem kuwaitischen Hafen. Der Court of Appeal betrachtete zwar den Handlungsort als relevanten Gesichtspunkt, gewichtete ihn aber nicht sonderlich schwer und verweigerte unter Berufung auf andere – für England sprechende – Faktoren einen stay.

Während sich diese beiden Fälle auf die Anwendung im jeweiligen Einzelfall konzentrierten, behandelten zwei weitere Entscheidungen aus den Jahren 1984 und 1985 die Bedeutung des Handlungsorts auch im Grundsatz. In The Albaforth[23] stellte Ackner L.J. fest,

> "that the jurisdiction in which a tort has been committed is prima facie the natural forum for the determination of the dispute".[24]

---

[19] Gulf Oil Belgian S.A. v. Finland Steamship Co. Ltd. (The Wellamo) [1980] 2 Lloyd's Rep. 229.

[20] Bei Schiffskollisionen ist zu beachten, daß das Vereinigte Königreich Vertragsstaat des Brüsseler Abkommens vom 10.5.1952 zur Vereinheitlichung von Regeln über die zivilgerichtliche Zuständigkeit bei Schiffszusammenstößen ist. Zu der Frage, inwieweit dieses tatsächlich in das autonome englische Recht umgesetzt wurde vgl. The Po [1990] 1 Lloyd's Rep. 418 und The Po [1991] 2 Lloyd's Rep. 206 (C.A.).

[21] Gulf Oil Belgian S.A. v. Finland Steamship Co. Ltd. (The Wellamo) [1980] 2 Lloyd's Rep. 229, 231 f.

[22] Kuwait Oil Co. v. Idemitsu Tankers KK. (The Hida Maru) [1981] 2 Lloyd's Rep. 511 (C.A.).

[23] Cordoba Shipping Co. Ltd. v. National State Bank Elizabeth, New Jersey (The Albaforth) [1984] 2 Lloyd's Rep. 91 (C.A.).

[24] Cordoba Shipping Co. Ltd. v. National State Bank Elizabeth, New Jersey (The Albaforth) [1984] 2 Lloyd's Rep. 91, 94 (C.A.); ausdrücklich in Bezug genommen und befolgt in ISC Technologies Ltd. and Another v. James Howard Guerin and Others [1992] 2 Lloyd's Rep. 430, 435.

Zwar handelte es sich um einen Order-11-Fall, doch ging es auch im Rahmen dieser Prüfung um das natural forum. Im konkreten Fall war nach Ansicht des Gerichts das Delikt in England begangen worden, so daß das englische Gericht sich als das natural forum betrachtete und dem service of the writ out of the jurisdiction zustimmte. Dieser Grundsatz wurde aber in The Forum Craftsman[25] von Ackner L.J. selbst wieder eingeschränkt. Er könne jedenfalls dann nicht gelten, wenn sich das Schiff im Zeitpunkt der Tat nur auf der Durchfahrt durch die Hoheitsgewässer eines Staates befinde, und sonst keine Verbindungen zu diesem Staat bestünden. Diesem Fall sei auch der in The Forum Craftsman vorliegende Sachverhalt gleichzustellen, in dem das Schiff im Zeitpunkt der Tat zwar noch in dem japanischen Hafen festgemacht war, aber bereits geladen hatte und unmittelbar vor der Abfahrt stand.[26] Der Anwendungsbereich dieser Einschränkung ist nicht ganz klar. Selbst wenn man grundsätzlich eine Ausnahme für bloß vorübergehende Durchreise akzeptiert, bleiben noch offene Fragen. Denn im konkreten Fall konnte von einer bloß zufälligen Durchreise nicht die Rede sein. Japan war der vertragsgemäße Verladehafen und das Schiff hatte einige Zeit dort geankert, um die Ladung aufzunehmen.

Diese Unsicherheiten bezüglich der Gewichtung des Handlungsorts setzen sich bis heute fort. Auf der einen Seite war der Unfallort in zwei weiteren Entscheidungen[27], die Schiffskollisionen betrafen, ausschlaggebend dafür, daß die englischen Richter das ausländische Gericht als das natural forum betrachteten. Auf der anderen Seite steht die Entscheidung in The Po.[28] Auch dabei ging es um eine Schiffskollision, diesmal zwischen einem italienischen und einem US-amerikanischen Schiff im Hafen von Rio de Janeiro in Brasilien. Hier betrachteten weder Sheen J. in erster Instanz, noch die Mehrheit im Court of Appeal das Gericht des Unfallorts als das natural forum. Als Gründe nannte Sheen J., daß keines der Schiffe im Zeitpunkt der Kollision von einem brasilianischen Lotsen geleitet wurde und daß die örtlichen Gegebenheiten aus Karten allgemein und problemlos ersichtlich seien.[29]

---

[25] The Forum Craftsman [1985] 1 Lloyd's Rep. 291 (C.A.).

[26] The Forum Craftsman [1985] 1 Lloyd's Rep. 291, 297 (C.A.).

[27] The Sidi Bishr [1987] 1 Lloyd's Rep. 42; The Vishva Ajay [1989] 2 Lloyd's Rep. 558; ähnlich der Court of Appeal von Gibraltar in Aldington Shipping Ltd. v. Bradstock Shipping Corporation and Mabanaft G.m.b.H. (The Waylink and Brady Maria) [1988] 1 Lloyd's Rep. 475.

[28] The Po [1990] 1 Lloyd's Rep. 418; vom C.A. mit Mehrheit bestätigt in The Po [1991] 2 Lloyd's Rep. 206 (C.A.).

[29] The Po [1990] 1 Lloyd's Rep. 418, 423.

Die verschiedenen Aussagen in eine feste Formel zu bringen, ist kaum möglich. Dies ist auch nicht weiter verwunderlich, weil es sich ja um einen Abwägungsprozeß handelt, bei dem die einzelnen Faktoren gegeneinander aufgewogen werden müssen und stark miteinander verzahnt sind. Festzustehen scheint nur, daß die bloße Tatsache, daß der Handlungsort in einem fremden Staat liegt, für sich genommen nicht ausreicht, um diesen Staat auch zum natural forum für die Klage zu machen. Davon abgesehen ist aber erkennbar, daß er grundsätzlich ein gewichtiger Faktor ist. Besonders bedeutend wird er, wenn noch weitere Verbindungspunkte zu den Gerichten des Handlungsorts bestehen, bei Schiffskollisionen zum Beispiel die Verwicklung von Lotsen aus diesem Land (wie in The Wellamo oder auch in der bereits ausführlich besprochenen Entscheidung in The Abidin Daver[30]). Dabei muß man bedenken, daß regelmäßig am Handlungsort auch ein Großteil der Zeugen ansässig sein wird, so daß meistens auch ein Teil der convenience-Faktoren in diese Richtung deutet.

Klar ist aber auch, daß der Handlungsort jedenfalls dann bedeutungslos ist, wenn er nicht innerhalb des Hoheitsgebiets eines Staates liegt, wie etwa bei Schiffskollisionen auf hoher See.[31]

b) Der Handlungsort als Anknüpfungsfaktor in nicht-deliktischen Klagen

Weniger Gewicht hat der Handlungsort in nicht-deliktischen Klagen. Es gibt zahlreiche Entscheidungen, in denen der (nicht in England gelegene) Handlungsort so gut wie keinen Einfluß auf den Ausgang des Abwägungsprozesses hatte.[32] In Du Pont v. Agnew[33], einer durch US-amerikanische Produkthaftung ausgelösten Versicherungsstreitigkeit, wurde der Ort, an dem sich der haftungsauslösende Unfall ereignet hatte, als zufällig bezeichnet und kaum gewichtet.[34]

---

[30] The Abidin Daver [1984] 1 A.C. 398 (H.L.).

[31] Vgl. The Vishva Abha [1990] 2 Lloyd's Rep. 312, 314.

[32] Astro Exito Navegacion S.A. v. W.T. Hsu (The Messiniaki Tolmi) [1983] 1 Lloyd's Rep. 666; Hawke Bay Shipping Co. Ltd. and Others v. The First National Bank of Chicago (The Efthimis) [1986] 1 Lloyd's Rep. 244 (C.A.); Dimskal Shipping Co. S.A. v. The International Transport Workers Federation (The Evia Luck) [1986] 2 Lloyd's Rep. 165.

[33] E.I. Du Pont de Nemours & Co. and Endo Laboratories v. I.C. Agnew, K.W. Kerr and Others [1987] 2 Lloyd's Rep. 585 (C.A.).

[34] E.I. Du Pont de Nemours & Co. and Endo Laboratories v. I.C. Agnew, K.W. Kerr and Others [1987] 2 Lloyd's Rep. 585, 593 (C.A.).

Und auch diejenigen Entscheidungen, in denen ein stay zugunsten der Gerichte des Handlungsorts gewährt wurde, weisen in der Regel andere, spezielle Verbindungspunkte mit diesen Gerichten auf. Zum Beispiel war der wohl entscheidende Faktor in Australian Commercial v. ANZ Bank[35] (stay zugunsten australischer Gerichte), daß die Kläger sich auf ein australisches Spezialgesetz beriefen. Und in First National Bank of Boston v. UBS[36] spielte eine große Rolle, daß die Kläger im schweizerischen Verfahren bereits genügend Vermögensgegenstände des Beklagten mit dinglichem Arrest belegt hatten, um das Urteil in der Schweiz vollstrecken zu können.

c) Zusammenfassung

Der Handlungsort ist grundsätzlich ein entscheidungserheblicher Faktor. Sein Gewicht ist jedoch gering, wenn es sich um nicht-deliktische Klagen handelt; bei deliktischen Klagen kann er größere Bedeutung haben. Alleinentscheidend ist er aber nie.

2. *Erfüllungsort und andere für die Durchführung des Vertrages wichtige Orte*

Häufig wird bei der Suche nach dem natural forum berücksichtigt, daß wichtige Erfüllungshandlungen an einem bestimmten Ort stattgefunden haben oder stattfinden sollten, ohne daß genau bestimmt würde, ob dieser Ort der Erfüllungsort strictu sensu ist.[37] So spielte in The Kislovodsk[38] eine Rolle, daß das Schiff, auf dem die Ware angeblich beschädigt wurde, als Bestimmungsort einen Hafen in der UdSSR hatte. Ebenso können der Verladehafen und der Abladehafen berücksichtigt werden.[39]

---

[35] Australian Commercial Research and Development Ltd. v. ANZ McCaughan Merchant Bank Ltd. [1989] 3 All E.R. 65.

[36] First National Bank of Boston v. Union Bank of Switzerland and Others [1990] 1 Lloyd's Rep. 32 (C.A.).

[37] Cleveland Museum of Art v. Capricorn Art International S.A. and Another [1990] 2 Lloyd's Rep. 166, 173.

[38] The Kislovodsk [1980] 1 Lloyd's Rep. 183.

[39] The Netty [1981] 1 Lloyd's Rep. 57.

3. Verbindungspunkte zwischen den Parteien und den einzelnen Fora

Regelmäßig spielen auch die Verbindungen der Parteien zu den in Frage kommenden Gerichten eine Rolle. Anknüpfungspunkte dafür sind Nationalität beziehungsweise Herkunft der Parteien, und zwar sowohl bei natürlichen Personen[40] als auch bei Gesellschaften.[41] Interessant ist in diesem Zusammenhang, daß die Gerichte bei Gesellschaften durchaus bereit sind, hinter die Fassade der Juristischen Person zu blicken. So wurde in The El Amria[42] als Faktor, der für einen stay sprach, gewertet, daß die Klägerin zwar eine in England inkorporierte und dort auch Geschäfte betreibende Gesellschaft war, faktisch aber einem ägyptischen Geschäftsmann gehörte und von diesem auch geleitet wurde; das Ergebnis war, daß die Verbindung der Klägerin mit England viel schwächer war als die Verbindung der Beklagten (einer auch „hinter der Fassade" ägyptischen Gesellschaft) mit Ägypten. Letztlich wurde aber aus anderen Erwägungen heraus kein stay gewährt.

Eine Bevorzugung einheimischer (also englischer) Kläger gibt es – anders als in den USA[43] – nicht. Zwar meint Fawcett, aus der Tatsache, daß in keinem der drei Fälle, in denen das House of Lords einen stay gewährte,[44] der Kläger aus England kam, eine unterschwellige Bevorzugung ableiten zu können.[45] Dies erweist sich jedoch bei genauerer Betrachtung als falsch, weil es an einem Vergleichsmaßstab fehlt. Denn es gibt überhaupt keine forum-non-conveniens-Entscheidung des House of Lords, in der der Kläger aus England kam. Und bei den Entscheidungen der unteren Gerichte lassen sich keine Tendenzen feststellen, die auf eine Bevorzugung englischer Kläger hindeuteten: Fälle mit englischem Kläger sind ohnehin selten, und eine auffällig geringere Aussetzungsquote ist nicht ersichtlich. Umgekehrt finden sich auch zahlreiche Entscheidungen mit nicht-englischem Kläger, in denen ein stay verweigert wurde.

---

40 Smith Kline & French Laboratories Ltd. and Others v. Bloch [1983] 1 W.L.R. 730 (C.A.).

41 The Netty [1981] 1 Lloyd's Rep. 57; The Po [1990] 1 Lloyd's Rep. 418; The Lakhta [1990] 1 Lloyd's Rep. 269.

42 Aratra Potato Co. Ltd. and Another v. Egyptian Navigation Co. (The El Amria) [1981] 2 Lloyd's Rep. 119, 125 (C.A.): Fall einer ausschließlichen Vereinbarung eines nicht-englischen Gerichtsstands, aber ähnliches Prinzip wie bei forum non conveniens.

43 Vgl. Piper Aircraft Co. v. Reyno, 454 US 235, 255 f; *Robertson*, (1987) 103 L.Q.R. 398, 405 ff.

44 Nämlich The Atlantic Star, MacShannon und The Abidin Daver; Spiliada dagegen war ein Order-11-Fall.

45 *Fawcett*, (1989) 9 Oxford J.L.S. 205, 219 f.

II. Parallelverfahren: ausländische Rechtshängigkeit (lis alibi pendens) und konnexe Verfahren

Im englischen internationalen Zivilverfahrensrecht werden die Auswirkungen ausländischer Rechtshängigkeit im Rahmen der forum-non-conveniens-Doktrin unter dem Stichwort lis alibi pendens erörtert. Lis alibi pendens im engeren Sinn liegt dabei streng genommen nur vor, wenn ein Verfahren zwischen denselben Parteien über denselben Streitgegenstand parallel in zwei verschiedenen Staaten anhängig ist.[46]

Davon sind zunächst solche Fälle paralleler Verfahren zu unterscheiden, in denen zwar Parteien oder Streitgegenstand geringfügig voneinander abweichen, trotzdem aber eine so enge Verbindung zwischen den beiden Verfahren besteht, daß es geboten erscheint, sie zusammen vor einem Gericht zu verhandeln. Die Unterscheidung entspricht derjenigen, die das EuGVÜ zwischen Artikel 21 und Artikel 22 trifft. Auch die letztere Fallgruppe (im folgenden „konnexe" oder „im Zusammenhang stehende" Verfahren genannt) wird in England im Rahmen der forum-non-conveniens-Doktrin behandelt, und die Kriterien sind denen, die in Fällen von lis alibi pendens Anwendung finden, ähnlich.[47] Trotzdem wird im folgenden bei der Analyse der Entscheidungen zwischen den beiden Fallgruppen getrennt, um später den Vergleich mit den Regeln des EuGVÜ zu erleichtern.

Charakteristisch für beide Fallgruppen ist, daß die Entscheidung darüber, ob ein Verfahren aufgrund des Parallelverfahrens ausgesetzt wird, in das Ermessen des Gerichts gestellt ist, das – wie in den forum-non-conveniens-Fällen, in denen kein Parallelverfahren anhängig ist – die für und die gegen einen stay sprechenden Faktoren frei gegeneinander abwägen kann.[48] Hier liegt also – jedenfalls für Fälle von lis alibi pendens im engeren Sinn – ein grundlegender Unterschied zum strengen Prioritätsprinzip des Artikel 21 EuGVÜ.

1. Ausländische Rechtshängigkeit (lis alibi pendens) im engeren Sinne

Diese Fallgruppe umfaßt Fälle paralleler Verfahren zwischen denselben Parteien über denselben Streitgegenstand in verschiedenen Staaten. Nicht

---

[46] De Dampierre v. De Dampierre [1988] 1 A.C. 92, 108 (H.L.); *Cheshire/North*, S. 231.

[47] Vgl. *Cheshire/North*, S. 232.

[48] De Dampierre v. De Dampierre [1988] 1 A.C. 92, 108 (H.L.); vgl. *Cheshire/North*, S. 232 ff.

ganz klar ist dabei, welche Folgen es hat, wenn die Verteilung von Kläger- und Beklagtenrolle in beiden Verfahren die gleiche ist, wenn also der Kläger im Ausland auch der Kläger in England ist. Auf der einen Seite gibt es eine Entscheidung, in der der Court of Appeal ohne weiteres den forum-non-conveniens-Test auf diese Fallgestaltung angewendet hat.[49] Auf der anderen Seite stehen Aussagen, wonach in dieser Situation keinesfalls der Fortgang beider Verfahren geduldet werden könne, mit der Folge, daß der Kläger eines der beiden Verfahren aufgeben müsse.[50] Dabei scheint man es dem Kläger überlassen zu wollen, welches von beiden er fortführen wolle: Entscheidet er sich für den Fortgang des Verfahrens vor dem ausländischen Gericht, wird das englische Verfahren nicht fortgeführt. Unklar ist allerdings, ob es nur vorläufig ausgesetzt oder auf Dauer beendet wird.[51] Will der Kläger dagegen das englische Verfahren weiterbetreiben, wird das Gericht ihm auferlegen, die Klage vor dem ausländischen Gericht zurückzunehmen. Kommt der Kläger dieser Auflage nicht nach, steht es dem englischen Gericht immer noch frei, das Verfahren doch auszusetzen oder zu beenden. Es scheint, als ob sich die zuletzt erörterte Auffassung durchsetzen würde, nach der bei Identität von Kläger- und Beklagtenrolle in beiden Verfahren auf jeden Fall eines der Verfahren aufgegeben werden muß.

In den Fällen, in denen Kläger- und Beklagtenrolle in den beiden Verfahren vertauscht sind, gelten die folgenden Grundsätze.

a) Behandlung im allgemeinen

Daß lis-alibi-pendens-Situationen grundsätzlich unerwünscht sind, läßt sich schon aus einer Aussage von Lord Brandon in The Abidin Daver ableiten, in der er feststellte:

"(...) if concurrent actions in respect of the same subject matter proceed together in two different countries, as seems likely if a stay is refused in the present case, one or other of two undesirable consequences may follow: first, there may be two conflicting judgments of the two courts concerned; or, secondly, there may be an ugly rush to get one action decided ahead of

---

[49] Kuwait Oil Co. K.S.C. v. Idemitsu Tankers KK. (The Hida Maru) [1981] 2 Lloyd's Rep. 510 (C.A.).

[50] Australian Commercial Research and Development Ltd. v. ANZ McCaughan Merchant Bank Ltd. [1989] 3 All E.R. 65, 70; *Dicey/Morris*, Bd. 1, S. 395; *Cheshire/North*, S. 232.

[51] In Australian Commercial Research and Development Ltd. v. ANZ McCaughan Merchant Bank Ltd. [1989] 3 All E.R. 65, 70 ist von "dismissal", also von endgültiger Abweisung die Rede. Vgl. dazu genauer *Smart*, (1990) Lloyd's M.C.L.Q. 326, 328 f.

the other, in order to create a situation of res judicata or issue estoppel in the latter."[52]

Ausschlaggebend für die Unerwünschtheit ist also vor allem die Gefahr einander widersprechender Entscheidungen bzw. eines Wettlaufs um ein Urteil, auf dessen materielle Rechtskraft man sich dann im anderen Verfahren in bestimmten Streitfragen (issue estoppel) oder bezüglich des gesamten Streitgegenstands (cause of action estoppel) berufen könnte.[53] Außerdem spielt natürlich eine Rolle, daß doppelte Verfahren Kosten und Unannehmlichkeiten für die Parteien erheblich erhöhen.[54]

Die Ansicht, daß lis-alibi-pendens-Situationen unerwünscht sind, hat sich allgemein durchgesetzt.[55] Dies hat aber nicht dazu geführt, daß nun in allen Fällen ausländischer Rechtshängigkeit die Ermessensentscheidung des Gerichts automatisch für einen stay ausfallen würde. Zwar ist die Tatsache einer lis alibi pendens ein für einen stay sprechender Faktor, der im Rahmen der Abwägung berücksichtigt werden muß; alleinentscheidenden Charakter in dem Sinne, daß das bloße Vorliegen solcher paralleler Verfahren schon ausreiche, um das Gericht zu einem stay zu veranlassen, hat sie aber nicht.[56] Vielmehr muß auch der Faktor der lis alibi pendens in einer Gesamtwürdigung aller Umstände mit den anderen Faktoren abgewogen werden.[57]

b) Für die Gewichtung im konkreten Fall relevante Faktoren

Aus den in diesem Zusammenhang ergangenen Entscheidungen lassen sich bestimmte Kriterien herausfiltern, die bei der Gewichtung des lis-alibi-pendens-Faktors eine Rolle spielen.

---

[52] The Abidin Daver [1984] 1 A.C. 398, 423 f.(H.L.).

[53] Zu issue estoppel und cause of action estoppel als Unterformen der res-judicata-Wirkung vgl. *Cheshire/North*, S. 372 ff.

[54] The Abidin Daver [1984] 1 A.C. 398, 413 (H.L.).

[55] Vgl. First National Bank of Boston v. Union Bank of Switzerland and Others [1990] 1 Lloyd's Rep. 32, 35 (C.A.): "the obvious and well-settled principle that it is undesirable for the same issues to be litigated concurrently in two jurisdictions".

[56] Arkwright Mutual Insurance Co. v. Bryanston Insurance Co. Ltd. and Others [1990] 2 Lloyd's Rep. 70, 80: "simply a factor, rather than a decisive factor"; E.I.Du Pont de Nemours & Co. and Endo Laboratories Inc. v. I.C. Agnew, K.W. Kerr and Others [1987] 2 Lloyd's Rep. 585, 589 (C.A.).

[57] E.I.Du Pont de Nemours & Co. and Endo Laboratories Inc. v. I.C. Agnew, K.W. Kerr and Others [1987] 2 Lloyd's Rep. 585, 589 (C.A.).

Interessant ist dabei zunächst, welche Rolle der im Rahmen von Artikel 21 EuGVÜ allein maßgebliche Prioritätsgrundsatz spielt, also das Abstellen darauf, welches der beiden Verfahren eher anhängig oder rechtshängig gemacht wurde. Die Antwort darauf ist einfach: so gut wie keine. Die Frage, welches der beiden Verfahren zuerst begonnen wurde, wird zwar gelegentlich erwähnt, aber nie als besonders gewichtig betrachtet. Manchmal wird nur pauschal festgestellt, dies sei "little more than an accident of timing".[58] Ein bloßer Zufall könne aber nicht ausschlaggebend dafür sein, ob man eines der Verfahren beenden solle.[59]

Großes Gewicht messen die Gerichte dagegen der Frage bei, wie lange das andere Gericht bereits mit der Sache befaßt ist und bis zu welchem Stadium das Verfahren fortgeschritten ist.[60] In Arkwright v. Bryanston[61] beispielsweise war ein gewichtiges Argument gegen die Aussetzung des englischen Verfahrens, daß das alternative US-amerikanische Verfahren auch nicht weiter fortgeschritten war als das englische. Beide waren über Fragen der internationalen Zuständigkeit noch nicht hinausgekommen. Ein stay wurde nicht gewährt. Auf der anderen Seite erkannte das Gericht in Cleveland Museum of Art v. Capricorn[62] an, daß das alternative Verfahren in den USA schon mehr als zwei Jahre im Gange und "ready for trial" war. "Ready for trial" bedeutet im amerikanischen Prozeßrecht, daß die Beweisermittlung unter der Regie der Parteien (pre-trial discovery) abgeschlossen ist und die Hauptverhandlung (trial) beginnen kann.[63] Das amerikanische Verfahren war also schon weit fortgeschritten. Für das englische Gericht war dies ein wichtiger Grund, einen stay zu gewähren. Umgekehrt war die Situation in The Coral Isis.[64] Hier war das englische Verfahren wesentlich weiter fortgeschritten als das parallele Verfahren in den Niederlanden und das Gericht gewährte keinen stay.

---

[58] E.I.Du Pont de Nemours & Co. and Endo Laboratories Inc. v. I.C. Agnew, K.W. Kerr and Others [1987] 2 Lloyd's Rep. 585, 593 (C.A.).

[59] E.I.Du Pont de Nemours & Co. and Endo Laboratories Inc. v. I.C. Agnew, K.W. Kerr and Others [1987] 2 Lloyd's Rep. 585, 593 (C.A.); The Coral Isis [1986] 1 Lloyd's Rep. 413, 417.

[60] Arkwright Mutual Insurance Co. v. Bryanston Insurance Co. Ltd. and Others [1990] 2 Lloyd's Rep. 70, 80.

[61] Arkwright Mutual Insurance Co. v. Bryanston Insurance Co. Ltd. and Others [1990] 2 Lloyd's Rep. 70, 80.

[62] Cleveland Museum of Art v. Capricorn Art International S.A. [1990] 2 Lloyd's Rep. 166, 173.

[63] *Junker*, S. 97 f.

[64] The Coral Isis [1986] 1 Lloyd's Rep. 413, 417.

Aus diesen drei Fällen könnte man als Tendenz ableiten, daß englische Gerichte die Existenz einer lis alibi pendens dann als sehr gewichtigen Faktor für die Gewährung eines stay werten, wenn das alternative Verfahren im Ausland erheblich weiter fortgeschritten ist als dasjenige in England. Dies würde sich auch mit der allgemeinen Formulierung des forum-non-conveniens-Tests decken, die erfordert, daß das alternative Forum *das* natürliche Forum ist und nicht nur *ein* natürliches Forum.

Trotzdem muß man solche Tendenzen mit Vorsicht betrachten. Zum einen liegen ihr hier nur drei Entscheidungen zugrunde. Zum anderen ist es im Rahmen eines allgemeinen Abwägungsprozesses schwierig, einzelnen Faktoren entscheidende Bedeutung für das Gesamtergebnis der Abwägung beizumessen. Denn in jedem der oben erwähnten Fälle gab es noch andere Faktoren, die die Entscheidung des Gerichts wesentlich mitbeeinflußt haben. Behält man diese Beschränkungen im Kopf, kann man die oben genannte Schlußfolgerung aber als Faustregel benutzen.

Ein weiterer Faktor, den die Gerichte in Betracht ziehen, ist ein Vergleich derjenigen Kosten, Verzögerungen und Unannehmlichkeiten, die eine Aussetzung des Verfahrens jeweils bedeuten würde.[65] Kostet es zum Beispiel wesentlich mehr, wenn das ausländische Verfahren ausgesetzt würde und nur noch das englische Verfahren weiterliefe als umgekehrt, so spricht dies für eine Fortführung des ausländischen Verfahrens, also für einen stay im englischen Verfahren. Zu beachten ist dabei immer, daß letztendlich nur Hypothesen miteinander verglichen werden. Denn die Möglichkeit, das ausländische Verfahren auszusetzen, hat das englische Gericht selbstverständlich nicht. Als Kosten gelten zum Beispiel die Anwaltskosten in dem nicht weitergeführten Verfahren, die aufgrund der Aussetzung vergeudet wären.[66] Dieser Vergleich wird natürlich häufig zum gleichen Ergebnis führen wie der oben besprochene Vergleich von Dauer und Fortgang der beiden Verfahren.

Ein Kriterium besonderer Art findet sich schließlich in First National Bank of Boston v. UBS.[67] Die schweizerische Klägerin (UBS) verklagte die amerikanische Beklagte (FNBB) und andere Beklagte in Genf auf Zahlung einer Summe von 5,3 Millionen Dollar, die im Zahlungsverkehr zwischen

---

[65] The Coral Isis [1986] 1 Lloyd's Rep. 413, 417; Cleveland Museum of Art v. Capricorn Art International S.A. [1990] 2 Lloyd's Rep. 166, 173.

[66] Cleveland Museum of Art v. Capricorn Art International S.A. [1990] 2 Lloyd's Rep. 166, 173.

[67] First National Bank of Boston v. Union Bank of Switzerland and Others [1990] 1 Lloyd's Rep. 32, 35 f. (C.A.).

diversen Banken in falsche Hände gelangt war. Sie belegte einen Betrag in dieser Höhe, der sich in der Niederlassung der Beklagten in Genf befand, nach schweizerischem Recht mit dinglichem Arrest zur Sicherung der Zwangsvollstreckung. Die Beklagte leitete daraufhin in England ein Verfahren ein, das unter anderem auf Feststellung des Nichtbestehens der Haftung gerichtet war. In diesem Verfahren beantragte UBS einen stay.

Das Gericht setzte das englische Verfahren aus und gründete seine Entscheidung unter anderem auf die "total irrelevance (...) of the English proceedings from the point of view of Swiss law".[68] Gemeint war folgendes: Es war klar, daß das Verfahren in Genf auf jeden Fall zu Ende geführt werden würde, unabhängig davon, ob das englische Verfahren ausgesetzt würde oder nicht. Dafür gab es zwei Gründe. Zum einen gab es für das schweizerische Gericht keinen Grund für eine Aussetzung des Verfahrens, weil nach der schweizerischen bzw. Genfer lis-alibi-pendens-Lehre in diesem Fall dem schweizerischen Verfahren der Vorrang gebührte und es eine darüber hinausgehende forum-non-conveniens-Doktrin nicht gab. Zum anderen befand sich in Genf aufgrund des Arrestes genügend Vermögen der Beklagten, um das schweizerische Urteil zu vollstrecken, so daß man auf eine eventuelle spätere Vollstreckung in England nicht angewiesen war. UBS hätte also in Genf das Verfahren weiterbetreiben können, ohne sich im geringsten um ein negatives Feststellungsurteil in England zu kümmern. Unter anderem deshalb sah das englische Gericht nicht viel Sinn darin, das englische Verfahren fortzuführen und gewährte einen stay.[69]

Auch hier muß man sich hüten, die Entscheidung in diesem Einzelfall zu verallgemeinern und als Ausdruck einer allgemeinen Regel zu verstehen. Aber sie ist immerhin ein Anhaltspunkt dafür, daß das Gewicht einer lis alibi pendens größer ist, wenn sie unabhängig vom Ausgang des englischen Verfahrens Erfolg haben kann. Ohnehin werden sich solche Fälle der „Ohnmacht" des englischen Verfahrens weitgehend auf negative Feststellungsklagen in England beschränken, denen die englischen Gerichte sowieso nicht freundlich gesinnt sind.[70] Denn eine in England begonnene „umgekehrte" Leistungsklage des im ausländischen Verfahren Beklagten kann nur dann „ohnmächtig" in diesem Sinne sein, wenn die andere Partei weder in England noch in einem anderen Staat, in dem das englische Urteil vollstreckt werden könnte, Vermögen hat.

---

[68] First National Bank of Boston v. Union Bank of Switzerland and Others [1990] 1 Lloyd's Rep. 32, 35 f. (C.A.).

[69] First National Bank of Boston v. Union Bank of Switzerland and Others [1990] 1 Lloyd's Rep. 32, 35 f. (C.A.).

[70] Siehe u. 4. Kap., B, II, 3.

c) Erfordernis einer positiven Anerkennungsprognose?

Im deutschen Recht ist eine der Voraussetzungen für die Beachtung ausländischer Rechtshängigkeit eine positive Anerkennungsprognose: Nur wenn das zu erwartende Urteil des ausländischen Gerichts im Inland anerkennungsfähig wäre, wird die Rechtshängigkeit berücksichtigt.[71] In der englischen Rechtsprechung gibt es dazu noch keine Stellungnahmen. Man kann also nicht davon ausgehen, daß allein die Tatsache, daß das Urteil nicht anerkennungsfähig wäre, die Beachtung der Rechtshängigkeit ausschließen würde. Vielmehr würde das englische Gericht die mangelnde Anerkennungsfähigkeit des ausländischen Urteils wohl als einen der Vorteile werten, die der Kläger aus einem Verfahren in England ziehen würde. Nach den für diese Vorteile geltenden Grundsätzen wäre sie dann zwar abwägungserheblich, aber nicht alleinentscheidend.

2. *Konnexe Verfahren*

a) Begriffsbestimmung

In dieser Fallgruppe werden parallele Verfahren zusammengefaßt, bei denen sich zwar Parteien und Streitgegenstand nicht genau decken, die aber trotzdem in engem sachlichen Zusammenhang stehen.

Dabei stellt sich zuerst die Frage nach der Abgrenzung derjenigen Verfahren, die noch im Zusammenhang stehen, von denjenigen, bei denen kein Zusammenhang mehr gegeben ist. Dafür abstrakte Kriterien aufzustellen, ist schwierig und soll hier auch nicht versucht werden, weil eine solche Abgrenzung im englischen Recht – anders als im EuGVÜ bei den Artikeln 21, 22 – nicht erforderlich ist. Denn beide Fallgruppen unterliegen den gleichen Regeln, nämlich denen der forum-non-conveniens-Doktrin. Innerhalb dieser Doktrin ist es dann so, daß das Gericht ein ausländisches Parallelverfahren umso stärker gewichten wird, je enger sein Zusammenhang mit dem englischen Verfahren ist. Es kommt also weniger darauf an, abstrakt festzulegen, wann ein Zusammenhang nicht mehr gegeben ist, als vielmehr darauf, wie stark sich das Parallelverfahren im konkreten Fall mit dem englischen Verfahren deckt.

---

[71] *Schack*, IZVR, Rdnrn. 754 ff.

Der Grund dafür, daß hier trotzdem eine eigene Fallgruppe von konnexen Verfahren gebildet wird, liegt darin, daß sich die englischen Gerichte oft auf die Existenz eines solchen Verfahrens berufen, ohne freilich eine genaue Definition der Voraussetzungen zu geben, unter denen von einem „Zusammenhang" gesprochen werden kann.

Drei Situationen tauchen dabei häufig auf: erstens sogenannte marine cargo claims auf dem Gebiet des Seetransportrechts, in denen die Eigentümer der beschädigten Ladung in einem Land den Charterer und in einem anderen Land den Schiffseigner wegen der Beschädigung der Ware auf See verklagen;[72] zweitens Fälle aufgrund von Schiffskollisionen, wo in einem Land die beiden Schiffseigner miteinander prozessieren und in einem anderen Land der Eigentümer der bei der Kollision beschädigten Ware einen der Schiffseigner verklagt;[73] und drittens Situationen, wo in einem Land eine Haftungsklage anhängig ist und in einem anderen Land ein Haftungsbegrenzungsverfahren (zum Beispiel des Schiffseigners[74] aufgrund des Brüsseler Haftungsbeschränkungsübereinkommens von 1957[75]).

b) Behandlung durch die Gerichte

Die Prinzipien, die für konnexe Verfahren gelten, sind die gleichen wie diejenigen, die für Fälle von lis alibi pendens i.e.S. gelten. Die Existenz solcher Verfahren ist *ein* abwägungserheblicher Faktor, aber keineswegs der entscheidende Faktor, der per se einen stay zur Folge hätte.[76]

Ein Punkt, der bei lis-alibi-pendens-Fällen i.e.S. wegen der Parteienidentität nicht auftaucht, verdient besondere Erwähnung. Es geht um die Frage, wie es sich auswirkt, wenn die Verfahren zwar sachlich im Zusammenhang stehen, aber von verschiedenen Parteien betrieben werden.

---

[72] Vgl. The Panseptos [1981] 1 Lloyd's Rep. 152.

[73] Vgl. The Vishva Abha [1990] 2 Lloyd's Rep. 313.

[74] Vgl. Saipem S.p.A. v. Dredging VO B.V. and Geosite Surveys Ltd. (The Volvox Hollandia) [1988] 2 Lloyd's Rep. 361 (C.A.).

[75] International Convention relating to the Limitation of Liability of Owners of seagoing Ships v. 10.10.1957, jetzt ersetzt durch die Londoner Convention on Limitation for Maritime Claims v. 19.11.1976; vgl. dazu *Prüßmann/Rabe*, vor § 484, III, C.

[76] Meadows Indemnity Co. Ltd. v. Insurance Corporation of Ireland Ltd. and International Commercial Bank Plc. [1989] 1 Lloyd's Rep. 181, 189; in diesem Punkt bestätigt vom C.A. in: Meadows Indemnity Co. Ltd. v. Insurance Corporation of Ireland Ltd. and International Commercial Bank [1989] 2 Lloyd's Rep. 298, 305 (C.A.).

In The Vishva Abha[77] klagten die Eigentümer der bei einer Schiffskollision beschädigten Ladung gegen die Eigner des anderen Schiffes auf Schadensersatz. Die Beklagten beriefen sich darauf, daß sie ihrerseits in Südafrika ein Verfahren gegen die Eigner des Schiffes eingeleitet hatten, auf dem die Ware transportiert worden war, und beantragten, daß das englische Verfahren wegen des engen Zusammenhangs zwischen den beiden Verfahren ausgesetzt werden solle. Sheen J. sagte: "(...) the plaintiffs prima facie should not be deprived of litigating in the forum of their choice merely because others have chosen to litigate in South Africa."[78]

Daraus könnte man schließen, daß ein im Ausland anhängiges Verfahren ohne Beteiligung der in England klagenden Partei weniger Gewicht hat als ein ausländisches Verfahren zwischen denselben Parteien. Auch hier gilt aber wieder, daß man aus dieser Tendenz keine allgemeingültige Regel ableiten kann, die in jedem Fall durchgreifen würde. Vielmehr ist sie nicht mehr als ein Anhaltspunkt für die Gewichtung solcher paralleler Verfahren im Abwägungsprozeß.

c) Besonderheiten bei Verfahren der seerechtlichen Haftungsbegrenzung

Besonderheiten ergeben sich, wenn eines der beiden Verfahren auf die Begrenzung der Haftung eines Schiffseigners im Sinne des Brüsseler Übereinkommens von 1957[79] bzw. heute des Londoner Übereinkommens von 1976[80] gerichtet ist.[81] Solche Beschränkungen der Haftung können in den meisten Rechtsordnungen nicht nur als Verteidigung gegen eine Haftungsklage eines Geschädigten geltend gemacht werden, sondern auch im Wege einer Feststellungsklage des Schiffseigners gegen einen Anspruchsprätendenten. In England führt eine solche Klage zur Errichtung eines Haftungsfonds und zur Durchführung eines Verteilungsverfahrens.[82] Die internationale Zuständigkeit für diese Feststellungsklagen wird in den genannten Abkommen nicht geregelt und ist deshalb Sache des jeweils angerufenen Gerichts. Das EuGVÜ eröffnet dafür in Artikel 6a einen zusätzlichen

---

[77] The Vishva Abha [1990] 2 Lloyd's Rep. 312.

[78] The Vishva Abha [1990] 2 Lloyd's Rep. 312, 315.

[79] International Convention relating to the Limitation of Liability of Owners of seagoing Ships v. 10.10.1957.

[80] Convention on Limitation for Maritime Claims v. 19.11.1976.

[81] Vgl. zu beiden *Prüßmann/Raabe*, vor § 484, III, C.

[82] *Schlosser*-Bericht, Rdnr. 128 a.

Gerichtsstand, der es dem Schiffseigentümer insbesondere ermöglicht, ein Haftungsbeschränkungsverfahren vor den Gerichten seines Wohnsitzes bzw. Sitzes einzuleiten.[83]

In The Volvox Hollandia[84] war die Situation nun folgendermaßen: Die Beklagten hatten in Holland, ihrem Sitzstaat, ein Haftungsbegrenzungsverfahren in Übereinstimmung mit dem Übereinkommen von 1957 eingeleitet. Die Kläger erhoben ihre Haftungsklage gegen die Beklagten in England und beantragten weiterhin die Feststellung, daß die Beklagten nicht berechtigt seien, ihre Haftung zu beschränken. Weil die Beklagten keine Präsenz in England hatten, war nach R.S.C., Order 11 die im Ermessen stehende Zustimmung des Gerichts zur Auslandszustellung des writ erforderlich.

Hätten sich die Kläger durchgesetzt, so wäre das holländische Beschränkungsverfahren für das englische Verfahren völlig ohne Belang geblieben. Im umgekehrten Fall dagegen hätten die Kläger die Beschränkungen aus dem holländischen Verfahren auch in England gegen sich gelten lassen müssen. In dieser Situation machte der Court of Appeal deutlich, daß es ein international anerkannter Grundsatz sei, daß der Schiffseigner vor seinen Heimatgerichten ein solches Beschränkungsverfahren einleiten könne. Ein englisches Gericht solle deshalb äußerst zurückhaltend sein, wenn es darum gehe, in dieses Recht – beispielsweise durch negative Feststellungsklagen der vorliegenden Art – einzugreifen. Deshalb verweigerte es die Zustimmung zur Zustellung des writ ins Ausland und damit zur Inanspruchnahme der internationalen Zuständigkeit.[85]

Überträgt man die Ratio dieser Entscheidung auf gewöhnliche forum-non-conveniens-Fälle, so paßt sie auf Situationen, in denen im Ausland die Haftungsklage anhängig ist, in England dagegen die Beschränkungsklage. In dieser Situation müßte ein englisches Gericht danach prinzipiell davon ausgehen, daß das Haftungsbeschränkungsverfahren nicht beeinträchtigt werden soll und deshalb einen stay verweigern. Dazu paßt auch folgende Aussage von Kerr L.J. in The Volvox Hollandia: "Finally it should be noted that it is not necessarily unjust or inconvenient for liability and limitation to

---

83 Vgl. Saipem S.p.A. v. Dredging VO B.V. and Geosite Surveys Ltd. (The Volvox Hollandia) [1988] 2 Lloyd's Rep. 361, 367 (C.A.).

84 Saipem S.p.A. v. Dredging VO B.V. and Geosite Surveys Ltd. (The Volvox Hollandia) [1988] 2 Lloyd's Rep. 361, 379 (C.A.).

85 Saipem S.p.A. v. Dredging VO B.V. and Geosite Surveys Ltd. (The Volvox Hollandia) [1988] 2 Lloyd's Rep. 361, 371 (C.A.) per Nichols L.J., ebenso Kerr L.J., anders im Ergebnis, aber nur aufgrund einer unterschiedlichen Würdigung des Sachverhalts, Dillon L.J.

be tried separately."[86] Der Grund dafür ist seiner Ansicht nach, daß hinsichtlich der Zielsetzung und der rechtlichen Probleme zwischen diesen beiden Arten von Verfahren bedeutende Unterschiede bestehen.[87]

Für den umgekehrten Fall (Haftungsklage in England, Beschränkungsverfahren im Ausland) ist die Ratio dieser Entscheidung dagegen von geringerer Bedeutung. Denn hier würde eine Aussetzung der Haftungsklage das Beschränkungsverfahren nicht beeinträchtigen. Eine Beeinträchtigung könnte nur über eine negative Feststellungsklage oder eine antisuit-injunction erreicht werden. Derartige Versuche würden wieder voll unter die Ratio von The Volvox Hollandia fallen und müßten mit äußerster Zurückhaltung betrachtet werden.

3. "Preemptive forum shopping" durch negative Feststellungsklagen

Eine besondere Art von lis alibi pendens wurde bereits angesprochen: die Praxis, einer gegen sich gerichteten Klage im Ausland mit einer negativen Feststellungsklage in England zuvorzukommen oder auf die ausländische Klage mit einer solchen zu antworten. Ist in einem derartigen Fall der claim for negative declaration in England anhängig, wird der Antragsgegner, der seine Klage im Ausland nicht gefährden will, in der Regel eine Aussetzung des englischen Verfahrens beantragen. Das Gericht muß dann entscheiden, wie die Gewichte in einem solchen Fall verteilt sind.

In den letzten Jahren ist klar geworden, daß die englischen Gerichte negative Feststellungsklagen in Situationen, in denen sich Verfahren in verschiedenen Staaten gegenüberstehen, mit großer Skepsis betrachten. Eine allgemeine Stellungnahme in dieser Richtung findet sich in der eben erwähnten Mehrheitsentscheidung des Court of Appeal in The Volvox Hollandia[88], die allerdings kein forum-non-conveniens-Fall, sondern ein

---

86 Saipem S.p.A. v. Dredging VO B.V. and Geosite Surveys Ltd. (The Volvox Hollandia) [1988] 2 Lloyd's Rep. 361, 371 (C.A.).

87 Saipem S.p.A. v. Dredging VO B.V. and Geosite Surveys Ltd. (The Volvox Hollandia) [1988] 2 Lloyd's Rep. 361, 371 (C.A.).

88 Saipem S.p.A. v. Dredging VO B.V. and Geosite Surveys Ltd. (The Volvox Hollandia) [1988] 2 Lloyd's Rep. 361, 371 (C.A.); in Bezug genommen und befolgt für den Fall einer antisuit-injunction in Sohio Supply Co. v. Gatoil (USA) Inc. [1989] 1 Lloyd's Rep. 588, 593 (C.A.).

Order-11-Fall war. Dort prägte Kerr L.J. für die oben beschriebene Praxis die Bezeichnung "pre-emptive forum shopping"[89] und stellte fest:

"Claims for declarations, and in particular negative declarations, must be viewed with great caution in all situations involving possible conflicts of jurisdictions, since they obviously lend themselves to improper attempts at forum shopping."[90]

Daß diese Skepsis gegenüber negativen Feststellungsklagen auch in forum-non-conveniens-Fällen gilt, steht spätestens seit der bereits erwähnten Entscheidung des Court of Appeal in First National Bank of Boston v. UBS[91] fest. Dort bezog sich Sir Michael Kerr ausdrücklich auf die eben zitierte Passage aus The Volvox Hollandia und sprach sich für eine Aussetzung der in England erhobenen negativen Feststellungsklage aus.[92]

Auch in Fällen, wo in England eine Leistungsklage anhängig ist und der Beklagte im Ausland eine negative Feststellungsklage erhoben hat, sind die Gerichte wenig geneigt, dem ausländischen Verfahren den Vorrang einzuräumen und das englische Verfahren auszusetzen. Dies ergibt sich aus der Entscheidung in Arkwright v. Bryanston.[93]

Die Tendenz ist klar: In Fällen paralleler Verfahren in zwei Staaten hat eine negative Feststellungsklage vor englischen Gerichten schlechte Karten. Dies gilt unabhängig davon, ob das englische oder das ausländische Verfahren dasjenige ist, das auf die negative Feststellung gerichtet ist und unabhängig davon, ob es sich um einen forum-non-conveniens-Fall, einen Order-11-Fall oder eine antisuit-injunction handelt.

---

89 Saipem S.p.A. v. Dredging VO B.V. and Geosite Surveys Ltd. (The Volvox Hollandia) [1988] 2 Lloyd's Rep. 361, 364 (C.A.).

90 Saipem S.p.A. v. Dredging VO B.V. and Geosite Surveys Ltd. (The Volvox Hollandia) [1988] 2 Lloyd's Rep. 361, 371 (C.A.).

91 First National Bank of Boston v. Union Bank of Switzerland and Others [1990] 1 Lloyd's Rep. 32 (C.A.).

92 First National Bank of Boston v. Union Bank of Switzerland and Others [1990] 1 Lloyd's Rep. 32, 38 (C.A.).

93 Arkwright Mutual Insurance Co. v. Bryanston Insurance Co. Ltd. and Others [1990] 2 Lloyd's Rep. 70, 80; entsprechend für einen Order-11-Fall The Standard Owners' Protection and Indemnity Association (Bermuda) Ltd. v. Gann and Another [1992] 2 Lloyd's Rep. 528, 537. Vgl. auch die Entscheidung in The Maciej Rataj [1991] 2 Lloyd's Rep. 458, 463 ff., die inzwischen zu einer Vorlage an den EuGH (C-406/92) geführt hat, dazu näher *Collins*, (1992) 109 L.Q.R. 545.

III. Charakteristika bei seerechtlichen Streitigkeiten

1. Der internationale Charakter von seerechtlichen Streitigkeiten und seine Auswirkungen auf die forum-non-conveniens-Doktrin

Aus den bisherigen Erörterungen läßt sich bereits entnehmen, daß in der englischen Gerichtspraxis eine große Zahl von Fällen zur forum-non-conveniens-Doktrin aus dem Seehandelsrecht kommt. Dies liegt – neben dem großen Ansehen, das die englischen Gerichte auf diesem Gebiet genießen – daran, daß seerechtliche Streitigkeiten naturgemäß internationale Bezüge aufweisen und mit der Arrestzuständigkeit aufgrund des Arrestübereinkommens von 1952 eine sehr weite internationale Zuständigkeit zur Verfügung steht.

Die große Internationalität dieser Fälle hat aber auch zur Folge, daß selten ein Forum so nahe mit dem Sachverhalt verbunden sein wird, daß es als *das* natürliche Forum betrachtet werden kann. Daraus ergibt sich dann auch, daß wenn die englischen Gerichte einmal zuständig sind (zum Beispiel aufgrund der Arrestzuständigkeit), stays nur selten gewährt werden. Ganz besonders trifft dies auf Schiffskollisionen in internationalen Gewässern zu. Darauf hat schon Lord Goff in Spiliada hingewiesen[94], und auch die unteren Instanzen sehen dies so. Sheen J. sagte in The Coral Isis[95]:

"(...) It must frequently happen that when such a collision has occurred no Court can properly be described as 'the natural forum' or even 'a natural forum'. (...) Nevertheless by international agreement a Court exercising Admiralty jurisdiction may arrest one or other of the ships and thereby found jurisdiction for a claim for damages arising out of the collision."

Nur ganz selten, sagte er in einer anderen Entscheidung[96], könne in solchen Fällen ein Gericht als das natural forum bezeichnet werden, nämlich dann, wenn dies ganz klar auf der Hand liege ("patently obvious"). Dies sei zwar in The Wellamo oder in The Abidin Daver der Fall gewesen, sei aber nicht die Regel. Zur Erinnerung: In beiden Fällen hatte die Schiffskollision innerhalb des Hoheitsgebiets des Staates des alternativen Forums stattgefunden und in beiden Fällen waren weitere Faktoren dazugekommen, wie zum Beispiel die Verwicklung von Lotsen aus diesem Land.

---

94 Spiliada Maritime Corporation v. Cansulex Ltd. [1987] 1 A.C. 460, 477 (H.L.).

95 The Coral Isis [1986] 1 Lloyd's Rep. 413, 416.

96 The Vishva Abha [1990] 2 Lloyd's Rep. 312, 314.

Daß diese Grundtendenz bei seerechtlichen Fällen den Prinzipien ähnelt, die sich aus der Analyse der Bedeutung des Handlungsorts ergeben haben, ist wiederum nicht verwunderlich, weil die meisten Fälle, in denen dieser eine Rolle spielte, seerechtlicher Art waren.

2. Berücksichtigung der Nationalität der beteiligten Schiffe

Ebenso wie die Herkunft der Parteien wird in der Regel auch die Nationalität des Schiffes bei der Abwägung berücksichtigt.[97] Bemerkenswert ist dabei, daß keine allgemeinen Regeln darüber aufgestellt werden, wie die Nationalität bestimmt werden soll. Die Gerichte begnügen sich damit, pauschal festzustellen, daß das betreffende Schiff diese oder jene Nationalität habe. Denkbare Ansatzpunkte wären die Flagge, unter der das Schiff fährt, oder der Ort, an dem es in ein Schiffsregister eingetragen ist.

IV. Anwendbares Recht

Oft berücksichtigen die Gerichte im Rahmen des Abwägungsprozesses auch, welches Recht auf das dem Verfahren zugrundeliegende Rechtsverhältnis anzuwenden ist.

1. Berücksichtigung im allgemeinen

Schon im Rahmen des MacShannon-Tests hatte Goff J. in Trendtex[98] festgestellt, daß bei der Abwägung berücksichtigt werden müsse, welches Recht auf die zugrundeliegenden Rechtsverhältnisse anzuwenden sei. Dies hat er (inzwischen Lord Goff) in Spiliada[99] wiederholt, so daß keine Zweifel daran bestehen, daß das anwendbare Recht auch im Rahmen des Spiliada-Tests eine Rolle spielen kann.

Bei einer Analyse der bisher ergangenen Entscheidungen wird dementsprechend deutlich, daß die Frage nach dem anwendbaren Recht – insbesondere in Vertragsstreitigkeiten – häufig als abwägungserheblicher Faktor aufgeworfen wird. Ist dabei das anwendbare Recht das Recht eines der zur

---

[97] The Sidi Bishr [1987] 1 Lloyd's Rep. 42, 44; The Adhiguna Meranti [1988] 1 Lloyd's Rep. 384, 386 (Hong Kong C.A.).

[98] Trendtex Trading Corp. and Another v. Credit Suisse [1980] 3 All E.R. 721, 734 f.

[99] Spiliada Maritime Corporation v. Cansulex [1987] 1 A.C. 460, 478 (H.L.).

Wahl stehenden Fora, so spricht dies bei der Abwägung für dieses Forum,[100] wobei es keinen Unterschied macht, ob das für anwendbar erklärte Recht das englische Recht[101] oder ein ausländisches Recht[102] ist.

Eine Begründung dafür wurde in Muduroglu[103] gegeben. Mustill L.J. sagte, man müsse realistischerweise anerkennen, daß ein Verfahren über ausländisches Recht in England komplizierter und teurer sei als in dem betreffenden Land selbst. Außerdem sei der Inhalt des ausländischen Rechts in England eine Tatsachenfrage und damit vom Court of Appeal nicht überprüfbar, was das Risiko einer falschen Entscheidung erhöhe.[104]

Eine Einschränkung muß in diesem Zusammenhang aber gemacht werden. In den eben zitierten Fällen war das alternative Forum jeweils in dem Land, dessen Recht anwendbar war. Befindet sich dagegen das alternative Forum nicht in dem Land, dessen Recht aus englischer Sicht anwendbar ist, so verliert die Frage nach dem anwendbaren Recht ihre Bedeutung.[105]

2. Berücksichtigung besonderer Faktoren im Zusammenhang mit dem anwendbaren Recht

a) Ordre public

Stehen in einem Fall Fragen des englischen Ordre public ("public policy") zur Debatte, so ist dies ein gewichtiger Faktor dafür, daß das Verfahren in England stattfinden sollte.[106]

---

[100] Vgl. Hamed El Chiati & Co. (T/A Travco Nile Cruise Lines) v. The Thomas Cook Group Ltd. (The Nile Rhapsody) [1992] 2 Lloyd's Rep. 399, 411 und die in den folgenden zwei Fußnoten zitierten Entscheidungen; *Fawcett*, (1989) 9 Oxford J.L.S. 205, 221 f.

[101] Charm Maritime Inc. v. Minos Xenophon Kyriakou and David John Mathias [1987] 1 Lloyd's Rep. 433, 451 (C.A.); The Standard Steamship Owners' Protection and Indemnity Association (Bermuda) Ltd. v. Gann and Another [1992] 2 Lloyd's Rep. 528, 536.

[102] Australian Commercial Research and Development Ltd. v. ANZ McCaughan Merchant Bank Ltd. [1989] 3 All E.R. 65, 66, 71 (ausdrückliche Rechtswahl zugunsten von Queensland, Australien); Cleveland Museum of Art v. Capricorn Art International S.A. and Another [1990] 2 Lloyd's Rep. 166, 173 (Zugeständnis beider Seiten im Prozeß, daß das Recht von Ohio, USA, Anwendung findet).

[103] Muduroglu Ltd. v. TC Ziraat Bankasi [1986] 3 All E.R. 682 (C.A.).

[104] Muduroglu Ltd. v. TC Ziraat Bankasi [1986] 3 All E.R. 682, 697 (C.A.).

[105] Banco Atlantico S.A. v. The British Bank of the Middle East [1990] 2 Lloyd's Rep. 504, 508 (C.A.).

[106] E.I. Du Pont de Nemours & Co. and Endo Laboratories Inc. v. I.C. Agnew, K.W. Kerr and Others [1987] 2 Lloyd's Rep. 585, 594 (C.A.); Mitsubishi Corporation v. Aristidis I. Alafouzos [1988] 1 Lloyd's Rep. 191, 196.

In Du Pont v. Agnew[107] ging es um Versicherungen für Produkthaftungsansprüche, die zwei US-amerikanische Pharmakonzerne mit einem international zusammengesetzten Pool von Versicherungsanstalten abgeschlossen hatten. Aufgrund eines Unfalls in Illinois (USA) wurden die Versicherungsnehmer in diesem Staat zur Zahlung von Schadensersatz in Höhe von über 26 Millionen Dollar, davon 13 Millionen punitive damages, verurteilt. Sie erhoben in England Klage auf Zahlung der vereinbarten Versicherungssumme. Die Versicherungsgesellschaften verteidigten sich mit dem Argument, der vorliegende Fall falle unter eine Regel im Recht von Illinois, nach der unter bestimmten Voraussetzungen eine Versicherungsentschädigung für punitive damages nicht zulässig sei.

Der Court of Appeal war der Ansicht, auf die Versicherungsverträge sei englisches Recht anwendbar. Im englischen Recht gebe es zu diesem Problem bis dato keine Entscheidung. Sollte es aber eine diesbezügliche Regel geben, dann wäre sie Teil des englischen Ordre public. Soweit aber der englische Ordre public betroffen sei, sei ohne Zweifel das englische Gericht das zur Entscheidung am besten geeignete.[108]

b) Einfluß der Berufung auf Spezialgesetze eines Landes

In Australian Commercial v. ANZ Bank[109] war ein sehr wichtiges Argument für einen stay, daß eine der Parteien sich auf den Australian Trade Practices Act 1974 berief, der Ansprüche begründete, die weder nach dem englischen noch nach dem (allgemein für anwendbar erklärten) australischen Common Law gegeben wären.

Inwieweit dieser Gesichtspunkt verallgemeinerungsfähig ist und welche speziellen Gesetze darunter fallen sollen, bleibt allerdings unklar. Großes Gewicht sollte man ihm in Zukunft deshalb nicht zumessen.

---

[107] E.I. Du Pont de Nemours & Co. and Endo Laboratories Inc. v. I.C. Agnew, K.W. Kerr and Others [1987] 2 Lloyd's Rep. 585 (C.A.).

[108] E.I. Du Pont de Nemours & Co. and Endo Laboratories Inc. v. I.C. Agnew, K.W. Kerr and Others [1987] 2 Lloyd's Rep. 585, 594 (C.A.).

[109] Australian Commercial Research and Development Ltd. v. ANZ McCaughan Merchant Bank Ltd. [1989] 3 All E.R. 65, 72 f.

c) Einfluß von Gerichtsstandsvereinbarungen

Bei Gerichtsstandsvereinbarungen muß man unterscheiden. Für ausschließliche Gerichtsstandsvereinbarungen zugunsten ausländischer Gerichte gelten besondere Regeln der Ermessensausübung, die nicht Gegenstand dieser Arbeit sind.[110] Eine nicht-ausschließliche Gerichtsstandsvereinbarung zugunsten eines der zur Wahl stehenden Gerichte kann aber im Rahmen einer forum-non-conveniens-Prüfung ein starker Faktor zugunsten dieses Gerichts sein.[111]

d) Besonderheiten bei contempt of court

Contempt of court in der Form des civil contempt ist gegeben, wenn der Adressat einer gerichtlichen Anordnung, zum Beispiel einer injunction, diese nicht befolgt. Als Sanktionen stehen dem Gericht die Inhaftierung oder die Verhängung von Geld- und Vermögensstrafen zur Verfügung.[112]

In The Messiniaki Tolmi[113] richtete sich ein Teil der in England erhobenen Klage auf Schadensersatz wegen Anstiftung zum contempt of court. Das Gericht ließ keinen Zweifel daran, daß für Fragen des contempt of court ein englisches Gericht das am besten geeignete Forum sei, weil ein erhebliches Risiko bestünde, daß ein ausländisches Gericht Tragweite und Wesen dieses englischen Rechtsinstituts verkennen könnte.[114]

C. Faktoren der convenience

Die sogenannten convenience-Faktoren i.e.S. sind die zweite Gruppe von Faktoren, die das Gericht bei der Suche nach dem natural forum zu berücksichtigen hat.[115] Wie sich aus den analysierten Entscheidungen ergibt, han-

---

[110] Vgl. *Dicey/Morris*, Bd. 1, Rule 34 (2), S. 402 ff.

[111] S. & W. Berisford Plc. and NGI International Precious Metals Inc. v. New Hampshire Insurance Co. [1990] 1 Lloyd's Rep. 454, 463; Dimskal Shipping Co. S.A. v. The International Transport Workers Federation (The Evia Luck) [1986] 2 Lloyd's Rep. 165, 179.

[112] *James*, S. 161.

[113] Astro Exito Navegacion S.A. v. W.T. Hsu (The Messiniaki Tolmi) [1983] 1 Lloyd's Rep. 666.

[114] Astro Exito Navegacion S.A. v. W.T. Hsu (The Messiniaki Tolmi) [1983] 1 Lloyd's Rep. 666, 673.

[115] Spiliada Maritime Corporation v. Cansulex Ltd. [1987] 1 A.C. 460, 478 (H.L.); s.o. 3. Kap., B, V, 3.

delt es sich um Faktoren, die die Unannehmlichkeiten und den Aufwand betreffen, die sich aus der Abwicklung des Verfahrens in den jeweiligen Fora ergeben würden.

I. Convenience aus der Sicht der Parteien

1. Unannehmlichkeiten

Bei der Analyse der ergangenen Entscheidungen fällt auf, daß die Unannehmlichkeiten, die die zur Wahl stehenden Fora jeweils für die Parteien bedeuten würden, nur sehr selten berücksichtigt werden. Die einzige Entscheidung, in der diesem Gesichtspunkt ein längerer Absatz gewidmet wird, ist die des Court of Appeal in Muduroglu.[116] Aber selbst dort verbirgt sich hinter der auf die convenience der Parteien hindeutenden Überschrift faktisch eine Diskussion über das anwendbare Recht.

Die Gründe dafür, daß der convenience der Parteien so wenig Bedeutung zugemessen wird, sind wohl zweierlei. Zum einen berücksichtigen die Gerichte bei der Suche nach dem natural forum häufig Wohnsitz und Nationalität der Parteien.[117] Sehr oft wird der Heimatgerichtsstand einer Partei derjenige sein, der für sie am wenigsten Unannehmlichkeiten mit sich bringt. Indirekt wird die convenience also durch die Beachtung der Herkunft der Parteien berücksichtigt. Zum anderen besteht der überwiegende Teil der internationalen, schuldrechtlichen Streitigkeiten vor den englischen Gerichten aus Wirtschaftsstreitigkeiten zwischen Gesellschaften.[118] International angehauchte Fälle, in denen sich Privatpersonen vor englischen Gerichten streiten, sind eher selten. Selbst Fälle, in denen auch nur eine der beiden Parteien eine Privatperson ist, die nicht zugleich auch ein Handelsgeschäft betreibt, kommen kaum vor. Insofern ist die Situation anders als in den USA, die aus verschiedenen Gründen viele Verbraucher als Kläger in Produkthaftungssachen anziehen.[119] Die convenience dieser in England typischen "commercial litigants" wird von den englischen Gerichten als nicht besonders bedeutend eingestuft. Denn wer sich auf internationale Transaktionen einlasse (wie zum Beispiel ein Reeder), der müsse auch

---

[116] Muduroglu Ltd. v. TC Ziraat Bankasi [1986] 3 All E.R. 682, 696 f. (C.A.).

[117] Siehe o. 4. Kap., B, I, 3.

[118] Vgl. *Robertson*, (1987) 103 L.Q.R. 398, 409.

[119] Vgl. dazu *Juenger*, (1989) 63 Tulane L. R. 553.

bereit sein, sich im Ausland verklagen zu lassen.[120] In The Wellamo[121] sagte Sheen J. für den Fall eines sogenannten P&I Clubs:[122]

"It seems to me that the convenience of those who are professionally interested in litigation should carry little weight in comparison with the convenience of those whose normal occupation in life will be interrupted by attendance in Court to give evidence."[123]

2. *Kostenaufwand*

In jedem Fall, in dem ein stay gewährt wird, wären die bereits für das englische Verfahren aufgewendeten Kosten (z.B. für die Anwälte) verloren. Ebenso käme es zu Verzögerungen, bis das neue Verfahren eingeleitet wäre. Inwieweit dies bei der Abwägung berücksichtigt werden kann, ist in der Rechtsprechung umstritten.[124]

II. Convenience aus der Sicht der Zeugen

Als Parteien treten, wie eben festgestellt, Nicht-Kaufleute selten auf. Als Zeugen dagegen sind sie viel häufiger zu finden. Ein Beispiel dafür sind Schiffskollisionen, wo die Seeleute der beteiligten Schiffe als Zeugen aussagen sollen.[125] In diesen Fällen werden die Unannehmlichkeiten und die Kosten, die den Zeugen durch ein Verfahren in den jeweiligen Fora entstehen würden, in der Regel in die Abwägung miteinbezogen.[126]

---

[120] Vgl. The Vishva Abha [1990] 2 Lloyd's Rep. 312, 315.

[121] The Wellamo [1980] 2 Lloyd's Rep. 229.

[122] Ein P&I Club (Protection and Indemnity Club) ist eine Haftpflichtversicherung auf Gegenseitigkeit für Schiffseigner. In Streitfällen geben solche Clubs häufig Garantieversprechen gegenüber dem Kläger ab, um das Schiff des beklagten Versicherungsnehmers aus dem Arrest zu befreien. Vgl. *Grime*, S. 23 f. und S. 413 ff.

[123] The Wellamo [1980] 2 Lloyd's Rep. 229, 232.

[124] Vgl. The Forum Craftsman [1985] 1 Lloyd's Rep. 291, 299 (C.A.) (ja) einerseits und South Carolina Insurance Co. v. Assurantie Maatschappij "De Zeven Provincien" NV and Another [1987] 1 A.C. 24, 43 (H.L.) (sehr skeptisch) andererseits.

[125] Wie in The Wellamo [1980] 2 Lloyd's Rep. 229.

[126] The Wellamo [1980] 2 Lloyd's Rep. 229, 232; The Coral Isis [1986] 1 Lloyd's Rep. 413, 417; Dimskal Shipping Co. S.A. v. The International Transport Workers Federation (The Evia Luck) [1986] 2 Lloyd's Rep. 165, 179; Meadows Indemnity Co. Ltd. v. Insurance Corporation of Ireland Ltd. and International Commercial Bank Plc. [1989] 1 Lloyd's Rep. 181, 190; The Lakhta [1992] 2 Lloyd's Rep. 269, 272.

Oft kommen diese Zeugen aber nicht aus einem der Länder, dessen Gerichte zur Wahl stehen. In diesen Fällen tendieren die englischen Gerichte dazu, die convenience außer acht zu lassen, etwa mit der Begründung, für die griechischen Zeugen sei es gleichgültig, ob sie nun in einem Verfahren in England oder in einem Verfahren in Irland aussagten.[127] In The Coral Isis[128] sagte Sheen J., in seerechtlichen Fällen werde es häufig so sein, daß es für die Seeleute gleich sei, in welchem Land sie ihre Aussage machten, weil sie die meiste Zeit auf See unterwegs seien und deshalb ohnehin eine größere Entfernung zum Gerichtsort zurücklegen müßten.

III. Sprache der Zeugen und des Beweismaterials

Oft berücksichtigen die englischen Gerichte die Sprachen, die die Zeugen beherrschen. Ausgangspunkt ist dabei jeweils ihre Muttersprache.[129] Aber auch eventuelle Fremdsprachenkenntnisse werden berücksichtigt.[130] Wegen der großen Verbreitung der englischen Sprache wird diese Erwägung natürlich häufig für das englische Gericht sprechen. Weiter von Bedeutung sind Sprache und Belegenheitsort von schriftlichen Beweisstücken.[131]

Unsicherheit besteht darüber, inwieweit die Möglichkeit von Übersetzungen der Aussagen und der Beweisstücke die Bedeutung dieser Faktoren verringert. Auf der einen Seite gibt es Stellungnahmen, nach denen Übersetzungen mit Vorsicht betrachtet werden sollten, weil sie die Gefahr von Mißverständnissen mit sich brächten.[132] Auf der anderen Seite steht eine Aussage von Hirst J. in The Nile Rhapsody, wonach eine Übersetzung kein

---

[127] Meadows Indemnity Co. Ltd. v. Insurance Corporation of Ireland Ltd. and International Commercial Bank Plc. [1989] 1 Lloyd's Rep. 181, 190; ähnlich in The Wellamo [1980] 2 Lloyd's Rep. 229, 232 (für belgische Zeugen unerheblich, ob Verfahren in England oder in Schweden).

[128] The Coral Isis [1986] 1 Lloyd's Rep. 413, 417.

[129] The Wellamo [1980] 2 Lloyd's Rep. 229, 231; The Lakhta [1992] 2 Lloyd's Rep. 269, 272.

[130] So zum Beispiel in The Traugutt [1985] 1 Lloyd's Rep. 76, 79, wo die Zeugen aus Pakistan kamen: Sheen J. meinte, es sei wahrscheinlicher, daß diese Englisch sprächen als Flämisch und wertete das als einen für das englische Gericht sprechenden Faktor.

[131] The Po [1990] 1 Lloyd's Rep. 418, 423 f.; The Lakhta [1992] 2 Lloyd's Rep. 269, 272.

[132] The Wellamo [1980] 2 Lloyd's Rep. 229, 231; The Lakhta [1992] 2 Lloyd's Rep. 269, 272.

Problem und der Sprachenfaktor deshalb nicht so bedeutend sei.[133] In diesem Punkt wird man die weitere Entwicklung abwarten müssen.

IV. Zusammenfassung

Als sogenannte convenience-Faktoren werden bei der Suche nach dem natural forum also berücksichtigt: Unannehmlichkeiten und Aufwand für die Parteien (mit unterschiedlichem Gewicht je nachdem, ob es sich um Kaufleute handelt oder nicht) und für die Zeugen; die Sprache der Zeugen; und die Sprache und der Belegenheitsort von schriftlichem Beweismaterial.

D. Die Interessenabwägung: Verweigerung eines stay aus Gründen der Gerechtigkeit?

I. Allgemeines

1. Umfang der Abwägung

Wie bereits ausgeführt,[134] erfordert der Spiliada-Test im zweiten Teil eine allgemeine Interessenabwägung. Die bloße Tatsache, daß dem Kläger durch einen stay legitime juristische oder persönliche Vorteile eines Verfahrens in England entgehen würden, ist nicht mehr ausreichend, um einen solchen zu verhindern.

Das bedeutet aber nicht, daß die Existenz solcher Vorteile nunmehr irrelevant geworden wäre. Vielmehr wird es in der Regel so sein, daß die gewichtigsten Argumente, die der Kläger im Rahmen dieser Abwägung vorbringen kann, gerade solche Vorteile sind. Die Neuerung nach The Abidin Daver und Spiliada ist nur, daß sie insofern an Gewicht eingebüßt haben, als sie jetzt mit anderen Faktoren abgewogen werden müssen.

Diese „anderen" Faktoren umfassen unzweifelhaft diejenigen Erwägungen, die für die Suche nach dem natural forum relevant sind, also convenience-Faktoren und Verbindungspunkte zwischen Sachverhalt und Forum. Unklar ist aber, ob diese „anderen" Faktoren auch Vorteile umfassen, die dem Beklagten durch ein Verfahren im Ausland entstehen würden.

---

[133] Hamed El Chiaty & Co. (T/A. Travco Nile Cruise Lines) v. The Thomas Cook Group Ltd. (The Nile Rhapsody) [1992] 2 Lloyd's Rep. 399, 413.

[134] Siehe o. 3. Kap., B, V, 4.

Allgemein diskutiert wurde diese Frage vom Court of Appeal von Hong Kong in The Adhiguna Meranti.[135] Das Gericht war der Ansicht, daß Lord Goff in Spiliada[136] durch seine Bezugnahme auf eine Passage aus der schottischen Entscheidung Sim v. Robinow ("more suitably for the interests of all the parties and for the ends of justice")[137] zum Ausdruck gebracht habe, daß auch Interessen und Vorteile des Beklagten in die Abwägung miteinbezogen werden müssen.

Diese Auffassung ist im Grundsatz korrekt. Zu beachten ist aber, daß eine große Gruppe von Vorteilen des Beklagten aus einem Verfahren im Ausland dabei außer acht bleiben muß, nämlich diejenigen, die nur das Spiegelbild zu Vorteilen sind, die der Kläger aus einem Verfahren in England ziehen würde. Könnte beispielsweise der Kläger in England eine Schadensersatzsumme von 20000 Pfund erwarten, in Indien dagegen nur etwa 1000 Pfund, so brächte ihm ein Verfahren in England unzweifelhaft einen Vorteil. Spiegelbildlich dazu käme der Beklagte in Indien besser weg. Würde man nun auf beiden Seiten den jeweiligen Vorteil berücksichtigen, höben sich beide auf. So zu verfahren, wäre unsinnig.

Praktisch verschärft wird diese Problematik dadurch, daß sich nur wenig Vorteile eines Verfahrens im Ausland denken lassen, die nicht zugleich das Spiegelbild von Vorteilen eines englischen Verfahrens sind. Letztlich kommen dafür nur solche Besonderheiten in Betracht, die beiden Seiten zum Vorteil gereichen. Diese sind aber sehr selten. Extrem niedrige Verfahrenskosten in einem Forum wären ein mögliches Beispiel. Allerdings wären auch dabei Situationen denkbar, in denen eine Seite Interesse an hohen Verfahrenskosten haben könnte, zum Beispiel wenn die Gegenseite nicht über genügend Mittel verfügt, um ein teures Verfahren durchzustehen. Ein anderes Beispiel wäre der Fall, daß das englische Gericht schon mit im Zusammenhang stehenden Verfahren befaßt ist, während sich das andere Gericht neu in die Sache einarbeiten müßte.[138]

Man wird deshalb unterscheiden müssen: In Fällen, in denen Vorteile auf der einen Seite spiegelbildlich zu Nachteilen für die andere Seite werden, sollte die Betonung auf den Vorteilen für den Kläger aus einem Verfahren in England bleiben. Entscheidend dafür, ob ein Vorteil tatsächlich berück-

---

[135] The Adhiguna Meranti [1988] 1 Lloyd's Rep. 384, 395 (Hong Kong C.A.).

[136] Spiliada Maritime Corporation v. Cansulex Ltd. [1987] 1 A.C. 460, 474 (H.L.); ähnlich in De Dampierre v. De Dampierre [1988] 1 A.C. 92, 108 f. (H.L.).

[137] Sim v. Robinow [1891-1892] 19 S.C. (Rettie) 665, 668.

[138] Vgl. Spiliada Maritime Corporation v. Cansulex Ltd. [1987] 1 A.C. 460, 485 f. (H.L.).

sichtigt werden kann und welches Gewicht er haben soll, ist dann, ob das Gericht die Ausnutzung dieses Vorteils als legitim betrachtet. In den (seltenen) Fällen dagegen, in denen der behauptete Vorteil nicht spiegelbildlich zu einem Nachteil für die andere Seite wird, kann dieser Vorteil unabhängig davon berücksichtigt werden, ob er vom Kläger oder vom Beklagten geltend gemacht wird. Nur das kann vernünftigerweise gemeint sein, wenn gefordert wird, die Interessen beider Parteien zu berücksichtigen.

Im übrigen gilt selbstverständlich, daß zum Abwägungsmaterial auch die Verbindungsfaktoren und die convenience-Faktoren gehören. Es wird also abgewogen, ob die (als legitim anerkannten) Vorteile des Klägers ausreichend stark sind, um die für das alternative Forum sprechenden Verbindungs- und convenience-Faktoren auszuschalten.

2. Comparing the quality of justice?

Hinter dem Schlagwort "Comparing the quality of justice"[139] verbirgt sich folgendes: Wenn sich Parteien auf die Vorteile des einen oder des anderen Gerichts berufen, muß sich das Gericht für eine der beiden Alternativen entscheiden. Dabei läßt sich nicht ausschließen, daß es die beiden Systeme bewertet und miteinander vergleicht. Dies wäre aber äußerst bedenklich, weil meistens ausreichende Grundlagen für die Bewertung eines ausländischen Rechtssystems fehlen werden und derartige Vergleiche für das Verhältnis der Gerichte verschiedener Staaten untereinander sehr problematisch sind.

In England hat sich deshalb der Grundsatz durchgesetzt, daß ein Vergleich oder eine Bewertung der Qualität der Rechtsfindung in den zur Wahl stehenden Fora nicht vorgenommen werden darf.[140] Mit Bezug auf die Unterschiede zwischen dem adversarischen System des Common Law und dem nicht-adversarischen System Kontinentaleuropas sagte Lord Diplock in Amin Rasheed:

"None of the judges in the courts below accepted this invitation to embark on the invidious task of making a comparison of the relative efficiency of the civil law and common law procedures for the determination of disputed facts. In my opinion, it would have been wholly wrong for an

---

[139] *Cheshire/North*, S. 228.

[140] Amin Rasheed Shipping Corporation v. Kuwait Insurance Co. [1984] 1 A.C. 50, 67 (H.L.); The Abidin Daver [1984] 1 A.C. 398, 424 f. (H.L.).

English court, with quite inadequate experience of how it works in practice in a particular country, to condemn as inferior to that of our own country a system of procedure for the trial of issues of fact that has long been adopted by a large number of both developped and developing countries in the modern world."[141]

Im Grundsatz ist das verständlich. Aber es stellt sich natürlich sofort die Frage, wann die Berücksichtigung legitimer Vorteile in der Praxis ein unzulässiger Vergleich der beteiligten Rechtssysteme ist und wann nicht. Darauf haben die englischen Gerichte zwei Antworten gegeben, eine theoretische und eine praktische.

In der Theorie haben sie eine Ausnahme von diesem Verbot zugelassen: Es soll dann nicht gelten, wenn der Kläger vor dem ausländischen Gericht kein gerechtes Verfahren bekommen könnte, beispielsweise aus ideologischen oder politischen Gründen oder aufgrund der Ineffizienz der Gerichte oder wegen der dort üblichen, außerordentlich hohen Verfahrensdauer oder weil das betreffende Recht keine angemessenen Rechtsbehelfe zur Verfügung stelle.[142]

In der Praxis haben sich bestimmte Vorteile herauskristallisiert, die anerkannt werden, ohne daß versucht wird, diese unter eine der eben genannten Ausnahmen zu subsumieren. Man scheint nach dem Grundsatz vorzugehen, daß die Berücksichtigung eines Vorteils, den man für legitim erachte, auch kein unzulässiger Vergleich der quality of justice sein könne. Es ist deshalb von großer Bedeutung, die Behandlung der einzelnen Faktoren darzustellen, die in der Gerichtspraxis eine Rolle spielen.

II. Verfahrensrechtliche Faktoren

1. Adversarisches oder nicht-adversarisches System

Wie bereits ausgeführt, wird die Tatsache, daß das ausländische Gericht (im Gegensatz zum englischen Gericht) ein nicht-adversarisch ausgerichtetes Prozeßrecht anwendet, von den englischen Gerichten nicht in die Abwä-

---

[141] Amin Rasheed Shipping Corporation v. Kuwait Insurance Co. [1984] 1 A.C. 50, 67 (H.L.).

[142] The Abidin Daver [1984] 1 A.C. 398, 411 (H.L.).

gung miteinbezogen, weil es sich dabei um einen unzulässigen Vergleich der quality of justice handeln würde.[143]

In engem Zusammenhang mit diesem Punkt steht die Frage, ob die in England bestehende Möglichkeit eines Kreuzverhörs (cross-examination) einen abwägungserheblichen Faktor darstellt. In The El Amria and El Mina[144] meinte Sheen J., in gewissen – leider nicht näher bestimmten – Situationen sei dies zu bejahen. Bei der Bewertung dieser Aussage muß man aber berücksichtigen, daß sie vor den eben genannten Entscheidungen des House of Lords in Amin Rasheed und The Abidin Daver erfolgte, in denen ein Vergleich der Qualität der verschiedenen Verfahrenssysteme untersagt wurde. Es ist deshalb denkbar, daß die Gerichte in Zukunft wegen des engen Zusammenhangs zwischen adversarischem System und Kreuzverhör auf diesen Punkt als Abwägungsfaktor verzichten werden.

2. *Unterschiede bezüglich der discovery*

a) Begriff

Unter discovery versteht man im anglo-amerikanischen Recht die Phase vor der eigentlichen Verhandlung, in der die Parteien sich gegenseitig Material herauszugeben haben, das als solches zwar nicht als Beweismaterial zugelassen würde, aber geeignet ist, zur Entdeckung von zugelassenem Beweismaterial zu führen.[145] In der Regel steht diese Phase allein in der Regie der Parteien.[146]

Hinsichtlich von Verfügbarkeit und Umfang derartiger discovery-Regeln bestehen zwischen den einzelnen Rechtssystemen erhebliche Unterschiede. In den kontinentaleuropäisch geprägten Rechtssystemen ist eine von den Parteien selbst durchgeführte Beweisermittlung vor der Verhandlung unbekannt.[147] Das englische Zivilprozeßrecht[148] kennt discovery in begrenztem

---

[143] Amin Rasheed Shipping Corporation v. Kuwait Insurance Co. [1984] 1 A.C. 50, 67 (H.L.).

[144] The El Amria and El Mina [1981] 2 Lloyd's Rep. 539, 543.

[145] Vgl. *Collins*, (1985) 35 I.C.L.Q. 765, 768; *Junker*, S. 97 ff.; *Schack*, IZVR, Rdnr. 737; *ders.*, US-amerikanisches Zivilprozeßrecht, S. 39 ff.

[146] *Schack*, IZVR, Rdnr. 738.

[147] Allerdings gibt es in begrenztem Umfang materiellrechtliche Auskunftsansprüche, vgl. *Schlosser*, JZ 1991, 599; *Schack*, IZVR, Rdnrn. 740 f.

[148] R.S.C., Order 24.

Umfang, nämlich nur zwischen den Streitparteien (also nicht gegenüber Dritten) und beschränkt auf Dokumente. In den USA dagegen ist discovery ohne die eben genannten Beschränkungen möglich.[149]

Daß der Kläger in der Regel auf weitestmögliche discovery-Regeln erpicht ist, um seine Ansprüche beweisen zu können, ist klar.[150] In den klassischen forum-non-conveniens-Fällen, die sich mit dem discovery-Faktor befassen, war die Lage deshalb meistens so, daß das alternative Forum keine discovery kannte und der Kläger aus diesem Grund das englische Gericht bevorzugte. Diejenigen Fälle, in denen es um US-amerikanische discovery-Regeln ging, betrafen antisuit-injunctions. Dabei beantragt die im Ausland beklagte Partei in England, dem Kläger zu verbieten, das ausländische Verfahren weiter zu betreiben. Dieser Antrag kann nach englischem Recht nur dann Erfolg haben, wenn unter anderem dem Kläger durch die antisuit-injunction kein legitimer Vorteil genommen würde, den ihm das ausländische Verfahren böte.[151] In diesen Fällen wird sich also der im Ausland Klagende auf die Vorteile der weiter gefaßten discovery-Regeln in den USA berufen.

b) Behandlung durch die Gerichte

Eine allgemeine Aussage zum Stellenwert der discovery im Rahmen der Interessenabwägung findet sich in Spiliada. Dort stellte Lord Goff mit Blick auf die kontinentaleuropäischen Rechtssysteme, die keine discovery kennen, fest, daß man im allgemeinen nicht von einer Ungerechtigkeit sprechen könne, wenn der Kläger sich mit einem dieser erprobten Rechtssysteme zufriedengeben müsse.[152] Mit anderen Worten: Die Tatsache, daß die englischen discovery-Regeln weiter gefaßt seien als die des alternativen Forums, sei kein legitimer Faktor, den man bei der Abwägung berücksichtigen könne. Diese Ansicht hat sich auch in der neueren Entscheidungspraxis gehalten. In The Waylink and Brady Maria findet sich folgende Passage:

"It may be that discovery procedures in civil law jurisdictions are limited, but this may be compensated for by the investigatory role of the trial

---

[149] Vgl. zum Ganzen *Morse*, in *Plender*, S. 159, 166 f.; *Junker*, S. 60 ff.

[150] Zu Fällen, in denen der Kläger seine Begeisterung für die weiten US-amerikanischen discovery-Regeln verloren hat vgl. *Junker*, S. 42.

[151] Société Nationale Industrielle Aerospatiale v. Lee Kui Jak and Another [1987] 1 A.C. 871, 896 (Pr.C.).

[152] Spiliada Maritime Corporation v. Cansulex Ltd. [1987] 1 A.C. 460, 482 (H.L.).

Judge. Such differences cannot be relied upon to establish that justice will not be done in the foreign jurisdiction without convincing evidence that injustice is likely to result."[153]

Der letzte Teilsatz läßt nur die Möglichkeit offen, einen stay zu verweigern, wenn im konkreten Fall aufgrund besonderer Umstände aus dem Fehlen von discovery-Regeln eine Ungerechtigkeit resultieren sollte. Am Prinzip, daß das bloße Fehlen von discovery als solches kein abwägungserheblicher Faktor ist, ändert er aber nichts. Eine ähnliche Aussage findet sich auch in Berisford.[154]

Etwas unklarer scheint die Situation bei antisuit-injunctions zu sein. In zwei Entscheidungen[155] schien der Court of Appeal einerseits bereit, die weitergehende discovery in den USA als Faktor grundsätzlich zu akzeptieren, machte andererseits aber auch klar, daß jedenfalls im konkreten Fall die englischen discovery-Möglichkeiten ausreichend seien. Man muß bei diesen Entscheidungen berücksichtigen, daß sie vor der Klarstellung in Spiliada ergingen und antisuit-injunctions betrafen. Das klare Bild, das sich für die klassischen forum-non-conveniens-Fälle aus den oben genannten Entscheidungen ergibt, können sie deshalb nicht trüben.

Es gilt also als Grundsatz: Weitergehende discovery-Möglichkeiten in England werden im Rahmen der Interessenabwägung nicht berücksichtigt.

3. Unterschiede hinsichtlich der Verfahrenskosten und ihrer Verteilung

Hier geht es ausschließlich um die Gerichts- und Anwaltskosten, nicht aber um den Kostenaufwand, der dadurch entsteht, daß Parteien und Zeugen zum Gerichtsort reisen müssen. Letzterer wurde schon bei den convenience-Faktoren erörtert.[156]

---

[153] Aldington Shipping Ltd. v. Bradstock Shipping Corporation and Mabanaft G.m.b.H. (The Waylink and Brady Maria) [1988] 1 Lloyd's Rep. 475, 482 (Gibraltar Court of Appeal).

[154] S. & W. Berisford Plc. and NGI Precious Metals Inc. v. New Hampshire Insurance Co. [1990] 1 Lloyd's Rep. 454, 464.

[155] Smith Kline & French Laboratories Ltd. and Others v. Bloch [1983] 1 W.L.R. 730, 744 (C.A.); Metall und Rohstoff A.G. v. ACLI Metals (London) Ltd. [1984] 1 Lloyd's Rep. 598, 611 (C.A.).

[156] Siehe o. 4. Kap., C, I, II.

a) Verhältnismäßigkeit

Eine vernünftige Ausprägung des Verhältnismäßigkeitsgrundsatzes wurde in The Netty[157] angewendet: Ist die Streitsumme sehr gering, wird ein stay unverhältnismäßig, weil die in England bereits aufgewendeten Kosten dann ja vergeudet wären. Allerdings dürfte der Anwendungsbereich dieses Grundsatzes nicht sonderlich groß werden, weil die meisten international angehauchten Streitigkeiten vor dem High Court in London wirtschaftsrechtlicher Art und die Streitsummen deshalb entsprechend hoch sind.

b) Keine Kostenerstattung im alternativen Forum

In England ist die Entscheidung über Verfahrens- und Anwaltskosten in das Ermessen des Gerichts gestellt.[158] Dabei gilt als Grundregel, daß die unterlegene Partei die Kosten der obsiegenden Partei zusätzlich zu ihren eigenen Kosten tragen muß.[159] Wenn nun nach dem Recht des alternativen Forums unabhängig vom Ausgang des Verfahrens jede Partei ihre eigenen Kosten zu tragen hat, kann es für die Parteien einen großen Unterschied machen, vor welchem Gericht das Verfahren stattfindet.

Aus einer Reihe von Entscheidungen ergibt sich, daß die englischen Gerichte bereit sind, die Tatsache, daß es in dem alternativen Forum keine Kostenerstattung durch die unterlegene Seite gäbe, als einen gegen einen stay sprechenden Faktor in Betracht zu ziehen. In The Vishva Ajay[160] gab es in Indien, dem Land des alternativen Gerichts, keinen Ersatz der Kosten auf vernünftiger Basis. Dies war für Sheen J. einer der entscheidenden Gründe, einen stay zu verweigern. Denn der obsiegende Kläger dürfe nicht dadurch um die Früchte des Sieges gebracht werden, daß er einen großen Teil der erstrittenen Summe für die Kosten aufwenden müsse.[161]

---

[157] The Netty [1981] 2 Lloyd's Rep. 57, 60.

[158] Supreme Court Act 1981, Sect. 51; R.S.C., Ord. 62, r. 2.

[159] O'Hare/Hill, S. 505.

[160] The Vishva Ajay [1989] 2 Lloyd's Rep. 558.

[161] The Vishva Ajay [1989] 2 Lloyd's Rep. 558, 560; ähnlich The Adhiguna Meranti [1988] 1 Lloyd's Rep. 384, 392 (Hong Kong C.A.) und Hamed El Chiaty & Co. (T./A. Travco Nile Cruise Lines) v. The Thomas Cook Group Ltd. (The Nile Rhapsody) [1992] 2 Lloyd's Rep. 399, 414.

c) Erfolgshonorare

Eine der eben besprochenen Fallgruppe ähnliche Situation ergibt sich, wenn das alternative Forum Erfolgshonorare (contingency fees) zuläßt, wie es etwa in den USA der Fall ist. Auch dort gibt es prinzipiell keine Erstattung der Anwaltskosten durch die unterlegene Seite.[162] Die Parteien können aber mit ihren Anwälten eine contingency fee vereinbaren. Das bedeutet, daß der Kläger im Falle der Abweisung der Klage dem Anwalt überhaupt keine Gebühren zu zahlen braucht, im Falle des Erfolges aber einen bestimmten Prozentsatz der erstrittenen Summe (meistens zwischen 25 und 50 Prozent) an ihn abführt.[163]

Die Möglichkeit solcher contingency fees könnte man nun sowohl als Vorteil als auch als Nachteil für den Kläger betrachten. Als Nachteil deshalb, weil der Kläger im Falle des Sieges einen beträchtlichen Teil des zugesprochenen Betrages an den Anwalt abzuführen hat. Aus dieser Sicht stellt sich die Vereinbarung eines Erfolgshonorars nur als Unterfall der eben geschilderten Fallgruppe (kein Kostenersatz durch den Unterlegenen) dar, nur eben mit der Besonderheit, daß die Berechnung seiner Anwaltskosten prozentual nach der erstrittenen Summe erfolgt. Dementsprechend behandeln die Gerichte solche Fälle ebenfalls nach den eben dargestellten Prinzipien: Gründet sich die ausländische Kostenregelung auf Erfolgshonorare, so ist dies ein gewichtiger Faktor zugunsten des englischen Gerichts. In Roneleigh v. MII Exports[164] sagte Nourse L.J. mit Bezug auf US-amerikanische contingency fees:

"It seems to me that there must be cases where a judge could reasonably and properly come to the conclusion that substantial justice would not be done via proceedings in a foreign forum, if the success of the plaintiff in monetary terms would necessarily and substantially be diminished by costs which he would have to pay there but would not have to pay here."

Im Verhältnis zum US-amerikanischen System der Kostenregelung stellt das englische System also einen legitimen Vorteil für den Kläger dar, der im Rahmen der Abwägung großes Gewicht hat.[165]

---

[162] *Lange/Black*, Rdnr. 114; *Schack*, US-amerikanisches Zivilprozeßrecht, S. 8 ff.; *Landers/Martin/Yeazell*, S. 300 ff.

[163] *Lange/Black*, Rdnr. 117; *Schack*, US-amerikanisches Zivilprozeßrecht, S. 7 f.; *Landers/Martin/Yeazell*, S. 300 ff.

[164] Roneleigh Ltd. v. MII Exports Inc. [1989] 1 W.L.R. 619, 623 (C.A.).

[165] Vgl. S. & W. Berisford Plc. and NGI International Precious Metals Inc. v. New Hampshire Insurance Co. [1990] 1 Lloyd's Rep. 454, 464; Arkwright Mutual Insurance Co. v. Bryanston Insurance Co. Ltd. and Others [1990] 2 Lloyd's Rep. 70, 83.

Auf der anderen Seite ließe sich auch argumentieren, daß ein Kostensystem auf der Basis von contingency fees einen Vorteil für den Kläger darstelle, weil er im Falle einer Niederlage keinerlei Anwaltskosten bezahlen müsse, praktisch also ohne Risiko klagen könne, während er in England im Falle des Unterliegens die Kosten des Beklagten übernehmen müßte. Dieses Argument wird aber bei klassischen forum-non-conveniens-Fällen nicht auftauchen, weil es bei diesen ja gerade der Kläger ist, der das Verfahren in England haben möchte. Er wird sich deshalb hüten, auf Vorteile des ausländischen Forums hinzuweisen. Bei antisuit-injunctions dagegen hat der im Ausland Klagende ein Interesse daran, dies zu tun, weil darin eine Möglichkeit liegt, den Erlaß einer solchen antisuit-injunction zu verhindern. Die Gerichte scheinen in diesem Zusammenhang aber nicht bereit zu sein, das US-amerikanische contingency-fee-System als legitimen Vorteil anzuerkennen, wie sich aus Smith Kline v. Bloch[166] ergibt, wo auch darauf hingewiesen wurde, daß die Möglichkeit von Prozeßkostenhilfe in England diesen Vorteil aufwiegen würde.[167]

Für klassische forum-non-conveniens-Fälle bleibt es also dabei: Das englische System der Kostenerstattung durch die unterliegende Partei ist auch dann ein gewichtiger Faktor zugunsten des englischen Gerichts, wenn im ausländischen Forum Erfolgshonorare üblich sind.

d) Entkräftung des Kostenfaktors?

Zwei Wege lassen sich theoretisch denken, auf denen der Beklagte den für das englische Gericht sprechenden Kostenfaktor entkräften könnte.

Zunächst könnte er argumentieren, es handle sich dabei um keinen echten Vorteil, weil der Kläger ja das Risiko trage, im Fall des Unterliegens die Kosten des Beklagten ersetzen zu müssen. Insbesondere für Fälle, in denen im ausländischen Forum Erfolgshonorare vereinbart werden, erscheint dieses Argument durchaus einleuchtend.[168] Auf die englischen Gerichte macht

---

[166] Smith Kline & French Laboratories Ltd. and Others v. Bloch [1983] 1 W.L.R. 730, 738 (per Denning M.R.), 747 (per O'Connor L.J.).

[167] Smith Kline & French Laboratories Ltd. and Others v. Bloch [1983] 1 W.L.R. 730, 747 (C.A.).

[168] Indirekt kommt damit doch die eben beschriebene Betrachtung des contingency-fee-Systems als Vorteil für den Kläger ins Spiel.

es aber keinen Eindruck. In Berisford[169] wurde es mit der Begründung zurückgewiesen, jeder Kläger erwarte selbstverständlich einen Sieg.[170]

Die zweite Möglichkeit für den Beklagten wäre, sich zu verpflichten, dem Kläger auch bei einem Verfahren vor dem ausländischen Gericht die Kosten zu erstatten, die er ihm nach englischem Recht hätte erstatten müssen. Die Möglichkeit solcher Verpflichtungen wurde in Berisford ins Auge gefaßt, wo Hobhouse J. sagte, ein stay zugunsten des alternativen (US-amerikanischen) Gerichts könne nur unter der Bedingung gewährt werden, daß der Beklagte sich verpflichte, dem Kläger die Kosten entsprechend den englischen Regeln zu erstatten. Wenn solche Bedingungen nicht in zufriedenstellender Weise durchgesetzt werden könnten, müsse ein stay verweigert werden.[171] Derartige Verpflichtungen sind aber problematisch. In The Adhiguna Meranti[172] hatte das Gericht Bedenken hinsichtlich des Courtoisie-Gebots. Es sei nicht unproblematisch, einem anderen Gericht zu bescheinigen, es sei nur dann ein geeignetes Gericht, wenn bestimmte Mißstände durch vertragliche Verpflichtungen bereinigt würden. Außerdem gebe es praktische Probleme bei der Durchsetzung solcher Verpflichtungen.

Es ist deshalb wohl nicht übertrieben, festzustellen, daß derartige Verpflichtungen nur selten in der Lage sein werden, den für England sprechenden Kostenfaktor auszuschalten.

e) Fazit

Steht dem englischen Gericht ein alternatives Forum gegenüber, in dem der obsiegende Kläger keine Möglichkeit hat, seine Kosten in dem in England üblichen Umfang von der unterliegenden Partei ersetzt zu verlangen, so ist dies ein gewichtiger Faktor zugunsten des englischen Gerichts. Alleinentscheidende Wirkung hat aber auch dieser Faktor nicht. So wurde beispielsweise in The Nile Rhapsody ein stay zugunsten der ägyptischen Gerichte gewährt, obwohl der Kläger dort keine Möglichkeit hatte, seine Kosten ersetzt zu verlangen.[173]

---

[169] Vgl. S. & W. Berisford Plc. and NGI International Precious Metals Inc. v. New Hampshire Insurance Co. [1990] 1 Lloyd's Rep. 454, 464.

[170] Im Ergebnis ebenso mit ähnlicher Begründung The Vishva Ajay [1989] 2 Lloyd's Rep. 558, 560.

[171] Vgl. S. & W. Berisford Plc. and NGI International Precious Metals Inc. v. New Hampshire Insurance Co. [1990] 1 Lloyd's Rep. 454, 464.

[172] The Adhiguna Meranti [1988] 1 Lloyd's Rep. 384, 393 f. (Hong Kong C.A.).

[173] Hamed El Chiaty & Co. (T/A. Travco Nile Cruise Lines) v. The Thomas Cook Group Ltd. (The Nile Rhapsody) [1992] 2 Lloyd's Rep. 399, 414.

4. Sicherheiten

In zwei älteren Entscheidungen[174] hatten die Gerichte es als legitimen Vorteil eines Verfahrens in England akzeptiert, daß den Klägern dort genügend Sicherheiten des Beklagten zur Verfügung standen, aus denen sie ihr Urteil vollstrecken könnten.

Grundsätzlich gilt dies auch heute noch, wie sich aus The Emre II[175] ergibt, wo das Gericht die Tatsache, daß den Klägern mit dem arrestierten Schiff des Beklagten ausreichende Sicherheit zu Verfügung stand, als abwägungserheblichen Faktor anerkannte.[176] Allerdings zeigt die Entscheidung auch, daß dieser Faktor seit dem Inkrafttreten des Civil Jurisdiction and Judgments Act 1982 am 1.1.1987 praktisch nur noch geringe Bedeutung haben wird. Denn Section 26 dieses Gesetzes ermächtigt das Gericht, in Admiralty-Sachen anzuordnen, daß das arrestierte Eigentum des Beklagten trotz der Aussetzung des Verfahrens als Sicherheit weiter einbehalten wird oder den stay davon abhängig zu machen, daß der Beklagte ausreichend Sicherheit für die Vollstreckung des ausländischen Urteils leistet. Voraussetzung dafür ist nur, daß das Urteil des ausländischen Gerichts, zu dessen Gunsten das Verfahren ausgesetzt wird, in England anerkennungsfähig und vollstreckbar wäre. Kann das Gericht diese Bestimmung im konkreten Fall anwenden, so würde der Kläger durch eine Aussetzung keinen Nachteil mehr erleiden. Für das Gericht besteht deshalb kein Anlaß, den "Sicherheiten-Faktor" weiter als gegen einen stay sprechend in die Abwägung einzubeziehen.[177] Abwägungserheblich kann er also nur noch dann sein, wenn die Voraussetzungen von Section 26 nicht vorliegen, wenn es sich also nicht um Admiralty-Sachen handelt oder wenn das ausländische Urteil nicht anerkennungsfähig wäre.

5. Möglichkeit, alle Ansprüche und alle Anspruchsgegner in einem Verfahren zusammenzufassen

Gelegentlich wird vom Kläger geltend gemacht, nur in England könne er alle Ansprüche gegen alle Anspruchsgegner vor *einem* Gericht geltend machen, während er dies vor dem alternativen ausländischen Gericht nicht

---

[174] The Wladyslaw Lokietek [1978] 2 Lloyd's Rep. 520; The Kislovodsk [1980] 1 Lloyd's Rep. 183.

[175] The Emre II [1989] 2 Lloyd's Rep. 182.

[176] The Emre II [1989] 2 Lloyd's Rep. 182, 184.

[177] The Emre II [1989] 2 Lloyd's Rep. 182, 184.

könne, beispielsweise weil einer der Beklagten nicht der Zuständigkeit dieses Gerichts unterliege. Die Gerichte sind bereit, dieses Argument als gegen einen stay sprechend in die Abwägung miteinzubeziehen.[178]

6. *Sonstige Faktoren*

Unsicherheit darüber, ob das alternative ausländische Gericht seine grundsätzlich gegebene internationale Zuständigkeit auch in Anspruch nehmen würde,[179] ist nach Ansicht der Gerichte ein Faktor, der für ein Verfahren in England spricht.[180]

Wenig Gewicht wird dagegen der Tatsache zugemessen, daß in England die Möglichkeit einer Anordnung auf einstweilige Zahlung besteht.[181]

In Fällen, in denen das alternative Forum in den USA lag, spielte gelegentlich die Möglichkeit eines jury trial vor dem amerikanischen Gericht eine Rolle.[182] Allerdings handelte es sich dabei um Anträge auf antisuit-injunctions, in denen jeweils der in den USA Klagende den amerikanischen jury-trial wollte und der dort Beklagte dies durch die antisuit-injunction in England verhindern wollte. In klassischen forum-non-conveniens-Fällen ist die Interessenlage dagegen gerade umgekehrt. Der Kläger will ja ein Verfahren in England und der Beklagte plädiert für ein Verfahren in den USA. Der Kläger wird also Vorteile des englischen Verfahrens vorbringen und nicht Vorteile des amerikanischen Verfahrens. Abgesehen davon messen die Gerichte diesem Faktor ohnehin nur geringes Gewicht bei.[183]

---

[178] Hawke Bay Shipping Co. Ltd. and Others v. The First National Bank of Chicago [1986] 1 Lloyd's Rep. 244, 249 (C.A.); Charm Maritime Inc. v. Minos Xenophon Kyriakou and David John Mathias [1987] 1 Lloyd's Rep. 433, 448 (C.A.).

[179] Der Nachweis der internationalen Zuständigkeit des alternativen Forums durch den Kläger ist ja eine der Voraussetzungen für die Gewährung eines stay, s.o. 3. Kap., B, V, 3.

[180] Chellaram and Others v. Chellaram and Others [1985] 2 W.L.R. 510, 529.

[181] The Jalakrishna [1983] 2 Lloyd's Rep. 628, 631.

[182] Smith Kline & French Laboratories Ltd. and Others v. Bloch [1983] 1 W.L.R. 730, 738 (C.A.); Metall und Rohstoff A.G. v. ACLI Metals (London) Ltd. [1984] 1 Lloyd's Rep. 598, 606 f. (C.A.).

[183] Smith Kline & French Laboratories Ltd. and Others v. Bloch [1983] 1 W.L.R. 730, 738 und 740 (C.A.) (antisuit-injunction); The Standard Steamship Owners' Protection and Indemnity Association (Bermuda) Ltd. v. Gann and Another [1992] 2 Lloyd's Rep. 528, 538 (Order-11-Fall).

III. Faktoren des Sachrechts

1. Unterschiede bezüglich der Höhe der Schadensersatzsummen

Die Tatsache, daß der Kläger vor dem einen Gericht eine höhere Summe Schadensersatzes zugesprochen bekäme als vor dem anderen, ist für ihn ganz offensichtlich ein Vorteil. Fraglich ist immer nur, ob dieser Vorteil berücksichtigt werden darf, mit anderen Worten, ob er als legitim betrachtet wird.

Bei dem Stichwort „hohe Schadensersatzsummen" denkt man sofort an Produkthaftpflichtfälle in den USA, in denen für europäische Verhältnisse astronomische Summen zugesprochen werden.[184] Diese Besonderheiten des US-amerikanischen Rechtssystems spielen aber bei klassischen forum-non-conveniens-Fällen nur eine geringe Rolle, weil der Kläger ein Verfahren in England wünscht und deshalb auf Vorteile des englischen Verfahrens hinweisen wird. Vielmehr ist die Fallgestaltung bei forum-non-conveniens-Fällen typischerweise so, daß die zu erwartende Schadensersatzsumme in England höher ausfällt als vor dem alternativen Gericht. Die hohen US-amerikanischen Summen spielen dagegen bei antisuit-injunctions eine Rolle.

a) Höherer Schadensersatz in England

Den Fall, daß der zu erwartende Schadensersatz in England höher ausfallen würde als der von dem ausländischen Gericht voraussichtlich zugesprochene, behandelte Lord Goff in Spiliada.[185] Er sagte, dieser Vorteil könne ebensowenig wie die anderen legitimen Vorteile eine alleinentscheidende Rolle beanspruchen; allein die Tatsache, daß ein stay den Kläger des Vorteils der höheren Schadensersatzsumme berauben würde, sei nicht ausreichend, um einen stay zu verhindern.[186]

Streng genommen ist das nichts weiter als die Anwendung der bereits besprochenen[187] Relativierung der Bedeutung der legitimen Vorteile durch

---

[184] Vgl. *Schütze*, FS Nagel, S. 392 f.; *Juenger*, RabelsZ 46 (1982), 708 ff.

[185] Spiliada Maritime Corporation v. Cansulex Ltd. [1987] 1 A.C. 460, 483 (H.L.).

[186] Spiliada Maritime Corporation v. Cansulex Ltd. [1987] 1 A.C. 460, 483 (H.L.).

[187] Siehe o. 3. Kap., B, IV, 2, b.

The Abidin Daver.[188] Implizit läßt sich daraus aber ablesen, daß Unterschiede bei der Höhe der Schadensersatzsummen grundsätzlich schon als legitime, abwägungserhebliche Vorteile akzeptiert werden, nur eben unter dem allgemeinen Vorbehalt, daß sie keine alleinentscheidende Wirkung haben.

Hinsichtlich der prinzipiellen Abwägungserheblichkeit würde sich diese Annahme mit der Entscheidung in The Jalakrishna decken, in der der Unterschied zwischen den in England zu erwartenden 25000 Pfund und den in Indien zu erwartenden 7000 bis 8000 Pfund einer der beiden ausschlaggebenden Faktoren für die Verweigerung eines stay war.[189]

b) Höherer Schadensersatz im Ausland: antisuit-injunctions

In zwei Entscheidungen, in denen es um den Erlaß einer antisuit-injunction gegen den in den USA klagenden Antragsgegner ging, hat der Court of Appeal den in den USA üblichen, höheren Schadensersatzsummen nur geringes Gewicht beigemessen.[190] Während dabei die genaue Ratio von Smith Kline v. Bloch im Unklaren bleibt,[191] wird in Metall und Rohstoff v. ACLI klargemacht, daß dieser Faktor "some, but not great weight" verdiene.[192]

c) Fazit

Unterschiede bei der Höhe des zu erwartenden Schadensersatzes sind grundsätzlich als abwägungserheblicher Faktor anerkannt. Ob sie großes oder nur geringes Gewicht haben, ist im einzelnen noch unklar.

---

188 The Abidin Daver [1984] 1 A.C. 398 (H.L.).

189 The Jalakrishna [1983] 2 Lloyd's Rep. 628, 631.

190 Smith Kline & French Laboratories Ltd. and Others v. Bloch [1983] 1 W.L.R. 730 (C.A.); Metall und Rohstoff v. ACLI Metals (London) Ltd. [1984] 1 Lloyd's Rep. 598 (C.A.).

191 Lord Denning M.R. bezeichnete diesen Vorteil als "illegitimate" (S. 738), Ackner L.J. war der Ansicht, es bestünde kein Unterschied, weil auch das amerikanische Gericht englisches Recht auf die Ermittlung des Anspruchsumfangs anwenden würde (S. 744) und O'Connor L.J. betrachtete die in England zu erwartende Summe nicht als unfair, weil man beachten müsse, daß der Kläger in den USA bis zu 40 Prozent der zugesprochenen Summe an seine Anwälte abführen müsse (S.748).

192 Metall und Rohstoff v. ACLI Metals (London) Ltd. [1984] 1 Lloyd's Rep. 598 (C.A.).

2. Unterschiede bei der Höhe der Ansprüche infolge von seerechtlichen Haftungsbeschränkungen

Eng verwandt mit dem eben besprochenen Problemkreis sind Fälle, in denen die beiden zur Wahl stehenden Gerichte unterschiedliche Regeln über die seerechtliche Haftungsbegrenzung anwenden. Dies kann dazu führen, daß wegen ein- und desselben Anspruchs das eine Gericht eine erheblich höhere Summe zusprechen würde als das andere. Insofern ist diese Situation mit derjenigen vergleichbar, in der die Höhe des Schadensersatzanspruchs in den beiden Fora von vornherein unterschiedlich wäre. Es scheint deshalb nahezuliegen, beide Fallgruppen auch gleich zu behandeln. In der gerichtlichen Praxis jedoch wird Unterschieden bei der seerechtlichen Haftungsbegrenzung größeres Gewicht eingeräumt als Unterschieden bei der Bemessung des Schadensersatzes, wie sich aus folgenden Beispielen ergibt.

In The Adhiguna Meranti[193] klagten die Eigentümer der Ladung eines gesunkenen Schiffes in Hong Kong gegen die Schiffseigner auf Schadensersatz. Die Beklagten beantragten die Aussetzung, weil die Gerichte von Indonesien das geeignete Forum seien. In Indonesien hätte voraussichtlich ein aus dem Jahr 1848 stammendes System der Haftungsbegrenzung Anwendung gefunden, dessen Umrechnung eine Haftungshöchstgrenze von etwa 2500 Dollar ergeben hätte. In Hong Kong dagegen wäre der englische Merchant Shipping Act 1894 angewendet worden, wonach die Haftungsgrenze bei 1,27 Millionen Dollar gelegen hätte. Die Tatsache, daß ein stay den Kläger mit großer Wahrscheinlichkeit der „lachhaften"[194] indonesischen Höchstgrenze aussetzen würde, war für den Hong Kong Court of Appeal der entscheidende Grund, das Verfahren trotz der schwachen Verbindung des Sachverhalts mit Hong Kong nicht auszusetzen.[195]

Ähnlich äußerte sich Sheen J. – allerdings obiter – in The Vishva Abha.[196] In diesem Fall galt in dem alternativen Forum (Südafrika) noch das Haftungsbegrenzungsübereinkommen von 1957, während in England schon das neue Londoner Übereinkommen von 1976 in Kraft war.[197] Die Berechnung der Höchstgrenze nach dem älteren Abkommen hätte 367000 Pfund ergeben, die Berechnung nach dem Londoner Abkommen 1,5 Millionen Pfund.

---

[193] The Adhiguna Meranti [1988] 1 Lloyd's Rep. 384, 390 ff. (Hong Kong C.A.).

[194] The Adhiguna Meranti [1988] 1 Lloyd's Rep. 384, 392 (Hong Kong C.A.):"derisory".

[195] The Adhiguna Meranti [1988] 1 Lloyd's Rep. 384, 390 ff. (Hong Kong C.A.).

[196] The Vishva Abha [1990] 2 Lloyd's Rep. 312.

[197] Vgl. zu den beiden Übereinkommen *Prüßmann/Rabe*, vor § 484, III.

Dies hätte Sheen J. als überwiegenden Grund für die Verweigerung eines stay betrachtet, wenn er nicht schon im ersten Schritt zu dem Schluß gekommen wäre, Südafrika sei nicht das natürliche Forum für das Verfahren.[198]

Unterschiedliche Höchstgrenzen bei der seerechtlichen Haftungsbegrenzung scheinen also ein Faktor von erheblichem Gewicht zu sein, und zwar nicht nur dann, wenn die Grenze im alternativen Forum lächerlich gering wäre. Hier liegt ein Unterschied zur Behandlung der Fälle, in denen Unterschiede bezüglich der Höhe des Schadensersatzanspruchs bestehen. Allerdings muß man bedenken, daß die forum-non-conveniens-Fälle, in denen es um die Höhe des Schadensersatzes ging, keine eindeutige Aussage über das Gewicht dieses Faktors gemacht haben, so daß in diesem Bereich noch Spielraum besteht.

3. Unterschiede hinsichtlich der Verjährung

a) Grundsatz

Die typische Situation, in der sich Unterschiede bei den Verjährungsregeln bemerkbar machen, ist diejenige, in der dem Kläger vor dem ausländischen Gericht der Erfolg versagt bleiben würde, weil die Ansprüche dort verjährt sind, während in England noch keine Verjährung eingetreten ist. Der Kläger wird dann vorbringen, ein stay beraube ihn des Vorteils der großzügigeren englischen Verjährungsregeln. Dabei ist immer davon auszugehen, daß das ausländische Gericht das natural forum ist, weil es andernfalls auf die Vorteile eines Verfahrens in England nicht mehr ankommen würde.

Unter diesen Voraussetzungen kann man nun zwei sich gegenüberstehende Grundpositionen vertreten. Auf der einen Seite kann man sagen, es gehe nicht an, daß der Kläger die Verjährungsregeln des natürlichen Forums einfach umgehen könne, indem er in England Klage erhebe. Auf der anderen Seite ließe sich vorbringen, die Suche nach dem am besten geeigneten Forum dürfe nicht dazu führen, daß der Anspruch aufgrund von Verjährung überhaupt nicht mehr durchgesetzt werden könne.[199]

Was tut nun das englische Recht angesichts zweier entgegengesetzter Standpunkte? Es wählt den Kompromiß und verlegt sich auf "practical

---

[198] The Vishva Abha [1990] 2 Lloyd's Rep. 312, 315.

[199] Ähnlich für den Fall einer Gerichtsstandsvereinbarung Brandon J. in The Adolf Warski [1976] 1 Lloyd's Rep. 107, 113.

justice".[200] Die Lösung sieht dann folgendermaßen aus: Handelte der Kläger dadurch, daß er nur in England Klage erhoben hat und nicht im Ausland (mit der Folge, daß im Ausland die Verjährung eingetreten ist) unvernünftig, so kann er sich nicht auf die Verjährung berufen. Unvernünftig in diesem Sinne handelte er zum Beispiel, wenn er die Verjährungsfrist im Ausland absichtlich ablaufen ließ, um in England klagen zu können oder wenn es offensichtlich war, daß das ausländische Gericht das natürliche Forum war. War es von seiten des Klägers dagegen nicht unvernünftig, nur in England zu klagen, so ist ihm die Berufung auf die großzügigere englische Verjährungsregelung erlaubt.[201]

b) Lösung durch Verzicht auf die Geltendmachung der Verjährung?

In Spiliada brachte Lord Goff eine weitere Lösungsmöglichkeit für den Fall ins Spiel, daß der Kläger durch die alleinige Klageerhebung in England nicht unvernünftig gehandelt hat. Er sagte, das Gericht könne trotz der Verjährung im Ausland einen stay gewähren, ohne den Kläger zu benachteiligen, indem es dem Beklagten auferlege, auf die Geltendmachung der Verjährung vor dem ausländischen Gericht zu verzichten.[202]

Dieser Weg ist aber nicht unproblematisch. Denn es ist möglich, daß das ausländische Gericht die Verjährung auch dann berücksichtigt, wenn der Beklagte sie nicht geltend macht. In diesem Fall wäre die Auflage des englischen Gerichts leergelaufen. Dem englischen Gericht bliebe dann nur die Möglichkeit, die Aussetzung wieder rückgängig zu machen und mit dem Verfahren fortzufahren. Dies würde zwar den Kläger ebenfalls vor den Wirkungen der Verjährung bewahren, abgesehen davon aber beiden Seiten zusätzliche Kosten und Verzögerungen aufbürden.[203] Aus diesem Grund scheint man in der Praxis zurückhaltend mit der Möglichkeit einer solchen Auflage umzugehen.[204]

---

[200] Spiliada Maritime Corporation v. Cansulex Ltd. [1987] 1 A.C. 460, 483 f. (H.L.).

[201] Spiliada Maritime Corporation v. Cansulex Ltd. [1987] 1 A.C. 460, 483 f. (H.L.); ähnlich The Blue Wave [1982] 1 Lloyd's Rep. 151, 156.

[202] Spiliada Maritime Corporation v. Cansulex Ltd. [1987] 1 A.C. 460, 484 (H.L.).

[203] Vgl. The Blue Wave [1982] 1 Lloyd's Rep. 151, 157.

[204] Vgl. The Adhiguna Meranti [1988] 1 Lloyd's Rep. 384, 394 (Hong Kong C.A.).

4. Unterschiede bezüglich der Gewährung von Zinsen

In The Adhiguna Meranti[205] wären von dem ausländischen Gericht Zinsen in geringerer Höhe zugesprochen worden als vom angerufenen Gericht in Hong Kong. Dies wurde als klassisches Beispiel eines abwägungserheblichen Vorteils gewertet.[206]

Das Angebot des Beklagten, sich im Falle eines stay zu verpflichten, auch bei einem Verfahren im Ausland Zinsen in der in Hong Kong üblichen Höhe zu bezahlen, wies das Gericht zurück. Denn es sei nicht sicher, ob eine solche Verpflichtung praktisch durchgesetzt werden könne. Beispielsweise könne das ausländische Gericht den gewünschten Effekt dadurch unterlaufen, daß es von vornherein eine um denjenigen Betrag gekürzte Summe zuspreche, den der Beklagte aufgrund seiner Verpflichtung als Ausgleich für die dem Kläger entgangenen Zinsen zahlen müßte.[207]

Man kann also festhalten, daß die Tatsache, daß das ausländische Gericht weniger Zinsen zusprechen würde, einen legitimen und abwägungserheblichen Vorteil darstellt.

5. In England günstigeres Ergebnis für den Kläger aufgrund von Regeln des materiellen Rechts

In zwei Order-11-Fällen haben die Gerichte die Tatsache berücksichtigt, daß der Kläger nach dem aus englischer Sicht anwendbaren Recht obsiegen würde.

In Britannia SS. v. Ausonia[208] hing der Erfolg des Klägers davon ab, ob das anwendbare Stellvertretungsrecht eine formlose Genehmigung (ratification) anerkannte oder nicht. Das englische Gericht hätte englisches Recht angewendet; danach wäre die formlose Genehmigung wirksam gewesen und der Kläger hätte obsiegt. Das alternative, italienische Gericht hätte wahrscheinlich italienisches Recht angewendet und im vorliegenden Fall eine formlose Genehmigung nicht anerkannt. Für den Kläger wäre also das englische Verfahren zu einem nach dem materiellen Recht günstigeren

---

[205] The Adhiguna Meranti [1988] 1 Lloyd's Rep. 384 (Hong Kong C.A.).

[206] The Adhiguna Meranti [1988] 1 Lloyd's Rep. 384, 394 (Hong Kong C.A.).

[207] The Adhiguna Meranti [1988] 1 Lloyd's Rep. 384, 394 (Hong Kong C.A.).

[208] Britannia Steamship Insurance Association Ltd. and Others v. Ausonia Assicurazioni S.p.A. [1984] 2 Lloyd's Rep. 98 (C.A.).

Ergebnis gekommen. Dies wertete das Gericht als gewichtigen Faktor für ein Verfahren in England.[209]

In The Hida Maru[210] berücksichtigte das Gericht als einen für England sprechenden Faktor, daß das englische Gericht die von den Klägern verwendeten Allgemeinen Geschäftsbedingungen wörtlich anwenden würde, während das kuwaitische Gericht sie für ungültig halten würde.

Bei der Bewertung dieser beiden Entscheidungen muß man vorsichtig sein. Keinesfalls darf man daraus ableiten, jede für den Kläger günstige Abweichung des materiellen englischen (bzw. vom englischen Gericht anzuwendenden) Rechts von dem vom alternativen Gericht voraussichtlich angewendeten Recht sei schon ein abwägungserheblicher Faktor. Denn dann wäre nicht verständlich, warum beispielsweise bei der Frage der Verjährung (die ja letztlich auch unter diese Fallgruppe fallen würde) danach unterschieden wird, ob der Kläger vernünftig gehandelt habe oder nicht, als er allein auf das englische Verfahren setzte. Man wird diese Fälle vielmehr primär als Einzelfälle betrachten müssen. Als allgemeine Schlußfolgerung könnte man allenfalls entnehmen, daß die englischen Gerichte solchen im materiellen Recht wurzelnden Vorteilen für den Kläger nicht prinzipiell feindlich gegenüberstehen.

6. Risiko, daß die Ansprüche des Klägers von dem ausländischen Gericht ohne sachliche Prüfung abgewiesen werden

In Banco Atlantico v. BBME[211] hatte die Beklagte die Honorierung von Solawechseln garantiert, die zur Finanzierung eines Kaufvertrages zwischen einem spanischen Verkäufer und einem Käufer in den Vereinigten Arabischen Emiraten (VAE) ausgestellt worden waren. Zahlungsort für Wechsel und Garantie war eine Stadt in den VAE. Der Käufer meinte, vom Verkäufer betrogen worden zu sein und erwirkte in den VAE eine gerichtliche Verfügung, die es dem Beklagten untersagte, auf die Garantie zu zahlen. Diese Verfügung galt in den VAE als absolute Einrede gegen jeglichen Anspruch wegen Verletzung des Garantievertrags. Die aus den Wechseln berechtigten Kläger klagten in England auf Schadensersatz wegen breach of

---

[209] Britannia Steamship Insurance Association Ltd. and Others v. Ausonia Assicurazioni S.p.A. [1984] 2 Lloyd's Rep. 98, 100 f. (C.A.).

[210] Kuwait Oil Co. (K.S.C.) v. Idemitsu Tankers KK. (The Hida Maru) [1981] 2 Lloyd's Rep. 510, 513 (C.A.).

[211] Banco Atlantico S.A. v. The British Bank of the Middle East [1990] 2 Lloyd's Rep. 504 (C.A.).

contract und hatten sowohl nach englischem Recht als auch nach dem aus englischer Sicht anwendbaren spanischen Recht gute Erfolgsaussichten aufgrund des Grundsatzes der Abstraktheit des Wechsels. Die Beklagten beantragten nun einen stay des englischen Verfahrens, weil die Gerichte in den VAE das natürliche Forum seien.

Der Court of Appeal sprach sich gegen eine Aussetzung aus, weil es den Grundsätzen der Gerechtigkeit zuwiderlaufe, einen Kläger, der sowohl nach der lex fori als auch nach dem anwendbaren Recht einen arguable claim habe, ins Ausland zu schicken, wo seine Klage pauschal und ohne sachliche Prüfung zurückgewiesen würde.[212]

IV. Große zeitliche Verzögerung bei einem Verfahren vor dem ausländischen Gericht

1. Verzögerungen aufgrund der Aussetzung an sich

Inwieweit die sich aus einem stay notwendigerweise ergebenden Verzögerungen (z.B. durch die Einleitung des neuen Verfahrens) berücksichtigt werden können, ist ebenso unklar wie bei den aus einem stay resultierenden Kosten.[213]

2. Verzögerungen aufgrund des ausländischen Gerichtssystems

Unzweifelhaft ist es für den Kläger von Vorteil, wenn er in England in relativ kurzer Zeit ein Urteil erstreiten kann, während er vor dem ausländischen Gericht mit erheblichen Verzögerungen rechnen müßte. Darüber aber, ob die Gerichte diesen Vorteil als legitim akzeptieren und welches Gewicht sie ihm zumessen, herrscht seit neuestem wieder Unklarheit.

Ursprünglich betrachteten die Gerichte das Risiko großer Verzögerungen vor dem ausländischen Gericht als äußerst gewichtiges Argument gegen einen stay.

In The Jalakrishna[214] war für Sheen J. die Tatsache, daß der bei einem Unfall schwer verletzte Kläger bei einem Verfahren in Indien über vier

---

[212] Banco Atlantico S.A. v. The British Bank of the Middle East [1990] 2 Lloyd's Rep. 504, 509 (C.A.).

[213] Siehe o. 4. Kap., C, I, 2.

[214] The Jalakrishna [1983] 2 Lloyd's Rep. 628, 631.

Jahre länger auf die Gewährung von Schadensersatz warten müßte als in England, einer der beiden Gründe[215], aufgrund derer ein stay verweigert werden sollte. Und in The Vishva Ajay[216] betrachtete er eine mögliche Verzögerung von 10 Jahren bei einem Verfahren in Indien als den Hauptgrund für die Verweigerung eines stay: "Delay of this magnitude seems to me to be a denial of justice."[217] Als Begründung wurde einerseits genannt, daß es ungerecht sei, den Kläger so lange auf seinen Rechtsbehelf warten zu lassen[218], und andererseits, daß die Zeugen im Laufe der Zeit die Erinnerung an die der Klage zugrundeliegenden Vorgänge verlieren würden.[219] Eine Einschränkung dieser Grundsätze ergibt sich aus der Entscheidung in The Sidi Bishr[220], wo Sheen J. sagte, daß der legitime Vorteil eines schnelleren Verfahrens in England in dem Maße an Gewicht verliere, in dem der Kläger mit der Klageerhebung in England zögere. Mit anderen Worten: Wer selbst verzögert, kann sich nicht auf die Verzögerungen berufen, die sich vor dem ausländischen Gericht ergeben würden.

Aus den bisher erwähnten Entscheidungen ergibt sich also als Grundsatz, daß exzessive, systemimmanente Verzögerungen vor dem ausländischen Gericht ein gewichtiges und legitimes Argument gegen eine Aussetzung des englischen Verfahrens darstellen.

Etwas in Frage gestellt wird dies durch die Entscheidung in The Nile Rhapsody. Das alternative ägyptische Gericht wurde als das natürliche Forum ermittelt. Dort hätte die Verfahrensdauer etwa drei bis vier Jahre betragen. Hobhouse J. betrachtete dies nicht als exzessiv und maß diesem Faktor nur minimales Gewicht bei.[221]

Dies allein ließe sich mit den oben genannten Entscheidungen noch vereinbaren, weil Hobhouse J. davon auszugehen schien, daß ein Verfahren in England in diesem Fall ähnlich lang dauern würde. Darüber hinaus erklärte Hobhouse J. aber auch allgemein, man solle mit dem Vergleich der Verfahrensdauer vor den zur Wahl stehenden Gerichten vorsichtig sein, weil ein

---

[215] Der andere Grund war der deutlich geringere Umfang des in Indien zu erwartenden Schadensersatzes.

[216] The Vishva Ajay [1989] 2 Lloyd's Rep. 558, 560.

[217] The Vishva Ajay [1989] 2 Lloyd's Rep. 558, 560.

[218] The Jalakrishna [1983] 2 Lloyd's Rep. 628, 631.

[219] The Sidi Bishr [1987] 1 Lloyd's Rep. 42, 46; The Vishva Ajay [1989] 2 Lloyd's Rep. 558, 560.

[220] The Sidi Bishr [1987] 1 Lloyd's Rep. 42, 46.

[221] Hamed El Chiaty & Co. (T./A. Travco Nile Cruise Lines) v. The Thomas Cook Group Ltd. (The Nile Rhapsody) [1992] 2 Lloyd's Rep. 399, 413 f.

Vergleich der quality of justice in den verschiedenen Fora nach The Abidin Daver und Amin Rasheed nicht zulässig sei.[222] In der Tat ist es nicht unproblematisch, einerseits die quality of justice vor dem ausländischen Gericht nicht bewerten zu wollen, andererseits aber Vergleiche bezüglich der Verfahrensdauer anzustellen. Es ist deshalb durchaus möglich, daß The Nile Rhapsody Ausdruck eines Trends ist, dem Verzögerungsfaktor geringeres Gewicht beizumessen.

3. Verzögerungen aufgrund der Streitsache selbst

Die im vorhergehenden Abschnitt besprochenen Fälle betrafen Verzögerungen, die sich daraus ergeben, daß das ausländische Gerichtssystem länger braucht, um Fälle zu bearbeiten. Eine etwas andere Situation ergibt sich, wenn das ausländische Verfahren länger dauern würde, weil bestimmte Rechtsfragen gewissermaßen als Vorfragen geklärt werden müssen.

In The Vishva Abha[223] (Schiffskollision) bestand die Gefahr, daß das alternative, südafrikanische Gericht das Verfahren zunächst einmal aussetzen würde, um die Eigentumsverhältnisse an einem dort am Verfahren „beteiligten" Schiff zu klären, das im englischen Verfahren keine Rolle spielte. Die Kläger sahen darin einen Grund, einen stay zu verweigern. Sheen J. war von diesem Argument nicht sonderlich beeindruckt, wobei allerdings unklar ist, ob er derartige Verzögerungen grundsätzlich außer acht lassen wollte oder ob er auf den konkreten Sachverhalt bezogen der Ansicht war, die zu erwartenden Verzögerungen seien minimal.

4. Zusammenfassung

Insgesamt steht also nur fest, daß exzessive, systemimmanente Verzögerungen vor dem ausländischen Gericht grundsätzlich einen abwägungserheblichen Faktor darstellen. Welches Gewicht dieser Faktor haben soll, ist unklar. Ursprünglich hatte er großes Gewicht. Möglicherweise geht die Entwicklung in der Rechtsprechung aber dahin, seine Bedeutung zu verringern. Nicht ganz klar ist die Lage auch bei Verzögerungen, die ihren Grund in Besonderheiten des Sachverhalts haben. Diesen scheinen die Gerichte skeptisch gegenüberzustehen.

---

[222] Siehe dazu oben 4. Kap., D, I, 2.

[223] The Vishva Abha [1990] 2 Lloyd's Rep. 312, 315.

V. Faktoren, die die Eignung des Gerichts betreffen

Wie bereits erwähnt, gibt es bei der Queen's Bench Division des High Court zwei spezialisierte Unterabteilungen für seerechtliche und für handelsrechtliche Streitigkeiten, den Admiralty Court und den Commercial Court.[224] Beide genießen national wie international höchstes Ansehen. Vom berechtigten Stolz auf diese Einrichtungen ist es nicht weit bis zur Annahme, daß die Möglichkeit, ein Verfahren vor einem dieser beiden Gerichte zu bekommen, stets einen legitimen Vorteil darstelle, und zwar für beide Seiten. Ein Beispiel dafür ist die Entscheidung von Brandon J. in The Wladyslaw Lokietek[225], in der er die Möglichkeit eines Verfahrens vor dem Admiralty Court ausdrücklich als legitimen Vorteil per se wertete.

Die Problematik dieser These springt sofort ins Auge: Liegt darin nicht der Paradefall des verpönten "comparing the quality of justice"? Zur Erinnerung: Sowohl in Amin Rasheed[226] als auch in The Abidin Daver[227] hatten die Richter im House of Lords – mit Bezug auf den Unterschied zwischen adversarischem und nicht-adversarischem System – festgelegt, daß ein Vergleich der Qualität der beteiligten Rechtssysteme unterbleiben müsse. Und in beiden Fällen kritisierten sie Äußerungen von Donaldson M.R. im Court of Appeal, in denen er – nach einem Lippenbekenntnis zum Prinzip der "no comparisons" – das internationale Ansehen und die unrivalled experience von Commercial Court[228] und Admiralty Court[229] als legitimen Vorteil wertete.[230] Damit scheint klar zu sein, daß die lange Erfahrung und das hohe Ansehen von Admiralty Court und Commercial Court nicht mehr als Abwägungsfaktoren in Frage kommen.[231]

---

[224] Vgl. *Henrich*, S. 10.

[225] The Wladyslaw Lokietek [1978] 2 Lloyd's Rep. 520, 540.

[226] Amin Rasheed Shipping Corporation v. Kuwait Insurance Co. [1984] 1 A.C. 50, 67 (H.L.).

[227] The Abidin Daver [1984] 1 A.C. 398, 424 (H.L., per Lord Brandon).

[228] Amin Rasheed Shipping Corporation v. Kuwait Insurance Co. [1983] 1 W.L.R. 228, 240 (C.A.).

[229] The Abidin Daver [1983] 1 W.L.R. 884, 888 (C.A.).

[230] Amin Rasheed Shipping Corporation v. Kuwait Insurance Co. [1984] 1 A.C. 50, 67 (per Lord Diplock); The Abidin Daver [1984] 1 A.C. 398, 424 f. (per Lord Brandon): "The Master of the Rolls will, I trust, forgive me if I say that, having paid lip service to the need to avoid comparison between English and foreign courts, he then proceeded to make just such a comparison.".

[231] So auch *Cheshire/North*, S. 228.

Zwar wurden diese Faktoren in einem späteren Order-11-Fall noch einmal erwähnt,[232] aber ohne weitere Ausführungen und offensichtlich auch ohne größeres Gewicht. Selbst wenn in dieser Entscheidung der „Qualitätsfaktor" eine größere Rolle gespielt haben sollte als aus dem Wortlaut erkennbar, könnte man daraus angesichts der erdrückenden authority der beiden Entscheidungen des House of Lords nicht auf seine Renaissance schließen.

VI. Im Ausland Gefahr eines unfairen Verfahrens aus politischen, ideologischen oder ähnlichen Gründen

In The Abidin Daver[233] machte Lord Diplock klar, daß ein stay dann verweigert werden müsse, wenn der Kläger vor dem ausländischen Gericht aus ideologischen oder politischen Gründen kein gerechtes Verfahren erwarten könne und er dies zwingend beweisen könne. Der Nachweis solcher Umstände scheint danach – entsprechend der alten MacShannon-Regel – auch für sich genommen ausreichend zu sein, um einen stay zu verhindern. Insoweit liegt hier also eine Ausnahme zu dem in The Abidin Daver aufgestellten Grundsatz, wonach der bloße Nachweis von Vorteilen des englischen Verfahrens nicht ausreicht, um einen stay zu verhindern.

Ausführlich diskutiert wurde diese Sonderregel in Muduroglu.[234] Der Sachverhalt ist inzwischen in Deutschland zu Berühmtheit gelangt, weil er auch der neuen Entscheidung des BGH zum Vermögensgerichtsstand des § 23 ZPO[235] zugrundelag. Die Klägerin, ein zypriotisches Bauunternehmen, das von England aus geleitet wurde, hatte sich verpflichtet, für eine libysche Regierungsbehörde Hafenanlagen in Libyen zu errichten. Es gab ein System von Garantien und Gegen-Garantien. Nach Unstimmigkeiten zahlte die Beklagte, eine türkische Bank, auf eine von ihr abgegebene Garantie an die libysche Regierungsbehörde und belastete das Konto der Klägerin mit dem entsprechenden Betrag. Die Klägerin behauptete, die Auszahlung auf die Garantie sei unrechtmäßig gewesen und klagte in London auf Rückzahlung des abgebuchten Betrages.

---

[232] Islamic Arab Insurance Co. v. Saudi Egyptian American Reinsurance Co. [1987] 1 Lloyd's Rep. 315, 319 (C.A.).

[233] The Abidin Daver [1984] 1 A.C. 398, 411 (H.L.).

[234] Muduroglu Ltd. v. TC Ziraat Bankasi [1986] 3 All E.R. 682, 698 f. (C.A.).

[235] BGH NJW 1991, 3092.

Das Gericht war der Ansicht, die türkischen Gerichte seien das natürliche Forum für die Klage. Die Klägerin behauptete daraufhin, sie könne aus politischen Gründen in der Türkei kein faires Verfahren bekommen. Ihr erstes Argument war, die Auszahlung sei nur auf politischen Druck der Regierung (einschließlich des gegenwärtigen Premierministers) hin erfolgt, die andere Großprojekte mit der libyschen Regierung nicht gefährden wollte.[236] Das Thema sei auch jetzt noch politisch heiß umstritten, und es könne deshalb nicht garantiert werden, daß das türkische Gericht frei von diesen starken politischen Einflüssen entscheiden könne.

Der Court of Appeal faßte das Dilemma, in dem sich das englische Gericht in dieser Situation befand, in folgende Worte:

"An argument of this kind faces the court with a difficulty. On the one hand the court must not adopt any line of reasoning which involves a finding or assumption of impropriety or unfairness on the part of an organ of a friendly foreign state without solid evidence to support it. On the other hand the court must not be too unworldly. It must recognise that there are parts of the world where things are badly wrong and that by virtue of this very fact it may be impossible to obtain direct and complete evidence of the grounds of complaint. A balance must be struck."[237]

In der Praxis wird das heißen, das man einerseits die Beweisanforderungen nicht zu hoch schrauben wird, daß aber andererseits das Gericht in einer weitgehend freien Ermessensentscheidung bestimmen kann, ob dem Kläger im Ausland ein unfaires Verfahren drohe. Letztendlich wird damit nur der Abwägungsprozeß von den Rechtsfolgen (stay oder nicht?) auf die Voraussetzungen verlagert (unfair trial oder nicht?), mit den Worten des Verwaltungsrechts ausgedrückt: Aus dem Ermessensspielraum wird ein Beurteilungsspielraum.

Im konkreten Fall sah das Gericht es – jedenfalls für die Zivilgerichte (im Unterschied zu den Militärgerichten) – nicht als erwiesen an, daß das Verfahren in der Türkei unfair verlaufen würde.[238]

Das zweite Argument der klagenden Gesellschaft betraf die persönliche Sicherheit ihres Inhabers und Geschäftsführers. Dieser hatte im Laufe des Verfahrens die politischen Zustände in der Türkei in harschen Worten kritisiert und unter anderem der Regierung Folterungen und der Gerichtsbarkeit

---

[236] Muduroglu Ltd. v. TC Ziraat Bankasi [1986] 3 All E.R. 682, 687 (C.A.).

[237] Muduroglu Ltd. v. TC Ziraat Bankasi [1986] 3 All E.R. 682, 698 (C.A.).

[238] Muduroglu Ltd. v. TC Ziraat Bankasi [1986] 3 All E.R. 682, 699 (C.A.).

Abhängigkeit und Korruption vorgeworfen.[239] Dadurch hatte er den Straftatbestand eines türkischen Gesetzes verwirklicht. Sein Argument war nun, daß er bei einer zwecks Zeugenaussage eventuell notwendigen Einreise in die Türkei mit strafrechtlicher Verfolgung rechnen müsse.

Auch dieses Argument wurde vom Gericht im konkreten Fall zurückgewiesen, und zwar erstens, weil es unwahrscheinlich sei, daß er als Zeuge aussagen müsse, zweitens, weil die türkischen Behörden bisher keine Anstalten gemacht hätten, Ermittlungen einzuleiten und drittens, weil er diese Behauptungen in dieser Schärfe nun nicht mehr aufrechterhalte. Es bleibe deshalb insgesamt zwar ein Restrisiko, aber dieses sei nicht ausreichend, um das Verfahren in der Türkei zu einem unfair trial zu machen.[240] Die Begründung mag im einzelnen kritikwürdig erscheinen. Was man aber allgemein daraus ableiten kann, ist, daß die englischen Gerichte die Fallgruppe des unfair trial restriktiv behandeln.

Fazit: Kann der Kläger nachweisen, daß er im Ausland aus politischen, ideologischen oder ähnlichen Gründen kein faires Verfahren bekommen würde, so reicht dies grundsätzlich aus, um einen stay zu verhindern. Zum Zwecke dieses Nachweises ist es zwar nicht erforderlich, eine lückenlose Beweiskette vorzulegen; leicht zu überzeugen sind die englischen Gerichte vom Vorliegen dieser Voraussetzungen aber auch nicht.

VII. Sonstige Faktoren

Erwähnung verdienen noch eine Reihe anderer Faktoren, die gelegentlich in die Abwägung miteinbezogen werden.

So kann es eine Rolle spielen, welche Motive die Parteien für ihr Verhalten haben. Wollen die Kläger nur deshalb in England klagen, um die Beklagten schikanieren zu können?[241] Wollen die Beklagten ernsthaft ein Verfahren vor dem ausländischen Gericht oder wollen sie den stay nur, um einen taktischen Vorteil zu erringen?[242]

---

239 Muduroglu Ltd. v. TC Ziraat Bankasi [1986] 3 All E.R. 682, 699 (C.A.).

240 Muduroglu Ltd. v. TC Ziraat Bankasi [1986] 3 All E.R. 682, 700 (C.A.).

241 Vgl. Hawke Bay Shipping Co. Ltd. and Others v. The First National Bank of Chicago (The Efthimis) [1986] 1 Lloyd's Rep. 244, 260 (C.A.).

242 Aratra Potato Co. Ltd. and Another v. Egyptian Navigation Co. (The El Amria) [1981] 2 Lloyd's Rep. 119, 128 (C.A.); ähnlich ein obiter dictum in The Pia Vesta [1984] 1 Lloyd's Rep. 169, 172.

Ferner läßt sich wohl aus The El Amria[243] ablesen, daß Unterschiede zwischen den beiden Gerichten hinsichtlich der Vollstreckungsmöglichkeiten einen abwägungserheblichen Faktor darstellen. Im konkreten Fall war dieser Punkt nicht erheblich, weil ausreichend Sicherheit für die Vollstreckung des Urteils geleistet war, gleichgültig ob es vom englischen oder vom ägyptischen Gericht erlassen würde. Allgemein schien das Gericht aber zu akzeptieren, daß es ein legitimer Vorteil für den Kläger sei, wenn er ein englisches Urteil ohne Probleme vollstrecken könnte, während dies bei einem Urteil des ausländischen Gerichts schwieriger wäre. Dies ist zugegebenermaßen keine starke authority.[244] Aber es erscheint vernünftig, die Vollstreckungsmöglichkeiten zu berücksichtigen, weil es dem Kläger weniger darauf ankommt, auf einem Stück Papier Recht zu bekommen, als vielmehr darauf, die zugesprochene Geldsumme auf seinem Kontoauszug zu sehen. Deshalb ist damit zu rechnen, daß die Gerichte die in The El Amria angedeutete Linie fortführen werden.

Gute Chancen akzeptiert zu werden, hat auch das Argument des Klägers, vor dem ausländischen Gericht sei die Beweislast zu seinen Lasten umgekehrt.[245]

---

[243] Aratra Potato Co. Ltd. and Another v. Egyptian Navigation Co. (The El Amria) [1981] 2 Lloyd's Rep. 119, 128 (C.A.).

[244] Erstaunlich ist, daß dieser – praktisch so wichtige – Faktor nicht häufiger ins Spiel gebracht wird.

[245] The Po [1990] 1 Lloyd's Rep. 418, 424, bestätigt in The Po [1990] 2 Lloyd's Rep. 206, 213 (C.A.); wohl anderer Ansicht der Gibraltar Court of Appeal in Aldington Shipping Ltd. v. Bradstock Shipping Corporation and Mabanaft G.m.b.H. (The Waylink and Brady Maria) [1988] 1 Lloyd's Rep. 475, 481 f., aber obiter und ohne Begründung.

5. Kapitel

Bewertung der englischen forum-non-conveniens-Doktrin

Eine umfassende Auseinandersetzung mit dem grundsätzlichen Für und Wider einer forum-non-conveniens-Lehre würde den Rahmen dieser Arbeit sprengen.[1] Deshalb beschränken sich die folgenden Ausführungen auf eine kurze Einschätzung der Lehre im englischen Kontext. Dabei wird zunächst auf die Rechtsunsicherheit eingegangen, die aus ihrer Anwendung resultiert. Anschließend wird untersucht, ob ein Bedürfnis für ihre Anwendung besteht.

A. Rechtsunsicherheit

Die Analyse der Anwendungspraxis hat gezeigt, daß erhebliche Unsicherheiten bestehen. So bleibt oft unklar, welche Faktoren abwägungserheblich sind und welche nicht.[2] Des weiteren ist im einzelnen zweifelhaft, welches Gewicht man den einzelnen Faktoren im allgemeinen zumessen soll. Ein Beispiel dafür ist die unterschiedliche Behandlung der Höhe des zu erwartenden Schadensersatzes einerseits und der Höhe seerechtlicher Haftungsbegrenzungen andererseits.[3] Und schließlich kann man nie vorhersehen, wie die Ermessensentscheidung des Richters bei der Gewichtung der Faktoren im Einzelfall ausfallen wird. Dieser Gesichtspunkt wird noch dadurch verstärkt, daß den Korrekturmöglichkeiten der Rechtsmittelgerichte enge Grenzen gesetzt sind.[4] Die forum-non-conveniens-Lehre hat also in ihrer praktischen Anwendung erhebliche Rechtsunsicherheit zur Folge. Dies wird auch von ihren Befürwortern nicht geleugnet.[5]

---

[1] Vgl. zur umfassenden Literatur: *Geimer*, IZPR, Rdnr. 1073; *Kropholler*, Hdb. IZVR I, Kap. III, Rdnrn. 204 ff.; *Schröder*, S. 486 ff.

[2] Beispiel: Kann die lange Verfahrensdauer vor dem ausländischen Gericht berücksichtigt werden? Siehe o. 4. Kap., D, IV.

[3] Siehe o., 4. Kap., D, III, 1 und 2.

[4] Siehe o., 4. Kap., A, II.

[5] Vgl. *Wahl*, S. 110 f.; anderer Ansicht, aber angesichts der im 4. Kap. dargestellten Praxis wohl zu optimistisch, *Fentiman* (1993) 26 Cornell Int. L.J. 59, 73 ff., der das Ergebnis des Abwägungsprozesses im Einzelfall als "tolerably predictable in practice" bezeichnet.

B. Bedürfnis für eine forum-non-conveniens-Doktrin

Angesichts der beschriebenen Rechtsunsicherheit bedarf es guter Gründe, um die Anwendung der forum-non-conveniens-Lehre in ihrer heutigen Gestalt zu rechtfertigen. Dabei ist zwischen Fällen ausländischer Rechtshängigkeit und einfachen forum-non-conveniens-Fällen zu unterscheiden.

I. Einfache forum-non-conveniens-Fälle

Drei Rechtfertigungen für die forum-non-conveniens-Doktrin werden in diesem Zusammenhang diskutiert: das Courtoisie-Gebot, die Abwehr von forum shopping, die Einschränkung exorbitanter Zuständigkeitsgründe und die Sachnähe des Gerichts.

1. Das Courtoisie-Gebot

Einer der Gründe, die für die Übernahme der forum-non-conveniens-Lehre in das englische Recht genannt wurden, war die Achtung des Rücksichtnahmegebots unter souveränen Staaten (Courtoisie-Gebot, international comity).[6] Ein Beispiel dafür ist die Aussage Lord Diplocks in The Abidin Daver, wonach die Entwicklung der forum-non-conveniens-Lehre in England dazu geführt habe, daß "judicial chauvinism has been replaced by judicial comity".[7] Dahinter steht die Erwägung, daß es dem Rücksichtnahmegebot widerspreche, wenn man internationale Zuständigkeit in Anspruch nehme, obwohl es ein besser geeignetes Gericht in einem anderen Staat gebe.[8]

Derartige Pauschalierungen haben einen falschen Ansatzpunkt und verdecken nur die eigentliche Frage. Denn es geht nicht darum, daß ein Staat sich gegenüber einem anderen Staat eine internationale Zuständigkeit anmaßt, sondern darum, daß eine Partei ein Verfahren in Staat A anhängig macht, welches die andere Partei in Staat B verlegt sehen möchte.[9] Auf dem Spiel stehen also nicht Staatsinteressen, sondern Parteiinteressen. Nebulöse

---

6 Vgl. dazu *Schack*, IZVR, Rdnr. 126.

7 The Abidin Daver [1984] 1 A.C. 398, 411 (H.L.).

8 Vgl. *Slater*, (1988) 104 L.Q.R. 554, 562.

9 *Slater*, (1988) 104 L.Q.R. 554, 562.

Hinweise auf – noch dazu kaum konkretisierte – Souveränitäts- und Rücksichtnahmegedanken sind deshalb fehl am Platz.

2. *Abwehr von forum shopping*

Oft wird gesagt, die forum-non-conveniens-Doktrin sei ein geeignetes oder notwendiges Mittel, um forum shopping zu verhindern.[10]

a) Begriff

Bereits bei dem Versuch, forum shopping zu definieren, ergeben sich Probleme. Oft kommt schon bei der Begriffsbestimmung die Mißbilligung dieser Praxis zum Vorschein, so zum Beispiel in der Definition, die Lord Pearson in Boys v. Chaplin gab:

"(...) a plaintiff by-passing his natural forum and bringing his action in some alien forum which would give him relief or benefits which would not be available to him in his natural forum".[11]

Danach erfordert forum shopping auf seiten des Klägers eine gewisse Umgehungsabsicht. Besser erscheint es, Begriffsbestimmung und Bewertung auseinanderzuhalten. Danach läge forum shopping immer dann vor, wenn der Kläger aus mehreren möglichen Gerichtsständen einen auswählt.[12] In Anlehnung an Siehr lassen sich dann zwei Fallgruppen unterscheiden: das bloße Ausnutzen einer gegebenen Wahlmöglichkeit und das Erschleichen eines Gerichtsstands durch absichtliches Herbeiführen seiner Voraussetzungen.[13]

b) Motive für forum shopping

Die Motive, die einen Kläger zur Auswahl eines bestimmten Forums bewegen, sind vielfältig.[14] Der naheliegendste Grund ist, daß das gewählte Gericht über sein Kollisionsrecht zur Anwendung eines dem Kläger günsti-

---

[10] Vgl. Atlantic Star (Owners) v. Bona Spes (Owner) (The Atlantic Star) [1974] A.C. 436, 454 (H.L.); *Schuz*, (1986) 35 I.C.L.Q. 374.

[11] Boys v. Chaplin [1971] A.C. 356, 401 (H.L.).

[12] *Siehr*, (1984) 25 ZfRvgl. 124, 125; *Jasper*, S. 17.

[13] *Siehr*, (1984) 25 ZfRvgl. 124, 125, nennt als dritte Fallgruppe die Prorogation. Diese ist aber nicht Gegenstand dieser Arbeit.

[14] Vgl. zum Ganzen *Siehr*, (1984) 25 ZfRvgl. 124, 126 ff.

gen Sachrechts gelangt. Damit ist die Liste aber bei weitem noch nicht erschöpft. Prozessuale Erwägungen können eine große Rolle spielen. Beispielsweise wird der Kläger oft auf die weitreichenden US-amerikanischen Möglichkeiten der discovery erpicht sein. Ebenso können die Regelung der Kosten (Erfolgshonorare) oder die zu erwartende Verfahrensdauer eine Rolle spielen. Weiter kann es dem Kläger auf Fragen der Vollstreckbarkeit ankommen oder auf die Möglichkeit, alle Beklagten in einem Verfahren zusammenfassen zu können.

Kurz: Alle Faktoren, die die Gerichte im Rahmen des zweiten Teils des Spiliada-Tests berücksichtigen,[15] sind mögliche Motive für forum shopping. Aus der Vielschichtigkeit dieser Gründe ergibt sich zugleich auch, daß es zur Abwehr von forum shopping nicht ausreicht, die Vorschriften des Sachrechts oder des Kollisionsrechts zu vereinheitlichen.[16]

c) Völkerrechtliche Legalität

Ein allgemeiner Völkerrechtssatz des Inhalts, daß forum shopping verboten sei, existiert nicht.[17] Deshalb kann man es nicht pauschal als illegal bezeichnen.

d) Legitimität

Die entscheidende Frage ist die der Legitimität. Soll man forum shopping hinnehmen oder soll man es aus rechtspolitischen Gründen bekämpfen? Und wenn man es bekämpfen will, ist die forum-non-conveniens-Lehre ein geeignetes Mittel?

Forum shopping hat einen schlechten Ruf.[18] Sich in abfälliger Weise zu äußern, ist jedoch wenig hilfreich. Worauf es ankommt, sind nicht pauschale Werturteile, sondern Argumente, die sich objektiv mit der Problematik auseinandersetzen. Zwei Gründe sind es, die regelmäßig gegen die Legitimität von forum shopping vorgebracht werden: daß es unfair gegenüber dem Beklagten sei und daß es die inländischen Gerichte mit „ausländischen" Verfahren blockiere.[19]

---

15 Siehe o., 4. Kap., D.

16 *Juenger*, (1989) 63 Tulane L.R. 553, 559.

17 *Siehr*, (1984) 25 ZfRvgl. 124, 138.

18 Vgl. *Juenger*, (1989) 63 Tulane L.R. 553: "My topic has a bad name."; Lord Simon in Atlantic Star (Owners) v. Bona Spes (Owner) (The Atlantic Star) [1974] A.C. 437, 471 (H.L.): "Forum-shopping is a dirty word".

19 Vgl. *Slater*, (1988) 104 L.Q.R. 554, 561 f.

aa) Unfairness gegenüber dem Beklagten

Manchmal wird gesagt, forum shopping begünstige den Kläger in ungerechtfertigter Weise und sei deshalb unfair gegenüber dem Beklagten.[20] So pauschal ist das aber nicht richtig.

Von seiten des Klägers ist es grundsätzlich legitim, aus mehreren Fora, die die betroffenen Rechtsordnungen zur Verfügung stellen, dasjenige auszuwählen, in dem er die besten Erfolgschancen sieht. Seine Anwälte haben sogar die Pflicht, aus mehreren Möglichkeiten diejenige herauszusuchen, die für ihn am günstigsten erscheint.[21] Insofern stellt sich forum shopping als Ausfluß der Tatsache dar, daß in den meisten Fällen mehrere konkurrierende Gerichtsstände eröffnet sind. Die einzige Möglichkeit, forum shopping völlig zu verhindern, wäre die Aufstellung eines für alle Staaten verbindlichen Katalogs ausschließlicher Gerichtsstände durch einen „Weltgesetzgeber". Dies ist eine Utopie und wäre auch nicht wünschenswert, weil es das Ordnungsinteresse (an der Vermeidung von forum shopping) zu stark zu Lasten der Parteiinteressen (an der Bereitstellung eines sachgerechten Gerichts) berücksichtigen würde.[22] Es ist bezeichnend, daß sich nicht einmal die Verfasser des EuGVÜ dazu entschlossen haben, ein System ausschließlicher Zuständigkeiten zu schaffen, obwohl es im europäischen Rahmen praktisch einfacher durchzusetzen gewesen wäre als auf weltweiter Ebene.[23] Es ist also festzuhalten, daß der Kläger, der die ihm gesetzlich gegebenen Möglichkeiten nutzt, prinzipiell nicht verwerflich handelt.

Auch die in der Eingangsthese vorausgesetzte Schutzwürdigkeit des Beklagten ist nicht ohne weiteres anzunehmen. Nicht alle Beklagten, die sich dem Verfahren in dem vom Kläger gewählten Forum widersetzen, sind „verfolgte Heilige".[24] Manche wollen nur verzögern oder in dem alternativen Forum einen Vorteil für sich herausschlagen. Es wäre äußerst schwierig, im Einzelfall festzustellen, wann das Verhalten des Klägers gegenüber

---

[20] Vgl. *Schuz*, (1986) 35 I.C.L.Q. 374; *Slater*, (1988) 104 L.Q.R. 554, 561; *Kropholler*, Hdb. IZVR I, Kap. III, Rdnr. 161.

[21] *Kropholler*, Hdb. IZVR I, Kap. III, Rdnr. 160; *Siehr*, (1984) 25 ZfRvgl. 124, 142 f.; *Zöller/Geimer*, IZPR, Rdnr. 58.

[22] *Schack*, IZVR, Rdnr. 229.

[23] Vgl. *Siehr*, (1984) 25 ZfRvgl. 124, 140.

[24] *Slater*, (1988) 104 L.Q.R. 554, 561.

dem Beklagten unfair wäre. Kurz: "The question is too complicated to be dealt with by simple labels and broad generalisations".[25]

Die These von der Unfairness gegenüber dem Beklagten vermag also weder eine pauschale Ablehnung von forum shopping noch eine generelle Anwendung der forum-non-conveniens-Lehre zu rechtfertigen.

bb) Blockierung der inländischen Gerichte

Zum Teil wird gesagt, forum shopping führe dazu, daß die inländischen Gerichte mit „ausländischen" Streitigkeiten überlastet würden, mit der Folge, daß sie die heimische Rechtspflege vernachlässigen müßten.[26]

Auch dieses Argument ist zu allgemein gehalten, um für konkrete Lösungen zu taugen. Die Frage, wann eine Streitsache ausreichenden Inlandsbezug hat, wird nie befriedigend zu lösen sein. Und auf das Problem der Überlastung der Gerichte mit der forum-non-conveniens-Doktrin antworten zu wollen, hieße, den Teufel mit dem Beelzebub auszutreiben. Denn dem Ziel der Entlastung der Gerichte ist nicht damit gedient, daß die Richter sich nun intensiv mit Fragen der Inanspruchnahme internationaler Zuständigkeit herumschlagen müssen, anstatt die Sachfragen zu entscheiden.[27] Abgesehen davon ist es keineswegs so, daß alle „ausländischen" Verfahren unerwünscht wären. Die meisten internationalen Streitigkeiten vor englischen Gerichten sind Handels- und Wirtschaftssachen, die weithin als willkommen betrachtet werden, weil man hofft, daß die sogenannten "commercial litigants" mit den Rechtsstreitigkeiten auch Geschäfte nach England bringen.[28] Es ist bezeichnend, daß das Überlastungs-Argument aus den USA stammt, wo sich die Gerichte unerwünschter Privatkläger in Produkthaftungssachen erwehren müssen.[29]

cc) Ergebnis zum forum shopping

Keines der Argumente, die forum shopping pauschal verurteilen und eine generelle Anwendung der forum-non-conveniens-Lehre fordern, läßt sich

---

[25] *Slater*, (1988) 104 L.Q.R. 554, 561.

[26] Vgl. *Fawcett*, (1984) 35 N.I.L.Q. 141, 145.

[27] *Slater*, (1988) 104 L.Q.R. 554, 562.

[28] *Fawcett*, (1984) 35 N.I.L.Q. 141, 145 f.; *Robertson*, (1987) 103 L.Q.R. 398, 417: "the kind of transnational litigation that does tend to flow to England ist highly desirable stuff".

[29] Vgl. *Robertson*, (1987) 103 L.Q.R. 398, 425: "the disagreeable tort types who flutter like moths to America"; siehe auch *Müller*, S. 82 f.

bei genauerer Betrachtung halten. Im Ergebnis wird man deshalb unterscheiden müssen.

Gegen ein bloßes *Ausnutzen* der Wahlmöglichkeit zwischen mehreren Gerichtsständen durch den Kläger ist grundsätzlich nichts einzuwenden.[30] Das *Erschleichen* einer Zuständigkeit durch den Kläger (also das absichtliche Herbeiführen der Voraussetzungen des Zuständigkeitsgrundes) verdient dagegen eine andere Beurteilung. Häufig wird gesagt, eine arglistig herbeigeführte Zuständigkeit sei nicht zu beachten.[31] Die Prüfung, ob im konkreten Fall Arglist vorlag, ist aber sehr schwierig. Deshalb erscheint es besser, in solchen Situationen mit einer restriktiven Auslegung der Zuständigkeitsnorm zu reagieren.[32] Einer forum-non-conveniens-Lehre bedarf es zur Abwehr von unerwünschtem forum shopping also nicht.

3. Einschränkung exorbitanter Gerichtsstände

Oft wird gesagt, die forum-non-conveniens-Lehre sei eine notwendige Reaktion auf den exorbitanten Zuständigkeitsgrund der vorübergehenden Anwesenheit des Beklagten (transient-presence-rule).[33] Wollte man diesen Gedanken weiterspinnen und die Anwendung der forum-non-conveniens-Doktrin immer dann rechtfertigen, wenn sie sich gegen einen exorbitanten Gerichtsstand richten würde, käme man schon bei der Frage, welche Zuständigkeiten als exorbitant bzw. unerwünscht angesehen werden müßten, in erhebliche Schwierigkeiten.[34]

---

[30] *Siehr,* (1984) 25 ZfRvgl. 124, 141 f.; im deutschen autonomen Zivilprozeßrecht kommt dieser Gedanke in § 35 ZPO zum Ausdruck.

[31] So z.B. die englische Rechtsprechung, die – jedenfalls in der Theorie – von der Anwesenheitszuständigkeit eine Ausnahme machen will, wenn der Aufenthalt der Beklagten arglistig mit dem Ziel herbeigeführt wurde, so die internationale Zuständigkeit begründen zu können, Colt Industries v. Sarlie [1966] 1 W.L.R. 440, 444; vgl. auch die Nachweise bei *Kropholler,* Hdb. IZVR I, Kap. III, Rdnrn. 176 f.

[32] Beispiel in Anlehnung an BGH NJW 1977, 1590 für den Fall, daß ein durch Presseerzeugnisse in seinem Persönlichkeitsrecht Verletzter die betreffende Zeitschrift abonniert, um seinen Wohnort zum Schadensort zu machen und so eine internationale Zuständigkeit zu begründen: „Verbreitung" einer Zeitschrift (und damit Eintritt des Schadens) nur dort, wo sie bestimmungsgemäß und in gewissem Umfang zur Kenntnis Dritter gelangt; s. auch *Kropholler,* Hdb. IZVR I, Kap. III, Rdnr. 180; *Schack,* IZVR, Rdnr. 491.

[33] *Kropholler,* Hdb. IZVR I, Kap. III, Rdnr. 204; s. auch *Jasper,* S. 136.

[34] Vgl. z.B. die kontroversen Stellungnahmen zu § 23 ZPO von *Stein/Jonas/Schumann,* § 23, Rdnrn. 31 ff. einerseits, und *Schack,* ZZP 97 (1984), 46 ff. andererseits.

Aber selbst wenn man sich, wie dieser Abschnitt, auf den englischen Kontext beschränken will, ergeben sich Probleme mit der eingangs zitierten Aussage. Zwar ist weitgehend anerkannt, daß die bloß vorübergehende Anwesenheit als Zuständigkeitsgrund unerwünscht ist.[35] Jedoch ist es keineswegs so, daß die forum-non-conveniens-Lehre in der Praxis hauptsächlich gegen diesen Zuständigkeitsgrund eingesetzt würde. Im Gegenteil: Unter den 35 untersuchten forum-non-conveniens-Fällen[36] war nur ein einziger[37], in dem sich die internationale Zuständigkeit auf die vorübergehende Anwesenheit des Beklagten in England stützte. Und in diesem verweigerte das Gericht einen stay! In den übrigen Fällen gründete sich die Zuständigkeit zu annähernd gleichen Teilen auf den Arrest eines Seeschiffes innerhalb englischer Hoheitsgewässer (bzw. die durch Drohung mit Arrest herbeigeführte Unterwerfung des Beklagten unter die englische Zuständigkeit)[38] oder auf die Tatsache, daß die beklagte Gesellschaft einen place of business[39] in England hatte.[40] Keine dieser Zuständigkeiten kann aber als in gleichem Maße exorbitant oder unerwünscht wie die transient-presence-rule bezeichnet werden. Die Arrestzuständigkeit in Seeschiffahrtssachen ist in einem internationalen Abkommen verankert, dem unter anderem die Bundesrepublik und die meisten EG-Staaten angehören.[41] Und die auf einen place of business in England gestützte Zuständigkeit über Gesellschaften ist zwar insofern weiter als die Regelung in § 21(1) ZPO oder Artikel 5 Nr. 5 EuGVÜ, als sie keinen Bezug zwischen Streitgegenstand und place of business voraussetzt; aber dies allein macht sie noch nicht unbillig, zumal die Anforderungen an die in England ausgeübte Geschäftstätigkeit[42] nicht unvertretbar niedrig sind.[43]

---

[35] *O'Malley/Layton*, Rdnr. 1.26.

[36] Diese Zahl erfaßt nur diejenigen Fälle, in denen es nicht um Gerichtsstandsvereinbarungen oder Order-11-Zuständigkeiten ging.

[37] Astro Exito Navegacion S.A. v. W.T. Hsu (The Messiniaki Tolmi) [1983] 1 Lloyd's Rep. 666.

[38] Siehe o. 1. Kap., B, II.

[39] Siehe o. 1. Kap., B, I, 1, c.

[40] Dabei ist auffällig, daß ein stay in Arrest-Fällen viel seltener war (drei von 16 Fällen) als in place-of-business-Fällen (sieben von 15 Fällen).

[41] Internationales Übereinkommen zur Vereinheitlichung von Regeln über den Arrest in Seeschiffe von 1952, s.o. 1. Kap., B, II.

[42] Gefordert wird ein bestimmter, nicht nur vorübergehender place of business (sei es durch eine eigene Niederlassung, sei es durch Vertreter), von dem aus die Geschäfte der beklagten Gesellschaft betrieben werden.

[43] *Schack*, IZVR, Rdnr. 250.

Aus der englischen Praxis ergibt sich also keineswegs, daß die forum-non-conveniens-Doktrin primär gegen die unerwünschte transient-presence-rule eingesetzt wird. Daraus folgt jedoch nicht notwendigerweise, daß sie nicht ein nützliches Korrektiv zu dieser Zuständigkeit sein *könnte*. Freilich wäre es besser, von vornherein auf die Eröffnung einer so weiten Zuständigkeit zu verzichten, anstatt in einem zweiten Schritt an den Symptomen herumzudoktern. *De lege ferenda* wäre es deshalb empfehlenswert, wenn das englische Recht seine grundlegende Unterscheidung zwischen anwesenden und abwesenden Beklagten aufgeben und ein System fester Zuständigkeitsgründe ohne eine Anwesenheitszuständigkeit einführen würde. *De lege lata* jedoch hat man sich mit diesem System und mit der transient-presence-rule grundsätzlich abzufinden. Das Ziel muß dann heißen, unbillige Konsequenzen im Einzelfall zu vermeiden. Dazu kann eine forum-non-conveniens-Doktrin ein geeigneter Ansatzpunkt sein. Allerdings würde dafür die enge vexatious-Lehre des St.Pierre-Tests ausreichen. Denn mit ihr könnte man in den Fällen wirksam reagieren, in denen der Kläger die transient-presence-rule ausnutzt, um den Beklagten zu schikanieren und ihn zu einem ungünstigen Vergleich zu zwingen.[44] Einer voll ausgeprägten forum-non-conveniens-Doktrin wie in Spiliada bedarf es dazu nicht. Damit wäre auch die Einzelfallgerechtigkeit[45] gewährleistet ohne die Rechtssicherheit in unvertretbarem Ausmaß zu beeinträchtigen.

4. Sach- und Beweisnähe und Effizienz

Unzweifelhaft kann die forum-non-conveniens-Lehre im Einzelfall eine größere Sach- und Beweisnähe des entscheidenden Gerichts gewährleisten. Dementprechend berücksichtigen die englischen Gerichte Herkunft und Sprache von Zeugen sowie die Belegenheit des Beweismaterials bei der Interessenabwägung.[46] In einem Fall beispielsweise, in dem sich ein Großteil der Beweismittel in dem Land des alternativen Forums befindet, hat eine Aussetzung des englischen Verfahrens zur Folge, daß das sach- und beweisnächste Gericht den Streitfall entscheidet. Dies kann auch dazu führen, daß der Rechtsstreit effizienter entschieden wird, weil man sich die Kosten spart, die für eine „Transposition" des Beweismaterials nach England erforderlich wären.

---

[44] Wie in In re Norton's Settlement, Norton v. Norton [1908] 1 Ch. 471 (C.A.), wo die Klägerin wußte, daß der Beklagte, ein barrister aus Indien, wegen seiner Praxis nach Indien zurückkehren mußte, s.o. 3. Kap., B, I, 2, a.

[45] Vgl. dazu *Reus*, RIW 1991, 550 m.w.N.

[46] Siehe o. 4. Kap., C, III; für das US-amerikanische Recht vgl. *Scoles/Hay*, S. 379 m.w.N.

Auch diese Gesichtspunkte können jedoch die forum-non-conveniens-Doktrin letztlich nicht rechtfertigen. Hinsichtlich der Sach- und Beweisnähe des entscheidenden Gerichts ist zu beachten, daß Fälle, in denen die Sprache und die Belegenheit der Beweismittel eindeutig auf ein bestimmtes Forum hinweisen, in der Praxis selten sein werden. Vielmehr wird es sich in der Regel so verhalten, daß die möglicherweise erforderlichen Beweismittel auf mehrere Staaten verteilt sind. Dann aber läuft das Kriterium der Sach- und Beweisnähe leer. Abgesehen davon ist es auch im Grundsatz nicht ratsam, schon bei der Frage der internationalen Zuständigkeit auf die Verfügbarkeit von Beweismitteln abzustellen. Denn zum einen ist zu diesem frühen Zeitpunkt des Verfahrens vielfach noch nicht klar, welche Fragen überhaupt des Beweises bedürfen und welche Beweismittel man gegebenenfalls benötigen wird. Und zum anderen ist es bedenklich, die internationale Zuständigkeit davon abhängig zu machen, wie weit der Beklagte das Vorbringen des Klägers bestreitet.[47]

Auch das auf die Effizienz gestützte Argument verliert bei genauerer Betrachtung an Gewicht. Denn die Kehrseite der forum-non-conveniens-Doktrin ist, daß für die Klärung der internationalen Zuständigkeit im Rahmen des Abwägungsprozesses Zeit und Ressourcen sowohl des Gerichts also auch der Parteien und ihrer Anwälte aufgewendet werden müssen. Der Aufwand für diese "litigation about where to litigate" fiele aber nicht an, wenn man die an sich gegebene Zuständigkeit ohne forum-non-conveniens-Prüfung akzeptieren würde.

Die forum-non-conveniens-Doktrin kann also im Einzelfall zu einer größeren Sach- und Beweisnähe des entscheidenden Gerichts und zu größerer Effizienz bei der Streitentscheidung führen. Dies läßt sich aber keinesfalls verallgemeinern. Die allgemeine Einführung einer forum-non-conveniens-Lehre vermag dieser Gesichtspunkt deshalb nicht zu rechtfertigen.

5. Zusammenfassung

Eine weite forum-non-conveniens-Lehre im Sinne von Spiliada ist weder aus Gründen der Courtoisie oder der Einzelfallgerechtigkeit noch zur Abwehr von forum shopping noch zur Einschränkung unerwünschter Gerichtsstände erforderlich. Allenfalls zur Korrektur der transient-presence-rule wäre eine beschränkte Anwendung der Lehre in der Form des

---

[47] Vgl. *Geimer*, IZPR, Rdnr. 1077; *Kropholler*, Hdb. IZVR I, Kap. III, Rdnr. 209.

St.Pierre-Tests de lege lata akzeptabel. Die daraus entstehende Rechtsunsicherheit ließe sich in diesem Zusammenhang damit rechtfertigen, daß das englische Recht der internationalen Zuständigkeit auf Rechtssicherheit ohnehin nicht so großen Wert legt wie das deutsche Recht oder das EuGVÜ.[48]

II. Fälle ausländischer Rechtshängigkeit

Im englischen Recht hat die forum-non-conveniens-Lehre unter anderem die Aufgabe, die Beachtung ausländischer Rechtshängigkeit (i.w.S.) zu regeln. Auch in diesem Zusammenhang mag es aus Gründen der Rechtssicherheit vorzugswürdig erscheinen, die Beachtung ausländischer Rechtshängigkeit nicht an eine Ermessensentscheidung des Gerichts zu knüpfen, sondern an feste Kriterien, zum Beispiel an das Prioritätsprinzip und an eine positive Anerkennungsprognose wie im deutschen Recht.[49] *De lege lata* jedoch ist die Berücksichtigung ausländischer Rechtshängigkeit im Rahmen der forum-non-conveniens-Lehre besser als ihre völlige Ignorierung. Deshalb ist die Existenz der forum-non-conveniens-Lehre auch insoweit gerechtfertigt, als sie lis-alibi-pendens-Fälle betrifft.

III. Zusammenfassung

Innerhalb des Grundgerüsts des geltenden englischen internationalen Zivilverfahrensrechts ist die Anwendung einer forum-non-conveniens-Lehre in zwei Formen gerechtfertigt. Erstens ist es vertretbar, die enge St.Pierre-Version (vexatious or oppressive) einzusetzen, um die unerwünschte transient-presence-rule einzuschränken. Zweitens ist auch die lis-alibi-pendens-Lehre als Bestandteil der forum-non-conveniens-Doktrin im Ergebnis begrüßenswert. Außerhalb dieser Fallgruppen ist die weite forum-non-conveniens-Doktrin im Sinne von Spiliada jedoch nicht zu rechtfertigen. Die Entwicklung des englischen Rechts seit The Atlantic Star ist deshalb zu bedauern.

---

[48] Siehe u., 7. Kap., B, I, 3.

[49] Vgl. *Schack*, IZVR, Rdnrn. 752 ff.

3. Teil

Die Anwendbarkeit der forum-non-conveniens-Doktrin im Rahmen des Europäischen Gerichtsstands- und Vollstreckungsübereinkommens

In den folgenden Kapiteln geht es um die Frage, ob englische Gerichte ein Verfahren auch dann aufgrund der forum-non-conveniens-Doktrin aussetzen können, wenn sich ihre Zuständigkeit auf das Europäische Gerichtsstands- und Vollstreckungsübereinkommen vom 27. September 1968 (EuGVÜ) stützt. Dabei werden sowohl lis-alibi-pendens-Fälle als auch Fälle ohne Parallelverfahren im Ausland (im folgenden nur noch forum-non-conveniens-Fälle genannt) betrachtet.

Die Erörterungen sind in zwei Teile aufgeteilt. Zunächst soll kurz die Entwicklung der englischen Rechtsprechung dargestellt werden, die zu der Entscheidung des House of Lords geführt hat, einige der Streitfragen dem EuGH zur Vorabentscheidung vorzulegen.[1] Sodann werden – aufgeteilt nach Fallgruppen – die einzelnen Argumente erörtert und zu einem Lösungsmodell entwickelt.

---

[1] Vgl. House of Lords, Vorlagebeschluß vom 13.7.1992 (Ladenimor S.A. (Appellants) v. Intercomfinanz S.A. (Respondents), IPRax 1992, 373, m. Anm. *Jayme*, S. 357. Allerdings gibt dieser Beschluß wohl die falsche Rechtsgrundlage für die Vorlage an, nämlich Artikel 177 EWGV. Diese Vorschrift findet aber keine Anwendung auf Vorlagen, die das EuGVÜ betreffen, weil letzteres kein Rechtssetzungsakt eines Gemeinschaftsorgans ist, sondern ein völkerrechtlicher Vertrag zwischen den Mitgliedstaaten. Solche Vorlagen richten sich vielmehr nach Artikel 3 des Luxemburger Protokolls vom 3.6.1971 (*Jayme/Hausmann*, Nr. 72), vgl. *Herrmann*, Hdb. IZVR I, Kap. I, Rdnrn. 44 ff.

6. Kapitel

Die Entwicklung der englischen Rechtsprechung bis zur Vorlage an den Europäischen Gerichtshof

Drei Entscheidungen englischer Gerichte haben sich in letzter Zeit ausführlich mit der Frage auseinandergesetzt, ob ein Verfahren unter Berufung auf die forum-non-conveniens-Doktrin ausgesetzt werden könne, wenn sich die Zuständigkeit des Gerichts aus dem EuGVÜ ergebe, das alternative Forum aber nicht in einem Vertragsstaat liege. Zwei erstinstanzliche Entscheidungen sprachen sich gegen die Anwendbarkeit der forum-non-conveniens-Doktrin aus,[2] der Court of Appeal[3] dagegen nahm in der dritten Entscheidung an, die Doktrin sei im Verhältnis zu Nichtvertragsstaaten anwendbar.

A. Die Entscheidung in Berisford v. New Hampshire Insurance[4]

I. Ausgangsposition

In Berisford ging es um eine Versicherungsstreitigkeit. Die beiden Klägerinnen, eine englische (also in England gegründete und dort registrierte) Gesellschaft und ihre amerikanische Tochtergesellschaft, klagten gegen eine amerikanische Versicherungsgesellschaft auf Zahlung aus zwei Versicherungspolicen. Die Zuständigkeit der englischen Gerichte über die Beklagte ergab sich aus Artikel 8 EuGVÜ. Es war unstreitig, daß die Streitigkeit aus dem Betrieb der Niederlassung der Beklagten in England resultierte. Gemäß Artikel 8(2) EuGVÜ wurde die Beklagte deshalb so behandelt, als hätte sie einen Wohnsitz in England, so daß die englischen Gerichte aufgrund von Artikel 8(1) Nr.1 EuGVÜ international zuständig waren. Die Beklagte beantragte die Aussetzung des Verfahrens mit der Begründung, daß die Gerichte in New York das geeignetere Forum für die Klage seien.

Eine der beiden Policen enthielt eine Gerichtsstandsvereinbarung zugunsten der englischen Gerichte. Wäre diese ausschließlich gewesen, so

---

2 S. & W. Berisford Plc. and NGI International Precious Metals Inc. v. New Hampshire Insurance Co. [1990] 1 Lloyd's Rep. 454; Arkwright Mutual Insurance Co. v. Bryanston Insurance Co. Ltd. and Others [1990] 2 Lloyd's Rep. 70.

3 In re Harrods (Buenos Aires) Ltd. [1991] 3 W.L.R. 397 (C.A.).

4 S. & W. Berisford Plc. and NGI International Precious Metals Inc. v. New Hampshire Insurance Co. [1990] 1 Lloyd's Rep. 454.

hätte sie einen stay zugunsten eines anderen Gerichts von vornherein ausgeschlossen. Hobhouse J. legte sie aber als nicht ausschließlich aus und gelangte so zu der Frage, ob das Verfahren aufgrund der forum-non-conveniens-Doktrin ausgesetzt werden müsse.[5]

II. Aussetzung des Verfahrens aufgrund von forum non conveniens?

Zunächst mußte sich der Richter mit einem angesichts des Sachverhalts unverständlichen Argument der Beklagten auseinandersetzen. Diese hatten vorgebracht, das EuGVÜ sei immer dann grundsätzlich unanwendbar, wenn keine der Parteien ihren Wohnsitz in einem der Vertragsstaaten habe.[6] Dies wies der Richter als in dieser Allgemeinheit nicht zutreffend zurück. Unter anderem berief er sich dabei auf Artikel 16 EuGVÜ, der unabhängig vom Wohnsitz der Parteien Anwendung finde.[7]

Bei der Behandlung der Frage, ob das EuGVÜ den englischen Gerichten weiterhin die Möglichkeit gebe, ein Verfahren aufgrund von forum non conveniens auszusetzen, ging Hobhouse J. zutreffenderweise von Section 49 des Civil Jurisdiction and Judgments Act 1982 aus, die besagt:

"Nothing in this Act shall prevent any court from staying, sisting, striking out or dismissing any proceedings before it, on the ground of forum non conveniens or otherwise, where to do so is not inconsistent with the 1968 Convention."

Besonders hilfreich ist diese Bestimmung natürlich nicht, sagt sie doch nur das ohnehin Offensichtliche: Ein stay aufgrund von forum non conveniens ist nur dann möglich, wenn er nicht gegen das EuGVÜ verstößt. Die entscheidende Frage bleibt offen, nämlich unter welchen Umständen es gegen das EuGVÜ verstößt, die forum-non-conveniens-Doktrin weiter anzuwenden.

Im vorliegenden Fall lag das alternative Forum nicht in einem Vertragsstaat. Hobhouse J. ging darauf aber nicht ein, sondern behandelte die Frage der Anwendbarkeit der Doktrin unabhängig davon, ob das alternative Forum in einem Vertragsstaat liege oder nicht. Seiner Ansicht nach ist für

---

[5] S. & W. Berisford Plc. and NGI International Precious Metals Inc. v. New Hampshire Insurance Co. [1990] 1 Lloyd's Rep. 454, 457 f.; auf Artikel 17 EuGVÜ ging er dabei erstaunlicherweise kaum ein.

[6] Unverständlich ist dieses Argument deshalb, weil sich aus dem Sachverhalt klar ergab, daß zwei der drei Parteien einen Wohnsitz in einem Vertragsstaat hatten.

[7] S. & W. Berisford Plc. and NGI International Precious Metals Inc. v. New Hampshire Insurance Co. [1990] 1 Lloyd's Rep. 454, 460.

die forum-non-conveniens-Doktrin im Rahmen des EuGVÜ kein Platz. Dafür nannte er drei Gründe. Erstens ergäben sich aus dem Text keine Hinweise darauf, daß ein Ermessen zur Aussetzung von Verfahren aufgrund von forum non conveniens bestünde.[8] Zweitens stehe der Schlosser-Bericht einer Anwendung der forum-non-conveniens-Lehre im Rahmen des EuGVÜ ablehnend gegenüber.[9] Und drittens beeinträchtige sie die Einheitlichkeit bei der Anwendung des Abkommens und unterlaufe so dessen Harmonisierungszweck.[10]

Die Ratio aus Berisford lautet also: Im Rahmen des EuGVÜ ist kein Platz für die Anwendung der forum-non-conveniens-Doktrin. Im konkreten Fall lag das alternative Forum in einem Drittstaat. Die Urteilsbegründung unterscheidet aber nicht zwischen Fällen mit dem alternativen Forum in einem Vertragsstaat und solchen mit dem alternativen Forum in einem Drittstaat. Deshalb kann man wohl – auch aus dem a-fortiori-Gedanken heraus – annehmen, daß die forum-non-conveniens-Lehre danach auch ausgeschlossen werden soll, wenn das alternative Forum in einem Vertragsstaat liegt.

B. Die Entscheidung in Arkwright[11]

I. Ausgangsposition

In Arkwright ging es um Streitigkeiten aus Rückversicherungsverträgen. Die Klägerin war eine US-amerikanische Gesellschaft. Sämtliche Beklagten akzeptierten, daß sie ihren „Wohnsitz" im Sinne von Artikel 2 EuGVÜ in England hatten.[12] Die Artikel 7 bis 12 EuGVÜ fanden keine Anwendung, weil es sich um Rückversicherungssachen handelte.[13]

---

[8] Im Gegensatz dazu treffe das EuGVÜ für Fälle von lis alibi pendens ausdrückliche Regelungen in Artikel 21 bis 23, vgl. S. & W. Berisford Plc. and NGI International Precious Metals Inc. v. New Hampshire Insurance Co. [1990] 1 Lloyd's Rep. 454, 462.

[9] S. & W. Berisford Plc. and NGI International Precious Metals Inc. v. New Hampshire Insurance Co. [1990] 1 Lloyd's Rep. 454, 462; der *Schlosser*-Bericht ist – wie auch der *Jenard*-Bericht – in Sect. 3(3) des CJJA 1982 ausdrücklich als Auslegungshilfe anerkannt.

[10] S. & W. Berisford Plc. and NGI International Precious Metals Inc. v. New Hampshire Insurance Co. [1990] 1 Lloyd's Rep. 454, 462 f.

[11] Arkwright Mutual Insurance Co. v. Bryanston Insurance Co. Ltd. and Others [1990] 2 Lloyd's Rep. 70.

[12] Arkwright Mutual Insurance Co. v. Bryanston Insurance Co. Ltd. and Others [1990] 2 Lloyd's Rep. 70, 72.

[13] Arkwright Mutual Insurance Co. v. Bryanston Insurance Co. Ltd. and Others [1990] 2 Lloyd's Rep. 70, 73; vgl. *Schlosser*-Bericht, Rdnr. 151 und MünchKommZPO/*Gottwald*, Art. 7 EuGVÜ, Rdnr. 3.

Arkwright war ein lis-alibi-pendens-Fall. Zunächst hatten die (im englischen Verfahren) Beklagten in New York als „Präventivschlag" eine negative Feststellungsklage bezüglich ihrer Haftung erhoben. Kurz darauf erhoben die Kläger in England Klage auf Zahlung. In diesem Verfahren beantragten die Beklagten die Aussetzung unter Berufung auf die lis-alibi-pendens-Doktrin als Unterfall der forum-non-conveniens-Lehre. Weil das alternative Forum (New York) nicht in einem Vertragsstaat gelegen war, fanden die Artikel 21 bis 23 EuGVÜ keine Anwendung. Es stellte sich also die Frage, ob die englischen Gerichte ihr Ermessen im Rahmen der lis-alibi-pendens-Lehre in solchen Fällen weiter ausüben können, in denen sich die Zuständigkeit auf das EuGVÜ stützt, das parallel angerufene Gericht aber in einem Nichtvertragsstaat liegt.

II. Rechtliche Bewertung durch das Gericht

Potter J. stimmte der Entscheidung in Berisford grundsätzlich zu und entschied, für Fälle einer lis pendens in einem Drittstaat müsse das gleiche gelten wie für forum-non-conveniens-Fälle ohne Parallelverfahren. Das englische Gericht habe demnach kein Ermessen, eine nach dem EuGVÜ gegebene Zuständigkeit abzulehnen.[14]

C. Das Verfahren in Re Harrods (Buenos Aires)[15]

I. Ausgangslage

In Harrods ging es um eine gesellschaftsrechtliche Streitigkeit zwischen zwei schweizerischen Gesellschaften. Die eine war die Mehrheitsaktionärin, die andere die Minderheitsaktionärin einer Tochtergesellschaft, die (nach dem gemäß den Artikeln 2, 53(1) EuGVÜ anwendbaren englischen Recht) ihren „Wohnsitz" (bzw. Sitz) in England hatte.[16] Die Geschäfte dieser Tochtergesellschaft wurden ausschließlich in Argentinien betrieben; dort befand sich auch ihr Hauptverwaltungssitz. Die Antragsgegner beantragten die Aussetzung des Verfahrens mit der Begründung, daß ein argen-

---

[14] Arkwright Mutual Insurance Co. v. Bryanston Insurance Co. Ltd. and Others [1990] 2 Lloyd's Rep. 70, 78 f.

[15] In re Harrods (Buenos Aires) Ltd. [1991] 3 W.L.R. 397 (C.A.).

[16] Dies ergab sich aus Sect. 42(3)(a) des CJJA 1982, weil die Gesellschaft in England gegründet und registriert worden war.

tinisches Gericht das am besten geeignete Forum für das Verfahren sei. Im Rechtsmittelverfahren vor dem Court of Appeal wurde die Frage aufgeworfen, ob die Anwendung der forum-non-conveniens-Doktrin auch in Fällen ausgeschlossen sei, in denen das alternative Forum in einem Drittstaat liege und keine Verbindungen zu einem Vertragsstaat bestünden. Das Gericht trennte diese Frage vom Hauptsacheverfahren ab und beantwortete sie in einer separaten Entscheidung.

II. Die rechtliche Bewertung durch den Court of Appeal

In einer einstimmigen Entscheidung, in der Dillon L.J. und Bingham L.J. eine Begründung abgaben, setzte sich der Court of Appeal über die beiden erstinstanzlichen Entscheidungen in Berisford und Arkwright hinweg und entschied, daß den englischen Gerichten auch im Falle ihrer Zuständigkeit aufgrund des EuGVÜ die Anwendung der forum-non-conveniens-Doktrin weiterhin offenstehe, wenn das alternative Forum in einem Drittstaat liege.[17] Im konkreten Fall gab es kein Parallelverfahren vor diesem Gericht, aber aus den Ausführungen von Dillon L.J. geht klar hervor, daß er die Doktrin gerade auch in Fällen einer lis pendens in einem Drittstaat aufrechterhalten wollte.[18]

Drei Argumente, die bereits die Beklagten in Arkwright vorgetragen hatten, waren für die Richter des Court of Appeal entscheidend. Erstens sei der zwingende Charakter von Artikel 2 EuGVÜ nicht so stark, daß er die Anwendung nationalen Rechts im Verhältnis zu Drittstaaten ganz ausschließen könne. Denn auch die Derogationswirkung einer ausschließlichen Gerichtsstandsvereinbarung zugunsten eines Gerichts in einem Drittstaat werde vom EuGVÜ (Artikel 17) nicht erfaßt und müsse nach nationalem Recht bewertet werden.[19]

Zweitens stünde die Anwendung der forum-non-conveniens-Doktrin im Verhältnis zu Drittstaaten dem Hauptzweck des EuGVÜ, wie er sich aus der Präambel in Verbindung mit Artikel 220 des EWG-Vertrages ergebe, nicht entgegen. Dieser sei nämlich, die Anerkennung von in Vertragsstaaten er-

---

[17] In re Harrods (Buenos Aires) Ltd. [1991] 3 W.L.R. 397 (C.A.), auf S. 417 (per Dillon L.J.) und S. 422 (per Bingham L.J.).

[18] Vgl. In re Harrods (Buenos Aires) Ltd. [1991] 3 W.L.R. 397, 417 (C.A.), wo er die Nichtbeachtung einer lis pendens in einem Drittstaat als "contrary to the aims of the Convention" betrachtet.

[19] Dies ist wohl richtig, obwohl es sich nicht aus dem Wortlaut von Artikel 17 EuGVÜ ergibt, vgl. MünchKommZPO/*Gottwald*, Art. 17 EuGVÜ, Rdnrn. 3, 11.

gangenen Entscheidungen zu vereinfachen.[20] Gebe aber das englische Gericht gewissermaßen das Verfahren an einen Nichtvertragsstaat ab, so gebe es kein Urteil aus einem Vertragsstaat, das anerkannt werden könnte.[21]

Eng damit verbunden ist das dritte Argument, das besagt, das EuGVÜ sei nur ein Abkommen zwischen den Vertragsstaaten und könne nicht Wirkungen im Verhältnis zu Drittstaaten entfalten.[22]

Eine Vorlage an den EuGH zur Vorabentscheidung hielten die Richter nicht für erforderlich.[23] Auf den konkreten Fall bezogen setzte der Court of Appeal das Verfahren aufgrund einer Mehrheitsentscheidung aus, weil die argentinischen Gerichte das forum conveniens für die Streitsache seien.[24]

III. Der Vorlagebeschluß des House of Lords

Am 13.7.1992 beschloß das House of Lords, die Problematik dem Europäischen Gerichtshof zur Vorabentscheidung vorzulegen.[25] Die genaue Formulierung der die hier besprochene Problematik betreffenden Fragen lautete folgendermaßen:

"(1) Does the 1968 Convention apply to govern the jurisdiction of the courts of a Contracting State in circumstances where there is no conflict of jurisdiction with the courts of any other Contracting State?

(2)(a) Is it inconsistent with the 1968 Convention where jurisdiction is founded on Article 2 for a court of a Contracting State to exercise a discretionary power available under its national law to decline to hear proceedings brought against a person domiciled in that State in favour of the courts of a non-Contracting State, if the jurisdiction of no other Contracting State under the 1968 Convention is in question?

---

[20] Die Tatsache, daß die Präambel auch von der Vereinheitlichung der Regeln über die internationale Zuständigkeit spricht, wurde von Bingham L.J. mit der Aussage abgetan, diese Passage diene nur dazu, klarzustellen, daß es nicht um die Zuständigkeit in Fällen ohne internationalen Bezug gehe.

[21] In re Harrods (Buenos Aires) Ltd. [1991] 3 W.L.R. 397, 416 (C.A.).

[22] In re Harrods (Buenos Aires) Ltd. [1991] 3 W.L.R. 397 (C.A.), auf S. 422 (per Bingham L.J., unter Verweis auf *Collins* (1990) 106 L.Q.R. 535) und S. 417 (per Dillon L.J.).

[23] In re Harrods (Buenos Aires) Ltd. [1991] 3 W.L.R. 397, 422 (C.A.).

[24] In re Harrods (Buenos Aires) Ltd. [1991] 3 W.L.R. 397, 442 (C.A.).

[25] Vgl. House of Lords, Vorlagebeschluß vom 13.7.1992 (Ladenimor S.A. (Appellants) v. Intercomfinanz S.A. (Respondents), IPRax 1992, 373, m. Anm. *Jayme* IPRax 1992, 357. Beim EuGH ist die Sache unter dem Aktenzeichen C-314/92 (Ladenimor S.A./Intercomfinanz S.A.) eingetragen.

(b) If so, is it inconsistent in all circumstances or only in some and, if so, which?

(3)(a) If the answer to question (2) is Yes, is it nevertheless consistent with the 1968 Convention for the court of a Contracting State to exercise a discretionary power available under its national law to decline to hear those proceedings against a co-defendant not domiciled in a Contracting State in favour of the courts of a non-Contracting State?

(b) Is the answer to question (3) different if the effect of declining to hear those proceedings against a co-defendant is that the claim against the domiciled defendant would have to be dismissed?"[26]

Außerdem fragte das House of Lords weiter, ob das betreffende gesellschaftsrechtliche Verfahren unter Artikel 16 Nr. 2 EuGVÜ falle.[27] Diese Problematik hat mit dem hier behandelten Thema nichts zu tun. Interessant könnte aber wieder die sechste Vorlagefrage werden:

"(6) If the answer to question (4) or (5) is Yes, is it nevertheless consistent with the 1968 Convention for a court of the Contracting State in which the company has its seat to exercise a discretionary power available under its national law to decline to hear such proceedings in favour of the courts of a non-Contracting State, if the jurisdiction of no other Contracting State under the 1968 Convention is in question?"

---

[26] Zit. nach IPRax 1992, 373.

[27] Vorlagefragen (4) und (5), vgl. IPRax 1992, 373.

7. Kapitel

Entwurf eines Lösungsmodells

A. Einführung

Dieses Kapitel verfolgt einen doppelten Zweck. Einerseits will es die Argumente darstellen, die für und gegen eine Anwendung der forum-non-conveniens-Doktrin vorgebracht werden. Auf der anderen Seite will es diese Argumente kritisch bewerten und zu einem Lösungsmodell für die einzelnen Fallgruppen entwickeln. Dazu werden im Rahmen dieser Einführung zunächst die Annahmen dargestellt, auf denen das Modell fußt. Danach wird kurz auf die Unterscheidung des EuGVÜ zwischen Beklagten mit Wohnsitz in einem Vertragsstaat und Beklagten ohne Wohnsitz in einem Vertragsstaat hingewiesen. Und schließlich werden die verschiedenen Fallgruppen genannt, die dann in den weiteren Abschnitten dieses Kapitels eingehend behandelt werden.

Ausgangspunkt aller Betrachtungen ist für die englischen Gerichte Section 49 des Civil Jurisdiction and Judgments Act 1982, die besagt:

"Nothing in this Act shall prevent any court in the United Kingdom from staying, sisting, striking out or dismissing any proceedings before it, on the ground of *forum non conveniens* or otherwise, where to do so is not inconsistent with the 1968 Convention."

Die forum-non-conveniens-Doktrin kann also insoweit angewendet werden, als dies nicht mit dem EuGVÜ unvereinbar ist. Sehr hilfreich ist das – wie gesagt – nicht.[1] Die entscheidende Frage bleibt offen: Wann ist die Anwendung der forum-non-conveniens-Lehre unvereinbar mit dem EuGVÜ?

I. Annahmen, auf denen das Modell fußt

Bei allen in dieser Arbeit behandelten Fallkonstellationen wird angenommen, daß der sachliche und der zeitliche Anwendungsbereich des EuGVÜ eröffnet sind. Es soll sich also um eine Zivil- oder Handelssache im Sinne von Artikel 1 EuGVÜ handeln, und keiner der Ausschlußgründe in Artikel 1(1)(2) und Artikel 1(2) EuGVÜ soll gegeben sein. Auch geht es nur um solche Klagen, die nach dem Inkrafttreten des Übereinkommens erhoben

---

[1] Siehe o. 6. Kap., A, II.

worden sind (Artikel 54(1) EuGVÜ). Wenn man für die Anwendbarkeit des EuGVÜ zusätzlich verlangt, daß ein internationaler Bezug vorliegt,[2] so soll auch vom Vorliegen dieser Voraussetzung ausgegangen werden. Die Frage dagegen, ob dieser internationale Bezug gerade zu einem Vertragsstaat bestehen muß,[3] wird in einigen der Fallgruppen relevant und soll dort behandelt werden. Zugrundegelegt wird der Text des Abkommens in der durch das 2. Beitrittsübereinkommen vom 25.10.1982[4] geänderten Fassung.

II. Die Bedeutung des Wohnsitzes des Beklagten

1. Unterscheidung nach dem Wohnsitz des Beklagten

Das EuGVÜ trifft in den Artikeln 2(1) und 3(1) einerseits und in Artikel 4 andererseits die grundlegende Unterscheidung hinsichtlich seiner Anwendbarkeit. Hat der Beklagte einen Wohnsitz in einem Vertragsstaat, so finden die Bestimmungen des EuGVÜ Anwendung, und er kann nur vor Gerichten verklagt werden, die nach Artikel 2 EuGVÜ oder nach den Artikeln 5 bis 18 EuGVÜ international zuständig sind. Der Rückgriff auf Zuständigkeitsgründe des nationalen Rechts ist dann ausgeschlossen (Artikel 3 EuGVÜ).[5]

Hat der Beklagte dagegen keinen Wohnsitz in einem Vertragsstaat, so richtet sich die Zuständigkeit eines jeden Gerichts grundsätzlich nach seinem nationalen Recht (Artikel 4(1) EuGVÜ). Allerdings gibt es zu diesem Grundsatz Ausnahmen: Artikel 4(1) EuGVÜ erwähnt ausdrücklich Artikel 16 EuGVÜ, der ohne Rücksicht auf den Wohnsitz des Beklagten anzuwenden ist. Außerdem ist weithin anerkannt, daß Gerichtsstandsvereinbarungen für Gerichte eines Vertragsstaats nach den entsprechenden Regeln des EuGVÜ in Artikel 17, 12 und 15 EuGVÜ behandelt werden, unabhängig davon, ob der Beklagte seinen Wohnsitz in einem Vertragsstaat

---

[2] Vgl. zu dieser Streitfrage *Kropholler*, Hdb. IZVR I, Kap. III, Rdnr. 637.

[3] Vgl. dazu *Kropholler*, EuZPR, vor Art. 2, Rdnr. 8.

[4] Zum Beitrittsabkommen selbst vgl. *Jayme/Hausmann*, Nr. 74. Der dadurch geänderte und hier zugrundegelegte Vertragstext des EuGVÜ ist abgedruckt bei *Jayme/Hausmann*, Nr. 71.

[5] Vgl. *Kropholler*, Hdb. IZVR I, Kap. III, Rdnrn. 616 ff. Streitig ist, ob dies auch dann gilt, wenn der Sachverhalt keine Berührungspunkte zu anderen Vertragsstaaten als dem Gerichtsstaat aufweist. Diese Problematik wird unten genauer erläutert, 7. Kap., B, III, 1, a.

hat.[6] Strittig ist dagegen, ob auch Artikel 18 EuGVÜ (Zuständigkeit kraft rügeloser Einlassung) unabhängig vom Wohnsitz des Beklagten Anwendung findet.[7] Eine Ansicht bejaht dies, verlangt aber, daß wenigstens *eine* der Parteien einen Wohnsitz in einem Vertragsstaat hat.[8] Nach anderer Ansicht findet Artikel 18 EuGVÜ nur Anwendung, wenn der *Beklagte* einen Wohnsitz in einem Vertragsstaat hat.[9] Danach wäre Artikel 18 EuGVÜ keine Ausnahme zu Artikel 4(1) EuGVÜ und bei Beklagten ohne Wohnsitz in einem Vertragsstaat fände nationales Recht Anwendung. Die Einzelheiten sind hier nicht von Bedeutung.

Hier geht es nur darum, klarzustellen, daß – trotz gewisser Ausnahmen – die Antwort auf die Frage, ob der Beklagte einen Wohnsitz in einem der Vertragsstaaten hat, grundsätzlich entscheidend dafür ist, ob die Zuständigkeitsgründe des EuGVÜ eingreifen oder ob das autonome Recht des jeweils angerufenen Gerichts Anwendung findet.

2. Bestimmung des Wohnsitzes des Beklagten

Nach welchen Regeln man die Frage nach dem Wohnsitz einer Partei zu beantworten hat, bestimmen die Artikel 52 und 53 EuGVÜ. Für natürliche Personen gilt nach Artikel 52(1) EuGVÜ grundsätzlich, daß das Gericht die Frage nach einem möglichen Wohnsitz im Gerichtsstaat nach seinem autonomen Recht beantwortet. Ist danach kein Wohnsitz im Gerichtsstaat gegeben, so ist für die Frage, ob ein Wohnsitz in einem anderen Vertragsstaat besteht, gemäß Artikel 52(2) EuGVÜ das Recht dieses Vertragsstaats anzuwenden. Es gibt also keine EuGVÜ-einheitliche Bestimmung des Wohnsitzbegriffs.[10] Im Vereinigten Königreich war die englische Übersetzung des Wortes Wohnsitz ("domicile") im Internationalen Privatrecht als Spezialbegriff mit einer Bedeutung besetzt, die vom Wohnsitzbegriff der kontinental-

---

[6] MünchKommZPO/*Gottwald*, Art. 4 EuGVÜ, Rdnr. 2 und Art. 17, Rdnr. 5; *Kropholler*, EuZPR, Art. 4, Rdnr. 2.

[7] Vgl. dazu allgemein *Kropholler*, EuZPR, Art. 18, Rdnrn. 2 ff.

[8] MünchKommZPO/*Gottwald*, Art. 18 EuGVÜ, Rdnr. 4; *Kropholler*, EuZPR, Art. 18, Rdnrn. 2 f.

[9] *Samtleben*, NJW 1974, 1590, 1594; *Stein/Jonas/Leipold*, § 39, Rdnr. 15; so wohl auch der *Jenard*-Bericht zu Art. 18.

[10] Dies kann zu Kompetenzkonflikten führen, die jedoch nicht Gegenstand dieser Arbeit sind. Vgl. *Basedow*, Hdb. IZVR I, Kap. II, Rdnrn. 29 f.; MünchKommZPO/*Gottwald*, Art. 52 EuGVÜ, Rdnrn. 6 ff.

europäischen Staaten erheblich abwich.[11] Deshalb enthält Section 41 des Civil Jurisdiction and Judgments Act 1982 eine speziell für das EuGVÜ geltende Definition des Begriffs domicile. Danach ist erforderlich, daß eine Person ihren Aufenthalt im Vereinigten Königreich hat und daß dieser auf eine substantielle Verbindung mit dem Vereinigten Königreich schließen läßt.[12] Letztere wird bei mindestens dreimonatigem Aufenthalt vermutet.[13]

Für Gesellschaften und Juristische Personen bestimmt Artikel 53(1)(1) EuGVÜ, daß an die Stelle des Wohnsitzes der Sitz tritt. Wo sich dieser Sitz befindet, hat wiederum jedes angerufene Gericht nach seinem nationalen Kollisionsrecht zu bestimmen (Artikel 53(1)(2) EuGVÜ). Auch hier bestehen wiederum erhebliche Unterschiede zwischen den Vertragsstaaten. Für England brachte Section 42 des Civil Jurisdiction and Judgments Act 1982 eine im Rahmen des EuGVÜ anzuwendende Definition. Danach gibt es zwei Fälle, in denen eine Gesellschaft oder eine Juristische Person ihren Sitz im Vereinigten Königreich hat: entweder sie wurde dort gegründet und hat dort ihren registrierten Sitz[14] oder sie hat dort ihren effektiven Verwaltungssitz.[15]

Hier nicht näher zu behandelnde Sonderregeln enthalten Artikel 52(3) EuGVÜ für den Wohnsitz abhängiger Personen (z.B. Minderjährige), Artikel 53(2) für den Sitz von "trusts" und Artikel 8(2) bzw. 13(2) EuGVÜ für Versicherungs- bzw. Verbrauchersachen.

Zu beachten ist schließlich, daß das EuGVÜ nur Regeln darüber enthält, ob eine Partei ihren Wohnsitz in einem Vertragsstaat hat. Darüber, wie zu bestimmen ist, ob ein Wohnsitz in einem Drittstaat besteht, enthält es keine Regeln. Dies ist auch nicht nötig, weil es für die Unterscheidung in Artikel 4 EuGVÜ nur darauf ankommt, ob ein Wohnsitz in einem Vertragsstaat besteht. Ist dies nicht der Fall, so findet (vorbehaltlich der oben genannten Ausnahmen) das autonome Recht des angerufenen Gerichts Anwendung, unabhängig davon, ob ein Drittstaat nach seinem Recht einen Wohnsitz des Beklagten auf seinem Gebiet annehmen würde.[16]

---

[11] Vgl. *Cheshire/North*, S. 284; *Schlosser*-Bericht, Rdnr. 73.

[12] CJJA 1982, Sect. 41(2).

[13] CJJA 1982, Sect. 41(6).

[14] CJJA 1982, Sect. 42(3)(a).

[15] CJJA 1982, Sect. 42(3)(b).

[16] MünchKommZPO/*Gottwald*, Art. 53 EuGVÜ, Rdnr. 10.

III. Die Fallgruppen

Unter Berücksichtigung der eben beschriebenen Unterscheidung nach dem Wohnsitz des Beklagten ergeben sich folgende Fallgruppen, die behandelt werden müssen:

1. Einfache forum-non-conveniens-Fälle (also ohne ausländische Rechtshängigkeit)

   a) Alternatives Gericht in einem *Vertragsstaat*
      aa) Beklagter mit Wohnsitz in einem Vertragsstaat
      bb) Beklagter ohne Wohnsitz in einem Vertragsstaat

   b) Alternatives Gericht in einem *Drittstaat*
      aa) Beklagter mit Wohnsitz in einem Vertragsstaat
      bb) Beklagter ohne Wohnsitz in einem Vertragsstaat

2. Fälle einer lis alibi pendens (ausländische Rechtshängigkeit)

   a) Konflikt zwischen Gerichten in *Vertragsstaaten*
      aa) Beklagter mit Wohnsitz in einem Vertragsstaat
      bb) Beklagter ohne Wohnsitz in einem Vertragsstaat

   b) Konflikt mit Gerichten in *Drittstaaten*
      aa) Beklagter mit Wohnsitz in einem Vertragsstaat
      bb) Beklagter ohne Wohnsitz in einem Vertragsstaat

B. Einfache forum-non-conveniens-Fälle (ohne Rechtshängigkeit im Ausland)

I. Fallgruppe 1: Alternatives Forum in einem Vertragsstaat und Beklagter mit Wohnsitz in einem Vertragsstaat

Ein Beispiel für diese Fallgruppe ist folgende Situation: Ein Beklagter mit Wohnsitz in England beantragt die Aussetzung des Verfahrens vor dem nach Artikel 2 EuGVÜ zuständigen englischen Gericht mit der Begründung, ein französisches Gericht sei das forum conveniens. Ebenso fällt es unter diese Fallgruppe, wenn der Beklagte anstatt eines Wohnsitzes in England einen Wohnsitz in Deutschland hat, die englischen Gerichte aber aufgrund einer der speziellen Zuständigkeitsgründe der Artikel 5 bis 18 EuGVÜ zuständig wären.

Im Ergebnis besteht weithin Einigkeit, daß bei dieser Fallkonstellation die Anwendung der forum-non-conveniens-Doktrin mit dem EuGVÜ unvereinbar wäre und deshalb nicht gestattet ist.[17] Die Argumente, die in diesem Zusammenhang eine Rolle spielen, werden im folgenden diskutiert.

1. Argumente gegen die Anwendung der forum-non-conveniens-Lehre

Die Argumente, die bei der hier behandelten Fallgruppe gegen die Anwendung von forum non conveniens sprechen, lassen sich mit drei Schlagworten zusammenfassen: Europäischer Justizgewährungsanspruch, Bedürfnis nach Rechtssicherheit und Einheitlichkeit bei der Anwendung des EuGVÜ und Verzicht auf exorbitante Zuständigkeitsgründe im EuGVÜ.

a) Der europäische Justizgewährungsanspruch

aa) Begriff und Inhalt

Der Begriff „europäischer Justizgewährungsanspruch"[18] steht für die These, daß ein Vertragsstaat, dessen Gerichten das EuGVÜ in einem konkreten Fall die internationale Zuständigkeit eröffnet,[19] auch verpflichtet ist, diese Zuständigkeit in Anspruch zu nehmen und ein Gericht zur Entscheidung des Rechtsstreits bereitzustellen. Es steht danach nicht im Ermessen des Vertragsstaats, bzw. des angerufenen Gerichts in diesem Staat, die internationale Zuständigkeit abzulehnen.[20]

Diese Verpflichtung besteht nach allgemeiner Ansicht nicht nur gegenüber den anderen Vertragsstaaten, sondern auch gegenüber den Parteien (insbesondere natürlich gegenüber dem Kläger).[21] Deshalb kann man auch von einem „Anspruch" der Parteien auf Justizgewährung sprechen.[22]

---

[17] *Kropholler*, EuZPR, vor Art. 2, Rdnrn. 2, 19; MünchKommZPO/*Gottwald*, Art. 2 EuGVÜ, Rdnr. 9; *Geimer/Schütze/Geimer*, Bd. 1/1, S. 283; *Geimer*, WM 1976, 830, 835 f.; *Kohler*, (1985) 34 I.C.L.Q. 563, 571; *Droz*, R.C.D.I.P. 1987, 251, 258 f.

[18] Zum Begriff vgl. *Geimer*, FS Kralik, S. 179, 180.

[19] Ob sich die Zuständigkeit auf Artikel 2 EuGVÜ gründet oder auf einen der anderen Zuständigkeitsgründe des EuGVÜ, ist gleichgültig.

[20] *Geimer*, WM 1976, 830, 835 f.; *Geimer/Schütze/Geimer*, Bd. 1/1, S. 283; MünchKommZPO/*Gottwald*, Art. 2 EuGVÜ, Rdnr. 9; *Kropholler*, EuZPR, vor Art. 2, Rdnr. 2.

[21] *Geimer*, WM 1976, 830, 835 f.; *Geimer/Schütze/Geimer*, Bd. 1/1, S. 285.

[22] MünchKommZPO/*Gottwald*, Art. 2 EuGVÜ, Rdnr. 9.

Darauf, ob die betreffende Partei Angehörige eines Vertragsstaats ist oder ob sie in einem solchen ihren Wohnsitz hat, kommt es nicht an.[23] Inhaltlich richtet sich der Anspruch, wie gesagt, darauf, daß ein Gericht zur Sachentscheidung zur Verfügung gestellt wird.[24] Ist dies geschehen, so ist dem Anspruch Genüge getan. Das bedeutet, daß die Regelung der Zulässigkeitsvoraussetzungen für die Klage dem autonomen Recht überlassen bleibt. Dies darf allerdings nicht dazu führen, daß auf dem Umweg über die Zulässigkeitsvoraussetzungen die internationale Zuständigkeit abgelehnt wird; denn dann würde der Justizgewährungsanspruch leerlaufen.[25]

Ausnahmen von diesem Justizgewährungsgrundsatz werden nur anerkannt, soweit es das EuGVÜ selbst den Vertragsstaaten überläßt, ob sie die eröffnete Zuständigkeit in Anspruch nehmen wollen, wie zum Beispiel in Artikel 5 Nr. 4 oder in Artikel 10(1) EuGVÜ.[26]

Was die Annahme eines solchen uneingeschränkten[27] Justizgewährungsanspruchs für die Frage nach der Anwendbarkeit der forum-non-conveniens-Doktrin bedeutet, ist klar: Im Verhältnis zu Gerichten anderer Vertragsstaaten[28] ist kein Platz mehr für eine Aussetzung des Verfahrens aufgrund von forum non conveniens. Einem Gericht einen Ermessensspielraum darüber zuzugestehen, ob es seine nach dem EuGVÜ gegebene internationale Zuständigkeit in Anspruch nehmen soll oder nicht, stünde in krassem Widerspruch zu dem eben beschriebenen Grundsatz eines Anspruchs der Parteien auf Justizgewährung.[29]

Die Existenz eines solchen Justizgewährungsanspruchs im Rahmen des EuGVÜ wird von vielen Autoren bejaht.[30] Auch in der englischen Literatur

---

[23] *Geimer/Schütze/Geimer,* Bd. 1/I, S. 286.

[24] *Geimer/Schütze/Geimer,* Bd. 1/I, S. 286.

[25] *Geimer/Schütze/Geimer,* Bd. 1/I, S. 287 f.; vgl. die ähnliche Unterscheidung des EuGH in Hagen/Zeehaghe, Slg. 1990-I, 1845, 1865 f., Rdnrn. 19 ff.; mehr zu dieser Problematik unten bei der Frage, ob eine Aussetzung aufgrund von Rechtsmißbrauchs möglich ist, vgl. 7. Kap., B, I, 3, a.

[26] Vgl. im einzelnen *Geimer/Schütze/Geimer,* Bd. 1/I, S. 284 f.

[27] MünchKommZPO/*Gottwald,* Art. 2 EuGVÜ, Rdnr. 9.

[28] Und nur darum geht es in dieser Fallgruppe.

[29] MünchKommZPO/*Gottwald,* Art. 2 EuGVÜ, Rdnr. 9; *Kropholler,* EuZPR, vor Art. 2, Rdnr. 19; *ders.,* Hdb. IZVR I, Kap. III, Rdnr. 642; *Geimer,* WM 1976, 836; *Geimer/Schütze/Geimer,* Bd. 1/I, S. 287 f.; *Kohler,* FS Matscher, S. 251, 253.

[30] Vgl. *Kropholler,* EuZPR, vor Art. 2, Rdnr. 2; *ders.,* Hdb. IZVR I, Kap. III, Rdnr. 642; MünchKommZPO/*Gottwald,* Art. 2 EuGVÜ, Rdnr. 9; *Geimer/Schütze/Geimer,* Bd. 1/I, S. 287 f.; *Bülow/Böckstiegel/Schlafen,* vor Titel II EuGVÜ, Anm. 3; *Geimer,* WM 1976, 836; *ders.,* FS Stiefel, S. 219, 231 f.; *Kohler,* (1985) 34 I.C.L.Q. 563, 571; *Droz,* R.C.D.I.P. 1987, 251, 258 f.

und Rechtsprechung findet sich eine ähnliche These. Dort wird oft gesagt, die Zuständigkeitsgründe des EuGVÜ hätten zwingenden ("mandatory" oder "compulsory") Charakter.[31] Wie sich die Existenz dieses Anspruchs begründen läßt, ist Gegenstand des nächsten Abschnitts.

bb) Herleitung und Begründung des Justizgewährungsanspruchs

Gründe für die Existenz des Justizgewährungsanspruchs lassen sich aus vier verschiedenen Blickwinkeln anführen.

Bereits der *Wortlaut* des Abkommens spricht dafür, daß dem jeweils angerufenen Gericht kein Ermessen mehr darüber zusteht, ob es die vom EuGVÜ zugewiesene internationale Zuständigkeit annehmen will.[32] Artikel 2 EuGVÜ spricht davon, daß Personen mit Wohnsitz in einem Vertragsstaat (grundsätzlich) vor den Gerichten dieses Staates zu verklagen „sind". Artikel 5 EuGVÜ, der (als Ausnahme zu Artikel 2) spezielle Gerichtsstände für Beklagte mit Wohnsitz in einem Vertragsstaat eröffnet, sagt: (eine solche Person) „kann in einem anderen Vertragsstaat verklagt werden". Die Verwendung des Wortes „kann" bedeutet dabei nur, daß es sich um eine im Belieben des Klägers stehende Möglichkeit handelt, nicht aber, daß die Inanspruchnahme der Zuständigkeit ins Belieben des Gerichts gestellt ist. Wäre letzteres gewollt gewesen, hätte man sagen müssen: „kann eine Zuständigkeit bestehen".

Auch aus der *Systematik* lassen sich Argumente für die Existenz eines Justizgewährungsanspruchs ableiten. Sie gründen sich auf das Protokoll vom 27.9.1968. Artikel V dieses Protokolls bestimmt beispielsweise, daß die für Gewährleistungs- oder Interventionsklagen vorgesehenen Zuständigkeiten in Artikel 6 Nr. 2 EuGVÜ und Artikel 10 EuGVÜ in der Bundesrepublik Deutschland nicht geltend gemacht werden können. Ein derartiger Vorbehalt wäre unnötig, wenn die Zuständigkeitsgründe des EuGVÜ von vornherein nicht verpflichtend gegenüber den Vertragsstaaten und ihren Gerichten wären.[33] Also kann aus der Existenz des Vorbehalts nur geschlossen werden, daß die Vertragsstaaten im Grundsatz davon ausgingen, daß die

---

[31] Vgl. *O'Malley/Layton*, Rdnr. 1.37; *Lasok/Stone*, S. 281; S. & W. Berisford Plc. and NGI International Precious Metals Inc. v. New Hampshire Insurance Co. [1990] 1 Lloyd's Rep. 454, 462; ebenso *Droz*, Compétence judiciaire, Rdnr. 51; ablehnend jedoch *Fentiman*, (1993) 26 Cornell Int. L.J., 59, 76 f., s. dazu unten 7. Kap., B, III, 4, c.

[32] Vgl. *Geimer*, WM 1976, 830, 835; *Geimer/Schütze/Geimer*, Bd. 1/I, S. 283.

[33] *Geimer*, WM 1976, 830, 835; *Geimer/Schütze/Geimer*, Bd. 1/I, S. 283 f.

Eröffnung einer Zuständigkeit durch das EuGVÜ die Vertragsstaaten dazu verpflichte, diese anzunehmen und ein Gericht bereitzustellen.[34]

Die *historische* Auslegung läßt ebenfalls den Schluß zu, daß die Vertragsstaaten die Zuständigkeitsgründe des Abkommens als zwingend betrachteten. Im Schlosser-Bericht heißt es, die kontinentaleuropäischen Vertragsstaaten hätten anläßlich des Beitritts des Vereinigten Königreichs klargemacht, daß ihrer Ansicht nach eine Verpflichtung bestehe, eröffnete Zuständigkeiten auch in Anspruch zu nehmen.[35]

Als *teleologisches* Argument wird häufig angeführt, daß die Anwendung der forum-non-conveniens-Lehre zu negativen Kompetenzkonflikten[36] führen könne, während es eine der grundlegenden Zielsetzungen des EuGVÜ gewesen sei, solche Situationen auszuschließen.[37] Dieses Argument muß aber genauer betrachtet werden.

Richtig ist sicherlich, daß es eines der Anliegen des EuGVÜ war, negative Kompetenzkonflikte zu vermeiden. Eine der wesentlichen Neuerungen des EuGVÜ war ja, daß es sich nicht – wie die herkömmlichen Anerkennungs- und Vollstreckungsverträge – damit begnügte, die internationale Anerkennungszuständigkeit zu regeln, sondern auch eine Regelung der internationalen Entscheidungszuständigkeit traf.[38] Diese Entscheidungszuständigkeit regelte es so, daß für jeden Fall, in dem es Anwendung findet (nämlich bei Wohnsitz des Beklagten in einem Vertragsstaat) grundsätzlich auch ein zuständiges Gericht zur Verfügung steht (nämlich an eben diesem Wohnsitz). Indem also das EuGVÜ gerade jenes Kriterium, das seine Anwendbarkeit begründet, zum Anknüpfungspunkt für die allgemeine Zuständigkeit macht, bringt es zum Ausdruck, daß es negative Kompetenzkonflikte vermeiden will.[39]

---

[34] Die gleiche Schlußfolgerung kann auch aus dem Vorbehalt in Art. I des Protokolls vom 27.9.1968 (*Jayme/Hausmann*, Anhang zu Nr. 71) zugunsten von Personen mit Wohnsitz in Luxemburg gezogen werden.

[35] *Schlosser*-Bericht, Rdnr. 78.

[36] Als negativen Kompetenzkonflikt bezeichnet man eine Situation, in der sich für ein konkretes Verfahren kein Gericht findet, das sich für zuständig erklärt, vgl. *Schack*, IZVR, Rdnr. 395.

[37] *Geimer*, WM 1976, 830, 835; *Geimer/Schütze/Geimer*, Bd. 1/I, S. 284 (dort allerdings als Argument aus dem Systemgedanken bezeichnet); *Schlosser*-Bericht, Rdnr. 78; *Kohler*, FS Matscher, S. 251, 253.

[38] MünchKommZPO/*Gottwald*, Art. 1 EuGVÜ, Rdnr. 2; *Geimer*, FS Kralik, S. 179, 180.

[39] Die Tatsache, daß aufgrund der Überlassung der Bestimmung des Wohnsitzbegriffs an das autonome Recht (Art. 52 EuGVÜ) in der Praxis doch solche negativen Kompetenzkonflikte auftreten können (vgl. *Basedow*, Hdb. IZVR I, Kap. II, Rdnr. 29), scheint mir eher ein von den Verfassern nicht erkanntes Problem zu sein, das es nicht rechtfertigt, zu bezweifeln, daß die grundsätzliche Zielsetzung des EuGVÜ auf die Vermeidung von negativen Kompetenzkonflikten gerichtet ist.

Fraglich ist aber, ob die Anwendung der englischen forum-non-conveniens-Doktrin wirklich zu negativen Kompetenzkonflikten führen könnte. Zwei Situationen, in denen diese Möglichkeit bestünde, sind denkbar. Zum einen der Fall, daß die englischen Gerichte aufgrund von Artikel 2 EuGVÜ zuständig sind und in anderen Vertragsstaaten keine Zuständigkeiten aufgrund der Artikel 5 bis 18 EuGVÜ bestehen.[40] Setzen hier die englischen Gerichte das Verfahren aufgrund der forum-non-conveniens-Lehre aus, gibt es in keinem Vertragsstaat ein zuständiges Gericht. Darauf könnte man nun antworten, daß dieser Fall praktisch nicht auftreten könne, weil nach der englischen Lehre die Grundvoraussetzung für einen stay sei, daß der Beklagte die Existenz eines alternativen, *zuständigen* Gerichts nachweise.[41] Dieses Gegenargument beruht aber auf einem falschen Ansatzpunkt. Es taugt zwar dazu, nachzuweisen, daß im konkreten Fall des – derzeitigen – englischen Rechts die Gefahr eines negativen Kompetenzkonflikts gering wäre. Darum geht es aber nicht. Entscheidend muß vielmehr sein, ob die Gewährung eines solchen Ermessensspielraums für die Gerichte abstrakt, also unabhängig von dem im konkreten Fall anzuwendenden Recht, geeignet ist, derartige Kompetenzkonflikte zu verursachen. Denn andere Rechtsordnungen, die möglicherweise eine forum-non-conveniens-Doktrin entwickeln, könnten weniger Wert auf den Nachweis der Zuständigkeit des alternativen Forums legen, und schon läge ein Zuständigkeitsvakuum im Bereich des Möglichen. Wollte man nun aber in jedem Einzelfall feststellen, inwieweit negative Kompetenzkonflikte aufgrund der jeweiligen Doktrin möglich sind, würde dies zu unerträglicher Rechtsunsicherheit führen. Es bleibt also dabei: Abstrakt betrachtet würde die Zulassung der Anwendung der forum-non-conveniens-Doktrin die Gefahr negativer Kompetenzkonflikte mit sich bringen.

Die andere Überlegung, aufgrund derer sich die Gefahr eines negativen Kompetenzkonflikts ergeben könnte, ist folgende: Nach englischem Recht bleibt ein Gericht, das einen stay ausgesprochen hat, "seised"; das heißt, das Verfahren wird weiter als anhängig betrachtet.[42] Erhebt der Kläger nun seine Klage vor dem alternativen Gericht in einem anderen Vertragsstaat, so könnte Artikel 21 EuGVÜ zur Anwendung kommen, was zur Folge hätte, daß sich das alternative Gericht nach Artikel 21(1) EuGVÜ für unzuständig zu erklären hätte und kein Forum für die Klage zur Verfügung stünde. Aller-

---

[40] Vgl. *Geimer*, WM 1976, 830, 835; *Kohler*, FS Matscher, S. 251, 257 f.

[41] Spiliada Maritime Corporation v. Cansulex Ltd. [1987] 1 A.C. 460 (H.L.). Sollte das alternative Gericht sich nachträglich als unzuständig herausstellen, würde das Gericht wohl den stay aufheben und das englische Verfahren fortsetzen.

[42] Vgl. *Briggs*, (1991) 107 L.Q.R. 180, 181.

dings könnte man diese mißliche Lage wohl durch einen Rückgriff auf den Rechtsgedanken des Artikels 21(2) EuGVÜ vermeiden. Diese Vorschrift ermöglicht es dem später angerufenen Gericht, das Verfahren nicht als unzulässig abzuweisen, sondern nur auszusetzen, wenn die Zuständigkeit des ersten Gerichts bestritten ist. Die Folge davon ist, daß das zweite Gericht das Verfahren wieder aufnehmen kann, falls sich das zuerst angerufene Gericht für unzuständig erklärt. Zweck dieser Regelung ist es also gerade, negative Kompetenzkonflikte zu vermeiden.[43] Aus diesem Rechtsgedanken könnte man nun folgern, daß die Aussetzung des englischen Verfahrens aufgrund von forum non conveniens einer Unzuständigkeitserklärung des englischen Gerichts gleichstehe. Dies würde dazu führen, daß das später angerufene Gericht das Verfahren nicht als unzulässig abweisen, sondern zunächst nur aussetzen müßte und sich für zuständig erklären könnte, sobald der stay des englischen Verfahrens rechtskräftig geworden ist.[44] Aus dieser Fallgestaltung resultierende negative Kompetenzkonflikte können also wohl ausgeschlossen werden.[45]

Fazit: In der ersten der beschriebenen Fallgestaltungen besteht abstrakt immer die Gefahr, daß aus der Anwendung der forum-non-conveniens-Doktrin negative Kompetenzkonflikte entstehen. Solche Konflikte wollte das EuGVÜ aber gerade vermeiden. Deshalb spricht auch die teleologische Auslegung dafür, den Zuständigkeitsgründen des Abkommens zwingenden Charakter zuzumessen, mit der Folge, daß die Parteien einen uneingeschränkten Justizgewährungsanspruch haben.

cc) Zusammenfassung

Sowohl Argumente aus dem Wortlaut des Abkommens als auch historische, systematische und teleologische Erwägungen sprechen dafür, daß die Zuständigkeitsgründe des EuGVÜ den Parteien einen uneingeschränkten Justizgewährungsanspruch geben, der darauf gerichtet ist, daß der zuständige Vertragsstaat ein Gericht zur Sachentscheidung bereitstellt. Mit diesem Justizgewährungsanspruch wäre die Anwendung der forum-non-conveniens-Doktrin unvereinbar.

---

[43] *Kropholler*, EuZPR, Art. 21, Rdnr. 16.

[44] Aus dem Wortlaut des Art. 21 in der Fassung des 2. Beitrittsabkommens vom 25.10.1982 (*Jayme/Hausmann*, Nrn. 71, 74) ergibt sich diese Möglichkeit zwar nicht zwingend, aber ausgeschlossen wird sie durch den Wortlaut auch nicht. Die Neufassung von Artikel 21 im 3. Beitrittsabkommen vom 26.5.1989 (*Jayme/Hausmann*, Nrn. 75a, 75) beeinträchtigt diese Möglichkeit nicht.

[45] Vgl. *Briggs*, (1991) Lloyd's M.C.L.Q. 10, 13 f.

b) Bedürfnis nach Rechtssicherheit und Einheitlichkeit

aa) Rechtssicherheit

Ein weiteres Argument, das gegen die Anwendbarkeit der forum-non-conveniens-Lehre im Rahmen des EuGVÜ vorgebracht wird, ist, daß die Anwendung dieser Lehre zu Rechtsunsicherheit führe und damit gegen eines der Grundanliegen des EuGVÜ verstoße.[46]

Klar ist, daß die Schaffung von Rechtssicherheit hinsichtlich der internationalen Zuständigkeit eines der Hauptanliegen des EuGVÜ ist. Dafür finden sich in Rechtsprechung[47] und Literatur[48] zahlreiche Aussagen. Klar ist auch, daß die Anwendung einer forum-non-conveniens-Doktrin erhebliche Rechtsunsicherheit zur Folge hat.[49] In Anbetracht der im 4. Kapitel untersuchten Anwendungspraxis mögen drei Fragen genügen, um dies zu belegen: Welche Faktoren darf das Gericht überhaupt in Betracht ziehen? Welches Gewicht sollen die einzelnen Faktoren haben? Und wie wird der Prozeß der Abwägung der Faktoren untereinander im konkreten Fall ausgehen?

bb) Einheitlichkeit bei Auslegung und Anwendung des EuGVÜ

Gegen die Anwendbarkeit von forum-non-conveniens spricht auch, daß nur wenige Vertragsstaaten eine derartige Lehre kennen.[50] Ließe man ihre Anwendung durch die Gerichte grundsätzlich zu, so würde das zu unterschiedlichen Ergebnissen führen, je nachdem, in welchem Vertragsstaat gerade geklagt würde.[51] Dies wäre ein Verstoß gegen ein anderes Grundprinzip des EuGVÜ, nämlich gegen das Gebot der Einheitlichkeit bei der Anwendung des EuGVÜ, welches besagt, daß die Gleichheit der sich für

---

[46] Vgl. *Kropholler*, EuZPR, vor Art. 2, Rdnr. 19 m.w.N.; *Gaudemet-Tallon*, R.C.D.I.P. 1991, 491, 520; *Kohler*, FS Matscher, S. 251.

[47] Vgl. EuGH (Duijnstee/Goderbauer), Slg. 1988, 3663, 3674, Rdnr. 13 (Grundsatz der Rechtssicherheit innerhalb der Gemeinschaftsrechtsordnung); ebenso GA Lenz zu EuGH (Hagen/Zeehaghe), Slg. 1990-I, 1845, 1855.

[48] *Jenard*-Bericht, S. 15; *Schlosser*-Bericht, Rdnr. 78; *Kropholler*, EuZPR, vor Art. 2, Rdnr. 19; *Gaudemet-Tallon*, R.C.D.I.P. 1991, 491, 520.

[49] *Kropholler*, Hdb. IZVR I, Kap. III, Rdnr. 209.

[50] Wohl nur das Vereinigte Königreich, Irland (*Schlosser*-Bericht, Rdnrn. 76 f.) und – in beschränktem Umfang – die Niederlande (*Verheul*, (1986) 35 I.C.L.Q. 413, 417 f.).

[51] *Gaudemet-Tallon*, R.C.D.I.P. 1991, 491, 520 f.

die betroffenen Personen aus dem Abkommen ergebenden Rechte und Pflichten sichergestellt sein muß, und zwar unabhängig davon, wie die jeweiligen nationalen Rechtsordnungen beschaffen sein mögen.[52]

c) Charakter der Zuständigkeitsgründe des EuGVÜ

aa) Verzicht auf exorbitante Gerichtsstände

Ein weiteres Argument, das gegen die Anwendbarkeit der forum-non-conveniens-Doktrin vorgebracht wird, ist, daß diese eine Reaktion auf die transient-presence-rule des Common Law sei, also ein (notwendiges) Korrektiv zu einem exorbitanten Gerichtsstand.[53] Das EuGVÜ schließe für Beklagte mit Wohnsitz in einem Vertragsstaat exorbitante Zuständigkeiten in Artikel 3 aber ausdrücklich aus. Also entfalle das Bedürfnis für eine Korrektur durch forum non conveniens und damit auch die Rechtfertigung für die Anwendung der Doktrin.[54]

Diesem Gedankengang kann man im Ergebnis zustimmen. Allerdings sollte man im Auge behalten, daß – wie sich bei der Analyse der gerichtlichen Praxis gezeigt hat – die Fälle, in denen die Doktrin tatsächlich auf exorbitante Gerichtsstände angewendet wird, selten sind. Richtig ist jedoch, daß eine forum-non-conveniens-Lehre, wenn man sie überhaupt akzeptiert, auf jeden Fall nur dann gerechtfertigt sein kann, wenn sie dazu dient, exorbitante Gerichtsstände auszuschließen. Weil diese in unserer Fallgruppe (Beklagter mit Wohnsitz in einem Vertragsstaat) aufgrund von Artikel 3 EuGVÜ ausgeschlossen sind, fehlt es an der einzigen möglicherweise akzeptablen Rechtfertigung für die Anwendung der forum-non-conveniens-Doktrin.

bb) Die Gerichtsstände des EuGVÜ als „vertypte" Formen von forum conveniens

Der eben genannte Gedankengang läßt sich weiterspinnen. Die Zuständigkeitsgründe des EuGVÜ zeichnen sich dadurch aus, daß sie eine ver-

---

[52] EuGH (Duijnstee/Goderbauer), Slg. 1988, 3663, 3674, Rdnr. 13; GA Mayras zu EuGH (De Wolf/Cox), Slg. 1976, 1759, 1775.

[53] *Lagarde*, Recueil des Cours 1986-I, 9, 154; *Kohler*, Diskussionsbeitrag in *Jayme*, Gesamteuropa, S. 217.

[54] *Gaudemet-Tallon*, R.C.D.I.P. 1991, 491, 523 f.; *Kohler*, Diskussionsbeitrag in *Jayme*, Gesamteuropa, S. 217; *ders.*, (1985) 34 I.C.L.Q. 563, 573.

hältnismäßig enge Verbindung von Sachverhalt und Forum verlangen. Die Faktoren, die zur Bestimmung dieser Verbindung herangezogen werden, ähneln zum Teil denjenigen Faktoren, die im Rahmen der forum-non-conveniens-Doktrin eine Rolle spielen. Beispiele sind die Berücksichtigung des Erfüllungsorts in Artikel 5 Nr. 1 EuGVÜ oder das Abstellen auf den locus delicti in Artikel 5 Nr. 3 EuGVÜ. Deshalb läßt es sich vertreten, davon zu sprechen, das EuGVÜ berücksichtige forum-non-conveniens-Gesichtspunkte sowieso, nur eben in „vertypter" Form.[55] Nach dieser These wäre also jeder Gerichtsstand, den das EuGVÜ für einen Beklagten mit Wohnsitz in einem Vertragsstaat eröffnet, per se ein forum conveniens[56] und für eine forum-non-conveniens-Doktrin gäbe es kein Bedürfnis mehr. Soweit das EuGVÜ dem Kläger in einem konkreten Fall mehrere Gerichtsstände zur Wahl stellt (und ihm so das "forum shopping" ermöglicht), müßte das als vom EuGVÜ bewußt gewollt hingenommen werden und könnte nicht mit der forum-non-conveniens-Doktrin korrigiert werden.[57]

Aus dem Charakter der Zuständigkeitsgründe des EuGVÜ ergibt sich also jedenfalls, daß für die Anwendung einer forum-non-conveniens-Doktrin kein Bedürfnis besteht.

d) Zusammenfassung

Die Annahme eines europäischen Justizgewährungsanspruchs, die auf Rechtssicherheit und Einheitlichkeit gerichtete Zielsetzung des EuGVÜ und der Charakter seiner Zuständigkeitsnormen sprechen also dafür, daß für eine forum-non-conveniens-Doktrin im Rahmen des EuGVÜ[58] kein Platz ist.[59]

Als nächstes stellt sich die Frage, ob die Argumente, die *für* eine Anwendung der forum-non-conveniens-Lehre vorgebracht werden, gewichtig genug sind, um ein anderes Ergebnis zu rechtfertigen.

---

[55] *Spellenberg*, JA 1978, 57, 60; *Kohler*, FS Matscher, S. 251, 261 f.; für die Zuständigkeitsgründe der ZPO *Kropholler*, Hdb. IZVR I, Kap. III, Rdnr. 208; *Schlosser*, IPRax 1983, 285.

[56] *Duintjer Tebbens*, Diskussionsbeitrag in *Jayme*, Gesamteuropa, S. 213 f.

[57] MünchKommZPO/*Gottwald*, Art. 1 EuGVÜ, Rdnr. 5.

[58] Immer mit Bezug auf die hier behandelte Fallgruppe (Beklagter mit Wohnsitz in Vertragsstaat und alternatives Gericht in Vertragsstaat).

[59] Dies ist auch die weit überwiegende Ansicht in der Literatur, vgl. für viele MünchKommZPO/*Gottwald*, Art. 1 EuGVÜ, Rdnr. 5 und Art. 2 EuGVÜ, Rdnr. 9; *Kropholler*, EuZPR, vor Art. 2, Rdnr. 19; *Geimer/Schütze/Geimer*, Bd. 1/I, S. 287; *O'Malley/Layton*, Rdnrn. 1.37 f.; *Kaye*, Civil Jurisdiction, S. 1244; GA Capotorti zu EuGH (Bier/Mines de Potasse d'Alsace), Slg. 1976, 1735, 1756 f.

2. *Argumente für die Anwendung der forum-non-conveniens-Doktrin*

Zwei Ansätze müssen in diesem Zusammenhang unterschieden werden: einerseits diejenigen Gesichtspunkte, die die Argumente der herrschenden Meinung widerlegen sollen; und andererseits diejenigen Gründe, die positiv für eine Anwendung von forum non conveniens auch im Verhältnis von Gerichten in Vertragsstaaten sprechen.

a) Argumente, die die gegen die Anwendbarkeit von forum non conveniens vorgebrachten Punkte entkräften sollen

aa) Gegenargumente zur Lehre vom Justizgewährungsanspruch

In Arkwright hatten die Beklagten als Argument für die Anwendbarkeit von forum non conveniens vorgebracht, Artikel 2 EuGVÜ könne nicht so zwingend sein, daß er auch die Anwendung der forum-non-conveniens-Doktrin ausschlösse, weil das EuGVÜ selbst Durchbrechungen dieses Grundsatzes vorsehe, zum Beispiel in den Artikeln 5, 6, 16, 17 oder 21 ff. EuGVÜ.[60]

Daran ist schon der Ausgangspunkt falsch. Die Lehre vom uneingeschränkten Justizgewährungsanspruch gründet sich nicht nur auf den Wortlaut des Artikels 2 EuGVÜ, sondern auch auf historische, systematische und teleologische Erwägungen.[61] Außerdem besteht dieser Anspruch in jedem Fall, in dem das EuGVÜ eine Zuständigkeit eröffnet, und nicht nur bei Zuständigkeit aufgrund von Artikel 2 EuGVÜ.[62] Abgesehen davon spricht entscheidend gegen die oben genannte These, daß die Fälle, in denen (im Verhältnis der Vertragsstaaten untereinander) Ausnahmen von Artikel 2 EuGVÜ oder anderen Zuständigkeitsgründen anerkannt sind, allesamt im EuGVÜ selbst vorgesehen sind.[63] Nur solche ausdrücklich vorgesehenen Fälle können eine Ausnahme vom grundsätzlich bestehenden Justizgewährungsanspruch rechtfertigen.[64] Für forum non conveniens findet sich aber

---

[60] Arkwright Mutual Insurance Co. v. Bryanston Insurance Co. Ltd. and Others [1990] 2 Lloyd's Rep. 70, 77.

[61] Siehe o. 7. Kap., B, I, 1, a, bb.

[62] Siehe o. 7. Kap., B, I, 1, a, aa.

[63] Art. 5 Nr. 4, Art. 10(1), Art. 10(2), Art. 12 Nr. 3, Art. 16, Art. 17, Art. 18 EuGVÜ.

[64] Vgl. *Geimer/Schütze/Geimer*, Bd. 1/I, S. 284.

keine Ausnahmenorm im EuGVÜ. Also bleibt es beim Grundsatz des Bestehens eines Justizgewährungsanspruchs.

Ein weiteres Argument, das gegen die Existenz eines Justizgewährungsanspruchs vorgebracht wird, richtet sich gegen die These, daß die Anwendung der forum-non-conveniens-Doktrin zu negativen Kompetenzkonflikten führen könne. Es wird gesagt, man könne diese Gefahr vermeiden, indem man die Gewährung eines stay davon abhängig mache, daß sich der Beklagte verpflichte, sich der Zuständigkeit des alternativen Forums zu unterwerfen.[65]

Diesem Vorschlag ist zuzugestehen, daß eine derartige Bedingung die Zahl der Fälle verringern würde, in denen es zu negativen Kompetenzkonflikten kommen könnte. Der entscheidende Schwachpunkt liegt aber darin, daß es sich um eine Lösung auf der Ebene des nationalen Rechts handelt. Daraus folgt, daß sie die abstrakte Gefahr von negativen Kompetenzkonflikten nicht völlig ausschalten kann. Denn es käme immer darauf an, ob das Gericht im konkreten Einzelfall eine derartige Bedingung aufstellt und ob dies nach seinem nationalen Recht überhaupt zulässig ist. Ziel des EuGVÜ war es aber, die Gefahr negativer Kompetenzkonflikte von vornherein und für alle Fälle zu bannen, und nicht nur dann, wenn die beteiligten nationalen Rechte mitspielen.[66]

bb) Gegenargument zur These, daß die Anwendung der forum-non-conveniens-Doktrin Rechtsunsicherheit mit sich bringen würde

Hartley behauptet, die aus der Anwendung der englischen forum-non-conveniens-Doktrin resultierende Rechtsunsicherheit wäre gering, weil ein stay ohnehin nur selten gewährt werde, nämlich dann, wenn die abwägungserheblichen Faktoren stark auf das alternative Forum hindeuteten.[67]

Dieser These kann man aus zwei Gründen nicht folgen. Zum einen wurde sie vor den Entscheidungen in The Abidin Daver[68] und Spiliada[69] aufgestellt, die die Voraussetzungen für eine Aussetzung des Verfahrens erleichtert haben. Zum anderen geht auch sie von einem falschen Ansatzpunkt aus.

---

[65] *Hartley*, S. 79.

[66] Siehe o. 7. Kap., B, I, 1, a, bb.

[67] *Hartley*, S. 79.

[68] The Abidin Daver [1984] 1 A.C. 398 (H.L.).

[69] Spiliada Maritime Corporation v. Cansulex Ltd. [1987] 1 A.C. 460 (H.L.).

Sie nimmt nämlich an, daß die Rechtssicherheit davon abhänge, wie oft die englischen Gerichte in Fällen, in denen forum non conveniens plädiert wird, auch tatsächlich einen stay gewähren. Dies ist aber nicht richtig. Die Rechtsunsicherheit rührt vielmehr daher, daß die Parteien nicht vorhersehen können, ob das Gericht sich für zuständig erklären wird oder nicht. Zielsetzung des EuGVÜ ist es, daß eben darüber Klarheit besteht und die Parteien sich auf die Zuständigkeitsgründe des EuGVÜ verlassen können.[70] Eine niedrigere „Aussetzungsquote" mag vielleicht dazu führen, daß im Ergebnis weniger Kläger in ihrem Vertrauen auf die Zuständigkeitsgründe des EuGVÜ enttäuscht werden; für die Sicherheit im Einzelfall bringt sie nichts.

Keines der Argumente, die gegen die Anwendbarkeit der forum-non-conveniens-Doktrin vorgebracht werden, ist also bisher entkräftet worden. Die nächste Frage ist jetzt, ob sich Argumente finden lassen, die die Anwendung der Doktrin positiv rechtfertigen.

b) Argumente, die positiv für die Anwendbarkeit der forum-non-conveniens-Lehre sprechen

aa) EuGVÜ nur als äußere Grenze

Eine eigenwillige These zum Grundprinzip des EuGVÜ bietet Hartley an. Danach setze das EuGVÜ nur die äußeren Grenzen fest, bis zu denen die Vertragsstaaten ihre Zuständigkeitsgründe ausdehnen können. Soweit das nationale Recht seine Zuständigkeiten restriktiver fasse, bleibe es anwendbar. Die forum-non-conveniens-Lehre führe im Ergebnis zu einer engeren Inanspruchnahme von internationaler Zuständigkeit als im EuGVÜ vorgesehen. Deshalb sei ihre Anwendung auch nicht ausgeschlossen.[71]

Diese These ist wohl nicht haltbar. Aus dem EuGVÜ selbst ergeben sich keine Hinweise dafür, daß es sich nur als „Rahmen" verstünde. Im Gegenteil, die Präambel spricht davon, die internationale Zuständigkeit der Gerichte „festzulegen". Bezeichnend ist, daß Hartley selbst keine Begründung liefern kann. Was er anbietet, ist ein Zirkelschluß: Weil es der Sinn des EuGVÜ gewesen sei, die Zuständigkeit über Beklagte mit Wohnsitz in einem Vertragsstaat zu begrenzen, stellten auch die Vorschriften der Artikel

---

[70] Vgl. *Schlosser*-Bericht, Rdnr. 78.

[71] *Hartley*, S. 79.

5 bis 18 EuGVÜ nur die äußeren Grenzen dar.[72] Abgesehen davon stünde diese These in krassem Widerspruch zur Lehre vom Justizgewährungsanspruch, die sich aus Wortlaut, Geschichte, Systematik und Zweck des EuGVÜ gut begründen läßt.[73]

bb) Forum non conveniens als wertvolles Rechtsinstitut

In Arkwright[74] hatten die Beklagten argumentiert, die forum-non-conveniens-Lehre sei ein wertvolles Rechtsinstitut, das internationale Courtoisie und Effizienz bei der Lösung von Rechtsstreitigkeiten fördere. Deshalb solle man ihre Anwendbarkeit nicht zu bereitwillig einschränken.

Dem ist zunächst entgegenzuhalten, daß es keineswegs so ist, daß die forum-non-conveniens-Doktrin in England nur Lob erhalten hätte. Sie ist vielmehr stark umstritten.[75] Daß sie in ihrer praktischen Anwendung erhebliche Probleme mit sich bringt, wurde an anderer Stelle bereits aufgezeigt.[76] Außerdem ist es durchaus vertretbar, davon auszugehen, daß ein Gerichtsstand, den das EuGVÜ eröffnet, aufgrund seiner Nähe zum Sachverhalt per se ein forum conveniens für das Verfahren ist.[77]

Eine in ihrer Berechtigung derart umstrittene These wie die von den Beklagten in Arkwright vertretene kann nicht stark genug sein, die gewichtigen Argumente, die gegen die Anwendbarkeit der forum-non-conveniens-Doktrin sprechen, zu widerlegen.

c) Zusammenfassung

Es gibt gewichtige Argumente, die dagegen sprechen, die forum-non-conveniens-Lehre im Verhältnis der Vertragsstaaten untereinander anzuwenden. Die Schlagworte lauten: Europäischer Justizgewährungsanspruch, Rechtssicherheit und nicht-exorbitanter Charakter der Zuständigkeitsgründe des EuGVÜ. Auf der anderen Seite lassen sich alle Argumente, die

---

[72] *Hartley*, S. 79.

[73] Siehe o. 7. Kap., B, I, 1, a.

[74] Arkwright Mutual Insurance Co. v. Bryanston Insurance Co. Ltd. and Others [1990] 2 Lloyd's Rep. 70, 77.

[75] Vgl. nur *Slater*, (1988) 104 L.Q.R. 554.

[76] Siehe o. 5. Kap., A.

[77] Siehe o. 7. Kap., B, I, 1, c.; *Duintjer Tebbens*, Diskussionsbeitrag in *Jayme*, Gesamteuropa, S. 213 f.; vgl. auch *Kropholler*, Hdb. IZVR I, Kap. III, Rdnr. 208.

man für die Anwendbarkeit der Doktrin vorbringen könnte, widerlegen. Die Schlußfolgerung kann also nur lauten: Im Verhältnis der Gerichte in Vertragsstaaten untereinander ist kein Platz für die Anwendung der forum-non-conveniens-Doktrin.

3. Sonderfall: Anwendung der forum-non-conveniens-Doktrin in Fällen von Rechtsmißbrauch oder fehlendem Rechtsschutzbedürfnis?

a) Die These

Collins ist der Ansicht, ein englisches Gericht sei nicht daran gehindert, ein Verfahren auszusetzen, das es als rechtsmißbräuchlich betrachte.[78] Noch weitergehend will Wahl – allerdings mit Bezug auf das deutsche internationale Prozeßrecht – die forum-non-conveniens-Lehre ohne Beschränkung auf Fälle des Rechtsmißbrauchs in der Weise anwenden, daß dem Kläger für ein Verfahren vor einem Gericht, das ein forum non conveniens sei, das internationale Rechtsschutzbedürfnis fehle, mit der Folge, daß die Klage als unzulässig abzuweisen wäre.[79]

Bei der Beantwortung der Frage, ob diese Thesen auch im Rahmen des EuGVÜ gelten können, kann man zwei Ansatzpunkte wählen. Zunächst könnte man argumentieren, das internationale Rechtsschutzbedürfnis betreffe nur die Zulässigkeit der Klage, nicht aber die Zuständigkeit des Gerichts. Das EuGVÜ regle aber nur die Zuständigkeit. Deshalb sei das Rechtsschutzbedürfnis nach nationalem Verfahrensrecht zu beurteilen. Mit dieser Argumentation ließen sich beide Thesen auch im Rahmen des EuGVÜ aufrechterhalten. Sollte sie sich als nicht haltbar erweisen, könnte man an eine allgemeine Ausnahme für Fälle von Rechtsmißbrauch und Gesetzesumgehung ähnlich der französischen Lehre von der "fraude à la loi" denken.[80]

---

[78] *Collins*, S. 46; *ders.*, (1990) 106 L.Q.R. 535, 538.

[79] *Wahl*, S. 126; zustimmend *Jayme*, StAZ 1975, 91, 93 f. Für eine begrenzte Anwendung der Doktrin in familienrechtlichen Verfahren sprechen sich zahlreiche Autoren aus: für viele *Wengler*, NJW 1959, 127, 130; *ders.*, 165 (1965) AcP 367, 368; *Jayme*, FamRZ 1972, 508; *ders.*, FS Bosch, S. 459, 466; *ders.*, IPRax 1984, 121, 124; OLG Frankfurt, IPRax 1983, 294, m. zustimmender Anm. *Schlosser*, IPRax 1993, 285; über den Bereich des Familienrechts hinausgehend *Siehr*, RabelsZ 34 (1970), 585, 629; *Jayme*, Kollisionsrecht und Bankgeschäfte, S. 30.

[80] Vgl. dazu allgemein *Audit*, Rdnrn. 230 ff.

b) Anwendbarkeit von Zulässigkeitsvoraussetzungen des nationalen Rechts neben dem EuGVÜ

Hier geht es um die Frage, ob das im nationalen Recht verankerte Institut des internationalen Rechtsschutzbedürfnisses bei Anwendbarkeit des EuGVÜ in der Form Anwendung finden kann, daß es in Fällen von forum non conveniens[81] oder Rechtsmißbrauch[82] zur Unzulässigkeit der Klage führt.

Rechtfertigen ließe sich die These von der Anwendbarkeit der forum-non-conveniens-Doktrin im Rahmen des Instituts des internationalen Rechtsschutzbedürfnisses möglicherweise mit der Entscheidung des EuGH in Hagen.[83] In dieser Entscheidung ging es unter anderem um die Frage, ob das Gericht im Falle einer Gewährleistungsklage nach Artikel 6 Nr. 2 EuGVÜ die Zulässigkeitsvoraussetzungen nach seinem nationalen Prozeßrecht beurteilen könne. Der EuGH unterschied zwischen Fragen der Zuständigkeit und Voraussetzungen der Zulässigkeit. Fragen der Zuständigkeit sollen ausschließlich nach dem EuGVÜ beurteilt werden. Die Regelung der Zulässigkeitsvoraussetzungen[84] bleibe dagegen grundsätzlich dem nationalen Prozeßrecht des angerufenen Gerichts überlassen.[85] Dazu machte der EuGH aber eine wichtige Einschränkung. Die Anwendung der nationalen Regeln über die Zulässigkeit der Klage dürfe nicht dazu führen, daß die praktische Wirksamkeit des Übereinkommens beeinträchtigt werde. Insbesondere dürfe das Gericht keine nationalen Regeln anwenden, die die Wirkung der Zuständigkeitsregeln des EuGVÜ einschränken würden.[86]

Für die Lehre vom internationalen Rechtsschutzbedürfnis bedeutet das nun folgendes: Unzweifelhaft läßt es sich vertreten, das internationale Rechtsschutzbedürfnis als Zulässigkeitsvoraussetzung zu qualifizieren, die gemäß der Entscheidung in Hagen grundsätzlich nach nationalem Recht zu

---

[81] So *Wahl*, S. 126, allerdings für das deutsche Recht. Eine entsprechende Argumentation wäre aber auch im Rahmen des EuGVÜ denkbar.

[82] So *Collins*, (1990) 106 L.Q.R. 535, 538.

[83] EuGH (Hagen/Zeehaghe), Slg. 1990-I, 1845 = IPRax 1992, 310, m. Anm. *Coester-Waltjen*, S. 290.

[84] Beispiele für solche Zulässigkeitsvoraussetzungen sind nach Ansicht von GA Lenz beispielsweise Form und Frist der Klageerhebung, s. EuGH (Hagen/Zeehaghe) Slg. 1990-I, 1845, 1857.

[85] EuGH (Hagen/Zeehaghe), Slg. 1990-I, 1845, 1865, Rdnrn. 17 ff.

[86] EuGH (Hagen/Zeehaghe), Slg. 1990-I, 1845, 1866, unter Berufung auf EuGH (Duijnstee/Goderbauer) Slg. 1988, 3663, wo das allerdings so explizit noch nicht gesagt wurde.

beurteilen ist. Scheitern wird die Anwendung der Lehre vom internationalen Rechtsschutzbedürfnis in forum-non-conveniens-Fällen aber an der vom EuGH gemachten Ausnahme. Denn Ziel der forum-non-conveniens-Doktrin ist es ja gerade, die Inanspruchnahme von Zuständigkeitsgründen einzuschränken. Damit fällt sie aber genau unter das vom EuGH genannte Beispiel einer Beeinträchtigung der praktischen Wirksamkeit des Übereinkommens.

Ein Rückgriff auf die nationale Lehre vom internationalen Rechtsschutzbedürfnis zur Versagung der Zuständigkeit aufgrund von forum non conveniens ist also im Rahmen des EuGVÜ nicht möglich, weil er die praktische Wirksamkeit des Übereinkommens beeinträchtigen würde. Dies gilt genauso in Fällen von Rechtsmißbrauch, weil es auch dabei darum geht, die Zuständigkeit zu versagen.

Die Wahlsche These vom internationalen Rechtsschutzbedürfnis ist damit für den Bereich des EuGVÜ vom Tisch.[87] Speziell für Fälle des Rechtsmißbrauchs ließe sich aber auch noch eine andere Rechtfertigung dafür denken, daß insoweit doch noch ein Ermessen des Gerichts besteht: die Annahme einer allgemeinen Ausnahme für Fälle von Gesetzesumgehung und Rechtsmißbrauch.

c) Allgemeine Ausnahme für Gesetzesumgehung und Rechtsmißbrauch im EuGVÜ?

Zunächst ist dabei unklar, in welchen Fällen man Rechtsmißbrauch annehmen will. Denkbar wären Fälle der Schikanierung des Beklagten (etwa mit dem Ziel, ihn zu einem Vergleich zu bewegen) oder Fälle der Zuständigkeitserschleichung (in denen der Kläger arglistig das Vorliegen der Zuständigkeitsvoraussetzungen herbeiführt[88]). Genaue, allgemeinverbindliche Grenzen zu ziehen, ist äußerst schwierig, und darin liegt auch die große Schwäche einer solchen fraude-à-la-loi-Ausnahme: Die daraus resultierende Rechtsunsicherheit wäre unvereinbar mit der auf die Schaffung von Rechtssicherheit gerichteten Zielsetzung des EuGVÜ.[89] Aus diesem Grund ist die Annahme einer allgemeinen Ausnahme für fraude à la loi im

---

[87] Dazu, daß sie auch im nationalen Prozeßrecht äußerst problematisch ist, vgl. *Stein/Jonas/Schumann*, Einl., Rdnr. 760; *Kropholler*, Hdb. IZVR I, Kap. III, Rdnr. 208, m.w.N. in Fn. 441.

[88] *Schack*, IZVR, Rdnr. 489.

[89] So *Kropholler*, Hdb. IZVR I, Kap. III, Rdnr. 178, für das Zuständigkeitssystem des deutschen Rechts, dessen Zielsetzungen das EuGVÜ in dieser Hinsicht entspricht.

Bereich des EuGVÜ abzulehnen. Prinzipiell ist davon auszugehen, daß dann, wenn die Voraussetzungen eines Zuständigkeitsgrundes vorliegen, die Zuständigkeit auch in Anspruch genommen werden muß.

Damit steht auch fest, daß das englische Gericht selbst in Fällen von vexation grundsätzlich nicht mehr befugt ist, eine Ermessensentscheidung über die Aussetzung des Verfahrens zu treffen. Es muß die eröffnete Zuständigkeit in Anspruch nehmen. Die Konsequenzen dieser strikten Haltung sind in der Praxis weniger einschneidend, als es zunächst den Anschein haben mag. Denn in den alten vexatious-Fällen lag die Verwerflichkeit des Verhaltens des Klägers jeweils darin, daß er eine verschwindend schwache Verbindung des Beklagten mit England ausnutzte, um diesen vor ein Gericht zu ziehen, vor dem er sich vernünftigerweise nicht verteidigen konnte.[90] Derartige, schwach begründete Zuständigkeitsgründe gibt es im EuGVÜ aber nicht.[91] Und soweit Fälle der Zuständigkeitserschleichung betroffen sind, muß man sich wohl damit abfinden, daß geschickte Kläger es verstehen, den Eintritt der Voraussetzungen eines Zuständigkeitsgrundes herbeizuführen. Dies ist unabdingbare Folge eines Systems, das feste Voraussetzungen für Zuständigkeitsgründe aufstellt. Gegebenenfalls kann eine restriktive Auslegung der Zuständigkeitsvoraussetzungen helfen.[92] Außerdem gilt natürlich, daß ein Kläger, der das Vorliegen der Voraussetzungen des Zuständigkeitsgrundes nur vortäuscht,[93] den betreffenden Zuständigkeitsgrund mangels Vorliegens der Voraussetzungen nicht in Anspruch nehmen kann.

4. Zusammenfassung zu Fallgruppe 1: Alternatives Gericht in einem Vertragsstaat und Beklagter mit Wohnsitz in einem Vertragsstaat

In dieser Fallgruppe ist die Anwendung der forum-non-conveniens-Doktrin ausgeschlossen. Dies ergibt sich aus drei Erwägungen. Erstens sind die Zuständigkeitsgründe des EuGVÜ zwingend und geben dem Kläger einen Justizgewährungsanspruch, der auf Bereitstellung eines Gerichts zur Sach-

---

[90] Vgl. In re Norton's Settlement, Norton v. Norton [1908] 1 Ch. 471 (C.A.): Beklagter mit Lebensmittelpunkt (Anwaltspraxis) in Indien – Begründung der internationalen Zuständigkeit der englischen Gerichte durch Zustellung der Klageschrift während eines vorübergehenden Aufenthalts des Beklagten in England.

[91] Jedenfalls nicht im Rahmen der hier behandelten Fallgruppe: Beklagter mit Wohnsitz in einem Vertragsstaat.

[92] Siehe o. 5. Kap., B, I, 2, d, cc.

[93] Im Gegensatz zu demjenigen, der das tatsächliche Vorliegen der Voraussetzungen herbeiführt.

entscheidung gerichtet ist. Zweitens würde die Anwendung der Doktrin zu Unsicherheit bei der Anwendung des EuGVÜ führen und so einem seiner Hauptanliegen zuwiderlaufen. Und drittens besteht bei Beklagten mit Wohnsitz in einem der Vertragsstaaten kein Bedürfnis für die Anwendung der Doktrin, weil das EuGVÜ insoweit exorbitante Gerichtsstände ausschließt.

Die für die Anwendbarkeit der Doktrin vorgebrachten Gesichtspunkte sind entweder nicht haltbar oder nicht gewichtig genug, um die eben genannten Argumente zu entkräften. Auch für eine allgemeine Ausnahme in Fällen von Rechtsmißbrauch ist im Rahmen des EuGVÜ kein Platz.

II. Fallgruppe 2: Alternatives Gericht in einem Vertragsstaat und Beklagter ohne Wohnsitz in einem Vertragsstaat

1. Grundsatz: Anwendbarkeit des autonomen Rechts (Artikel 4(1) EuGVÜ)

In Fällen, in denen der Beklagte keinen Wohnsitz in einem der Vertragsstaaten hat, bestimmt sich gemäß Artikel 4(1) EuGVÜ die internationale Zuständigkeit der Gerichte grundsätzlich nach dem autonomen Recht des angerufenen Gerichts. Fraglich ist nun, ob man daraus automatisch schließen kann, daß das Gericht auch berechtigt ist, eine forum-non-conveniens-Doktrin des autonomen Rechts anzuwenden. Denn Artikel 4(1) EuGVÜ spricht nur von der „Zuständigkeit". Die forum-non-conveniens-Doktrin betrifft aber nicht die Begründung einer Zuständigkeit, sondern deren Nichtinanspruchnahme.

In diesem Zusammenhang ist die Entscheidung des EuGH in Overseas Union[94] von Bedeutung. Dort stellte der EuGH klar, daß die Regeln über die Beachtung ausländischer Rechtshängigkeit in den Artikeln 21 ff. EuGVÜ unabhängig davon Anwendung finden, ob sich die Zuständigkeit des Gerichts aus dem EuGVÜ oder aufgrund von Artikel 4 EuGVÜ aus dem nationalen Recht des Gerichts ergibt.[95] Es stellt sich nun die Frage, ob diese Entscheidung als Ausdruck eines allgemeinen Prinzips gesehen werden

[94] EuGH (Overseas Union Insurance u.a.), Slg. 1991-I, 3317 = IPRax 1993, 34 m. Anm. *Rauscher/Gutknecht*, S. 21.

[95] EuGH (Overseas Union Insurance u.a.), Slg. 1991-I, 3317, 3347 ff., Rdnrn. 12 ff.; ebenso MünchKommZPO/*Gottwald*, Art. 4 EuGVÜ, Rdnr. 1.

kann, wonach Artikel 4(1) EuGVÜ nur die Begründung der Zuständigkeit betreffe und nicht die Verweigerung der Inanspruchnahme einer solchen Zuständigkeit. Bejahte man ein derartiges Prinzip, so hätte dies zur Folge, daß auch die Frage nach der Anwendbarkeit der forum-non-conveniens-Lehre in Fällen ohne ausländische Rechtshängigkeit dem nationalen Recht entzogen wäre und nach den Regeln des EuGVÜ zu beurteilen wäre.

Jedoch wird man eine derartige Sichtweise ablehnen müssen. Denn es bestehen zwei gravierende Unterschiede zwischen der Regelung in den Artikeln 21 bis 23 EuGVÜ einerseits und der forum-non-conveniens-Doktrin andererseits. Zum einen läßt sich aus dem Wortlaut der Artikel 21 bis 23 EuGVÜ selbst ablesen, daß das Abkommen hier eine Ausnahme vom Grundsatz des Artikel 4(1) EuGVÜ machen will. Denn diese Vorschriften verlangen als „Auslöser" für ihre Anwendbarkeit nicht den Wohnsitz des Beklagten in einem der Vertragsstaaten, sondern die Belegenheit der konkurrierenden Gerichte in verschiedenen Vertragsstaaten.[96] Zum anderen geben diese Vorschriften auch genaue Kriterien, nach denen der Konflikt aufzulösen ist (nämlich das Prioritätsprinzip). Nichts von alledem findet sich hinsichtlich der forum-non-conveniens-Doktrin. Weder enthält das EuGVÜ Normen, die die Entscheidung über eine Aussetzung des Verfahrens aufgrund von forum non conveniens vom nationalen Recht auf das EuGVÜ verlagern würden, noch gibt es Anhaltspunkte, nach welchen Kriterien eine solche Entscheidung zu erfolgen hätte. Die einzig mögliche Schlußfolgerung hieraus lautet also: Die Grundsätze, die der EuGH in Overseas Union für die Artikel 21 bis 23 EuGVÜ aufgestellt hat, sind nicht auf einfache forum-non-conveniens-Fälle ohne ausländische Rechtshängigkeit zu übertragen. Deshalb muß die Regel in Artikel 4(1) EuGVÜ so verstanden werden, daß sie nicht nur die Begründung der Zuständigkeit, sondern auch die Entscheidung über eine Aussetzung aufgrund von forum-non-conveniens dem nationalen Recht des angerufenen Gerichts überläßt.

2. Ausnahmen zum Grundsatz des Artikel 4(1) EuGVÜ

Wie bereits erwähnt,[97] gibt es zu dem in Artikel 4(1) EuGVÜ normierten Grundsatz der Maßgeblichkeit nationalen Rechts Ausnahmen. Ausdrücklich vorbehalten ist Artikel 16 EuGVÜ. Weitgehend anerkannt ist auch, daß Gerichtsstandsvereinbarungen zugunsten der Gerichte in einem Vertrags-

---

[96] Vgl. die Begründung des EuGH (Overseas Union Insurance u.a.), Slg. 1991-I, 3317, 3348 f.

[97] Siehe o. 7. Kap., A, II, 1.

staat nach dem EuGVÜ zu beurteilen sind, wenn sie die Voraussetzungen der Artikel 17, 12 und 15 EuGVÜ erfüllen, und nicht schon dann automatisch in den Bereich des nationalen Rechts fallen, wenn der Beklagte seinen Wohnsitz außerhalb eines Vertragsstaats hat.[98] Umstritten ist, ob eine ähnliche Ausnahme für Artikel 18 EuGVÜ gemacht werden soll.[99]

Die Einzelheiten sind nicht Gegenstand dieser Arbeit. Wichtig ist folgendes: Soweit sich aufgrund einer der anerkannten Ausnahmen zu Artikel 4(1) EuGVÜ die Zuständigkeit des Gerichts trotz Fehlens eines Wohnsitzes des Beklagten in einem Vertragsstaat auf das EuGVÜ stützt, kann sich auch die Frage einer Aussetzung des Verfahrens aufgrund von forum non conveniens nicht mehr nach dem nationalen Recht richten. Vielmehr gilt dann aufgrund der bei der ersten Fallgruppe genannten Erwägungen (Justizgewährungsanspruch), daß die Anwendung der forum-non-conveniens-Doktrin ausgeschlossen ist.

3. Zusammenfassung zu Fallgruppe 2: Alternatives Gericht in einem Vertragsstaat und Beklagter ohne Wohnsitz in einem Vertragsstaat

In dieser Fallgruppe gilt also: Grundsätzlich richtet sich die Zuständigkeit über den Beklagten gemäß Artikel 4(1) EuGVÜ nach dem autonomen Recht des angerufenen Gerichts. Kennt dieses Recht eine forum-non-conveniens-Doktrin, so kann das Gericht diese anwenden. Ist jedoch aufgrund einer der anerkannten Ausnahmen zu Artikel 4(1) EuGVÜ doch ein Zuständigkeitsgrund des EuGVÜ anwendbar, so ist die Anwendung der forum-non-conveniens-Doktrin aus den im Rahmen der ersten Fallgruppe angestellten Erwägungen heraus ausgeschlossen.

III. Fallgruppe 3: Alternatives Gericht in einem Drittstaat und Beklagter mit Wohnsitz in einem Vertragsstaat

Dies ist die Fallgruppe, die den Entscheidungen in Berisford[100] und Harrods[101] zugrundelag; ihre Lösung ist heftig umstritten. Ausgangspunkt für

---

[98] MünchKommZPO/*Gottwald*, Art. 4 EuGVÜ, Rdnr. 2 und Art. 17 EuGVÜ, Rdnr. 5.

[99] Vgl. *Kropholler*, EuZPR, Art. 18, Rdnrn. 2 ff.

[100] S. & W. Berisford Plc. and NGI International Precious Metals Inc. v. New Hampshire Insurance Co. [1990] 1 Lloyd's Rep. 454.

[101] In re Harrods (Buenos Aires) Ltd. [1991] 3 W.L.R. 397 (C.A.).

die folgenden Erörterungen sind die Argumente, die in Fällen, in denen das alternative Forum in einem Vertragsstaat liegt, gegen die Anwendung der forum-non-conveniens-Lehre sprechen.[102] Darauf aufbauend wird untersucht, ob diese Argumente dadurch an Bedeutung verlieren, daß das alternative Forum in einem Nichtvertragsstaat liegt.

1. Justizgewährungsanspruch auch im Verhältnis zu Nichtvertragsstaaten?

Im Verhältnis der Vertragsstaaten untereinander (also wenn das alternative Forum in einem anderen Vertragsstaat liegt) haben die Vertragsstaaten die Pflicht, eine ihnen vom EuGVÜ eingeräumte Zuständigkeit in Anspruch zu nehmen. Dieser Pflicht entspricht ein Anspruch der Parteien auf Bereitstellung eines Gerichts zur Sachentscheidung (Justizgewährungsanspruch).[103] Dieser Justizgewährungsanspruch ist der Hauptgrund dafür, daß für die Anwendung der forum-non-conveniens-Lehre im Verhältnis zu anderen Vertragsstaaten kein Platz ist. Dementsprechend ist auch in der hier behandelten Fallgruppe die entscheidende Frage, ob der Justizgewährungsanspruch auch dann besteht, wenn sich das alternative Forum in einem Drittstaat befindet.

In diesem Zusammenhang gibt es viele Stimmen, die – pauschal formuliert – so argumentieren: Das EuGVÜ regle nur das Verhältnis von Vertragsstaaten untereinander, nicht aber das Verhältnis zu Drittstaaten. Also könne auch der Justizgewährungsanspruch nicht gegeben sein, wenn es ausschließlich um das Verhältnis zu Drittstaaten gehe. Deshalb sei die forum-non-conveniens-Lehre dann anwendbar, wenn sich das alternative Forum in einem Drittstaat befinde und kein anderer Vertragsstaat betroffen sei.[104]

Betrachtet man diese These genauer, muß man zwei verschiedene Gedankengänge unterscheiden. Zum einen könnte man argumentieren, das EuGVÜ finde mangels Bezugs zu einem anderen Vertragsstaat von vornherein keine Anwendung. Dann würde sich auch die internationale Zuständigkeit nicht nach dem EuGVÜ, sondern nach dem autonomen Recht des

---

[102] Stichworte: Justizgewährungsanspruch; Rechtssicherheit und Einheitlichkeit; Charakter der Zuständigkeitsnormen des EuGVÜ; s.o. 7. Kap., B, I, 1.

[103] Siehe o. 7. Kap., B, I, 1, a.

[104] In re Harrods (Buenos Aires) Ltd. [1991] 3 W.L.R. 397, 422 (C.A.); *Collins*, (1990) 106 L.Q.R. 535, 538 f.; *Kaye*, Civil Jurisdiction, S. 1244 f.; *Schwartz*, (1991-1992) 15 Fordham Int. L.J. 174, 204 f.; *Collier*, All E.R. Annual Review 1991, 47, 52.

angerufenen Gerichts richten, und es gäbe keinen Grund, warum die englischen Gerichte nicht die forum-non-conveniens-Doktrin anwenden sollten.[105] Zum anderen könnte man vorbringen, das EuGVÜ finde in solchen Fällen zwar Anwendung auf die Begründung der internationalen Zuständigkeit, nicht aber auf die Frage, ob das Gericht ein Ermessen habe, auf die Inanspruchnahme der Zuständigkeit zu verzichten. Beide Möglichkeiten werden im folgenden erläutert.

Ein weiterer Punkt verdient dabei Beachtung. Die oben genannte These geht nicht nur davon aus, daß das alternative Forum in einem Drittstaat liegt, sondern auch davon, daß keine Berührungspunkte zu einem anderen Vertragsstaat bestehen. Noch weiter scheint der Court of Appeal in The Po[106] gegangen zu sein. In dieser Entscheidung ging er grundsätzlich davon aus, einen stay zugunsten eines Gerichts in einem Drittstaat auch dann gewähren zu können, wenn Berührungspunkte zu einem weiteren Vertragsstaat gegeben sind.[107] In dieser Arbeit wird zunächst die restriktivere Harrods-These besprochen. Denn stellt sich dabei heraus, daß schon diese nicht haltbar ist, so gilt dies erst recht für die weitergehende Ansicht aus The Po.

a) Anwendbarkeit des EuGVÜ nur bei Bezug zu einem anderen Vertragsstaat?

Hier würden die Befürworter der forum-non-conveniens-Lehre folgendermaßen argumentieren: Das EuGVÜ betreffe nur die Beziehungen der Vertragsstaaten untereinander. Also sei es nicht anwendbar, wenn kein Bezug zu einem anderen Vertragsstaat als dem Gerichtsstaat bestehe. Die internationale Zuständigkeit richte sich dann nach nationalem Recht. Deshalb sei der aus dem EuGVÜ abgeleitete Justizgewährungsanspruch nicht gegeben und die forum-non-conveniens-Doktrin bleibe anwendbar. Es handelt sich dabei letztendlich um eine teleologische Reduktion des allgemeinen Anwendungsbereichs des EuGVÜ.[108] Aus dem Charakter des EuGVÜ als Vertrag zwischen Vertragsstaaten wird als ungeschriebene Anwendungsvoraussetzung ein Bezug zu mehreren Vertragsstaaten gefordert.

---

[105] Vgl. zu diesem Zusammenhang *Gottwald*, Diskussionsbeitrag in *Jayme*, Gesamteuropa, S. 273.

[106] The Po [1991] 2 Lloyd's Rep. 206, 213 (C.A.).

[107] Vgl. dazu *North*, IPRax 1992, 183, 184.

[108] Vgl. *Geimer/Schütze/Geimer*, Bd. 1/I, S. 227 ff.

aa) Ursprung der Diskussion über eine teleologische Reduktion des Anwendungsbereichs: Artikel 17 EuGVÜ

Ausgangspunkt der Lehre von der teleologischen Reduktion des Anwendungsbereichs des EuGVÜ war Artikel 17 EuGVÜ, der Gerichtsstandsvereinbarungen betrifft.[109] Umstritten sind dabei diejenigen Fälle, in denen eine Partei ohne Wohnsitz in einem Vertragsstaat und eine Partei mit Wohnsitz in einem Vertragsstaat die Zuständigkeit der Gerichte dieses Vertragsstaats vereinbaren.

Die in Artikel 17 EuGVÜ selbst genannten Anwendungsvoraussetzungen sind in diesem Fall gegeben. Trotzdem soll nach einer Ansicht Artikel 17 EuGVÜ in diesem Fall nur dann Anwendung finden, wenn noch Berührungspunkte zu mindestens einem weiteren Vertragsstaat bestehen. Danach gibt es also für Artikel 17 EuGVÜ ein ungeschriebenes Tatbestandsmerkmal, das die Anwendbarkeit der Vorschrift in reinen Drittstaaten-Fällen ausschließt.[110] Zu der Frage, wie der Bezug zu einem weiteren Vertragsstaat festgestellt werden soll, gibt es zwei Vorschläge. Eine Möglichkeit wäre, einen derartigen Bezug dann anzunehmen, wenn forum prorogatum und forum derogatum in verschiedenen Vertragsstaaten liegen, mit anderen Worten, wenn durch die Gerichtsstandsvereinbarung eine in einem anderen Vertragsstaat nach dem EuGVÜ gegebene Zuständigkeit ausgeschlossen würde.[111] Eine andere Möglichkeit wäre, auf ein Auseinanderfallen von Wohnsitzstaat und Gerichtsstaat abzustellen und Artikel 17 EuGVÜ dann anzuwenden, wenn die Möglichkeit besteht, daß die in einem Vertragsstaat ansässige Partei aufgrund der Gerichtsstandsklausel vor den Gerichten eines anderen Vertragsstaats verklagt wird.[112] Richtigerweise müßte man es wohl genügen lassen, wenn eine der beiden Fallgruppen vorliegt, weil in beiden Fällen Berührungspunkte zu anderen Vertragsstaaten bestehen.[113]

Auf der anderen Seite gibt es aber auch gewichtige Stimmen in der Literatur, die eine teleologische Reduktion des Anwendungsbereichs des

---

[109] *Geimer/Schütze/Geimer*, Bd. I/I, S. 229, Fn. 190.

[110] *Samtleben*, NJW 1974, 1590, 1593; *Bülow/Böckstiegel/Müller*, Art. 17 EuGVÜ, Anm. II, 3, b, m.w.N.; *Stein/Jonas/Leipold*, § 38, Rdnr. 22; OLG München IPRax 1991, 46, m. ablehnender Anm. *Geimer*, S. 31.

[111] *Droz*, Compétence judiciaire, S. 119 ff., Rdnrn. 186 ff.; *Kohler*, IPRax 1983, 265, 266; *Bülow/Böckstiegel/Müller*, Artikel 17 EuGVÜ, Anm. II, 3, b.

[112] *Samtleben*, NJW 1974, 1590, 1594.

[113] So *Stein/Jonas/Leipold*, § 38, Rdnr. 22; *Bülow/Böckstiegel/Müller*, Art. 17 EuGVÜ, Anm. II, 3, b.

Artikel 17 EuGVÜ auf Fälle mit Bezug zu einem weiteren Vertragsstaat ablehnen. Nach dieser Ansicht richtet sich eine Gerichtsstandsvereinbarung immer dann nach Artikel 17 EuGVÜ, wenn die darin genannten Anwendungsvoraussetzungen vorliegen, wenn also eine Partei ihren Wohnsitz in einem Vertragsstaat hat und das prorogierte Gericht in einem Vertragsstaat liegt.[114]

Die Einzelheiten des Streits über den Anwendungsbereich von Artikel 17 EuGVÜ sind im Rahmen dieser Arbeit nicht von Bedeutung. Soweit einzelne Argumente auch für die Frage nach dem allgemeinen Anwendungsbereich oder nach der Anwendbarkeit der forum-non-conveniens-Lehre von Bedeutung sind, werden sie später erläutert.

bb) Ausdehnung der Diskussion auf den allgemeinen Anwendungsbereich des EuGVÜ

Zum allgemeinen Anwendungsbereich der Zuständigkeitsvorschriften des EuGVÜ hat sich eine ähnliche Diskussion entwickelt wie zu Artikel 17 EuGVÜ. Die Frage lautet: Ist auch hinsichtlich des allgemeinen Anwendungsbereichs des EuGVÜ eine teleologische Einschränkung angebracht, mit der Folge, daß das EuGVÜ von vornherein nicht anwendbar ist, wenn außer dem Wohnsitz des Beklagten in einem Vertragsstaat keine Berührungspunkte zu einem weiteren Vertragsstaat (sondern nur zu einem Drittstaat) bestehen?

Praktisch relevant kann die Frage nur werden, wenn sich die Zuständigkeit im konkreten Fall auf Artikel 2 EuGVÜ oder auf Artikel 16 EuGVÜ stützt. Denn alle anderen Zuständigkeitsgründe in den Artikeln 5 bis 15 EuGVÜ setzen voraus, daß der Beklagte einen Wohnsitz in einem Vertragsstaat hat, und begründen eine Zuständigkeit in einem anderen Vertragsstaat. In diesen Fällen sind deshalb zwangsläufig Berührungspunkte zu zwei Vertragsstaaten gegeben. Gründet sich die Zuständigkeit dagegen auf Artikel 2 EuGVÜ oder auf Artikel 16 EuGVÜ, so wäre es denkbar, daß nur Bezüge zu dem betreffenden Vertragsstaat bestehen. In diesem Fall käme es darauf an, ob man eine teleologische Reduktion des Anwendungsbereichs annimmt oder nicht.

---

[114] *Kropholler,* EuZPR, Art. 17, Rdnrn. 4 ff.; MünchKommZPO/*Gottwald,* Art. 17 EuGVÜ, Rdnr. 7; *Geimer/Schütze/Geimer,* Bd. 1/I, S. 229; *Zöller/Geimer,* Art. 17 EuGVÜ, Rdnr. 3; *Reithmann/Hausmann,* Rdnr. 1182; *Nagel,* Rdnr. 206; *Gottwald,* ZZP 1981, 351, 352; *Basedow,* IPRax 1985, 133, 135; *Jayme,* in *Schwind,* Europarecht, S. 97, 119 f.; *Jayme/Haack,* IPRax 1985, 323.

Prominentester Anhänger einer teleologischen Reduktion des Artikels 2 EuGVÜ ist der BGH, der in einer Entscheidung vom 12. Oktober 1989 feststellte:

„Für die internationale Zuständigkeit der deutschen Gerichte im Verhältnis zu den spanischen Gerichten ist im Unterschied zu den französischen Gerichten das EuGVÜ nicht anwendbar, weil Spanien nicht Vertragsstaat des EuGVÜ ist: maßgeblich sind insoweit die Regeln des deutschen Internationalen Prozeßrechts."[115]

In der Literatur dagegen ist die Lehre von der teleologischen Reduktion auf Ablehnung gestoßen.[116] In den folgenden beiden Abschnitten werden die Argumente diskutiert, die in diesem Zusammenhang vorgebracht werden können.

cc) Argumente für eine teleologische Reduktion

aaa) Formulierung der Präambel

In der Präambel zum EuGVÜ heißt es unter anderem: „In dem Bestreben, innerhalb der Gemeinschaft den Rechtsschutz der dort ansässigen Personen zu verstärken". Aus den Worten „innerhalb der Gemeinschaft" wird nun zum Teil gefolgert, das EuGVÜ betreffe nur die Beziehungen der Vertragsstaaten untereinander, nicht aber die Beziehungen zu Drittstaaten.[117]

Diese Argumentation ist nicht überzeugend. Denn ein allgemein gehaltener Programmsatz in der Präambel kann bei der Lösung eines speziellen Problems (wie der Anwendbarkeit des Abkommens im Verhältnis zu Drittstaaten) kein großes Gewicht haben. Außerdem ließe sich gut argumentieren, daß sich dieser Programmsatz in den jeweiligen Anwendungsvoraussetzungen der einzelnen Normen konkretisiert hat, zum Beispiel bei Artikel 2 EuGVÜ durch das Erfordernis des Wohnsitzes des Beklagten. Dann käme es nur auf die dort jeweils genannten Voraussetzungen an, und die Aussage in der Präambel hätte keinen eigenen Aussagewert mehr. Im Ergebnis läßt sich deshalb festhalten, daß das Präambel-Argument allenfalls geringes Gewicht haben kann.

---

[115] BGH IPRax 1990, 318, 319, der die Frage für Art. 16 EuGVÜ aber ausdrücklich offenläßt (S. 318); ebenso schon *Piltz*, NJW 1979, 1071, 1072; zustimmend auch *Schack*, IZVR, Rdnr. 241.

[116] *Jayme*, in *Schwind*, Europarecht, S. 97, 101 f.; *Lorenz*, IPRax 1990, 318, 319; *A.M. Nagel*, EuZW 1990, 38; *Geimer*, IPRax 1991, 31 f.; *Jayme/Kohler*, IPRax 1992, 346, 347; *Geimer/Schütze/Geimer*, Bd. 1/I, S. 229; *Kropholler*, EuZPR, vor Art. 2, Rdnr. 8.

[117] OLG München IPRax 1991, 46, 47; *Briggs*, (1991) Lloyd's M.C.L.Q. 10, 12.

bbb) Aussage des EuGH in Somafer[118]

In der Somafer-Entscheidung des EuGH findet sich folgende Aussage über den Zweck des EuGVÜ:

„Behinderungen im Rechtsverkehr und bei der Erledigung von Rechtsstreitigkeiten im Zusammenhang mit den innergemeinschaftlichen Beziehungen auf dem Gebiet des Zivil- und Handelsrechts auszuräumen".[119]

Auch diese Bezugnahme auf die innergemeinschaftlichen Beziehungen hat jedoch für die Frage nach dem allgemeinen Anwendungsbereich des EuGVÜ kaum Argumentationswert. Denn erstens handelt es sich dabei nur um ein obiter dictum in der Einleitung des Urteils; die konkrete Streitfrage bezog sich auf die Auslegung von Artikel 5 Nr. 5 EuGVÜ und hatte nichts mit der Drittstaatenproblematik zu tun. Und zweitens erweist sich die zitierte Passage bei näherem Hinsehen als nichts weiter als eine Umschreibung der Präambel mit anderen Worten. Insofern gilt auch hier das zum Präambel-Argument gesagte.

ccc) Systematische Argumente des OLG München[120]

In seiner Entscheidung zu Artikel 17 EuGVÜ hat das OLG München daraus, daß sich die Zuständigkeit über Personen ohne Wohnsitz in einem Vertragsstaat gemäß Artikel 4(1) EuGVÜ nach nationalem Recht richte, gefolgert, daß das EuGVÜ nur die Beziehungen zwischen Vertragsstaaten regeln wolle.[121]

Dies ist aber nicht richtig. Denn in solchen Fällen fehlt es eben gerade an dem im Text ausdrücklich genannten Kriterium, anhand dessen das EuGVÜ den innergemeinschaftlichen Bezug herstellt, nämlich dem Wohnsitz des Beklagten in einem Vertragsstaat. Daß das EuGVÜ keine Anwendung findet, liegt also nicht daran, daß ein ungeschriebenes Erfordernis eines innergemeinschaftlichen Bezuges nicht vorliegen würde, sondern nur daran, daß die im Abkommen selbst genannten Anwendungsvoraussetzungen nicht gegeben sind.

---

[118] EuGH (Somafer/Saar Ferngas), Slg. 1978, 2183.

[119] EuGH (Somafer/Saar Ferngas), Slg. 1978, 2183, 2191, Rdnr. 4.

[120] OLG München IPRax 1991, 46.

[121] OLG München IPRax 1991, 46, 48.

Des weiteren berief sich das OLG München darauf, daß das EuGVÜ die Zuständigkeit von Gerichten in Drittstaaten nicht regle. Auch dies deute darauf hin, daß es nur im Verhältnis der Vertragsstaaten untereinander Anwendung finden wolle.[122]

Bei der Bewertung dieses Arguments muß man unterscheiden. Soweit die (direkte) *Entscheidungs*zuständigkeit betroffen ist, ist klar, daß ein Staatsvertrag keine bindende Wirkung gegenüber Drittstaaten haben kann. Die Staaten A und B können nicht wirksam dem Staat C vorschreiben, wann er sich für zuständig zu erklären hat. Für die Frage, inwieweit dieser Staatsvertrag die Entscheidungszuständigkeit der Gerichte in den Vertragsstaaten regelt, läßt sich daraus jedoch nichts ablesen.[123]

Soweit die (indirekte) *Anerkennungs*zuständigkeit betroffen ist, wäre es möglich und praktisch durchsetzbar gewesen, eine Liste von Zuständigkeitsgründen aufzustellen, deren Inanspruchnahme durch das ausländische Gericht man für Anerkennungszwecke akzeptiert. Darauf hat das EuGVÜ in der Tat verzichtet; es regelt nur die Anerkennung von Entscheidungen von Gerichten in anderen Vertragsstaaten. Daraus folgt aber nicht zwingend der Schluß, das EuGVÜ wolle das Verhältnis zu Drittstaaten nicht regeln. Im Gegenteil: Aus der Regelung der Anerkennung durch das EuGVÜ läßt sich positiv ablesen, daß es sich *nicht* von Drittstaaten abschotten wollte. Denn das Urteil eines Gerichts aus einem anderen Vertragsstaat muß auch dann anerkannt werden, wenn der Beklagte im Ausgangsverfahren keinen Wohnsitz in einem Vertragsstaat hatte und die Zuständigkeit des Gerichts im Ursprungsstaat sich nach nationalem Recht gerichtet hatte.[124] Daraus wird wieder deutlich, daß für die ungeschriebene Anwendungsvoraussetzung eines „innergemeinschaftlichen Bezuges" im Rahmen des EuGVÜ kein Platz ist. Soweit das Abkommen Berührungspunkte zu einem oder mehreren Vertragsstaaten voraussetzt, normiert es diese in den einzelnen Vorschriften selbst.

ddd) Schutzrichtung des EuGVÜ

Als weiteres Argument für eine teleologische Reduktion des Anwendungsbereichs führte das OLG München an, daß das EuGVÜ nur Zuständigkeitsregeln aufstellen wollte, „die *zugunsten* der Vertragsstaaten einen

---

[122] OLG München, IPRax 1991, 46, 48.

[123] Vgl. *Kohler*, FS Matscher, S. 251, 256.

[124] MünchKommZPO/*Gottwald*, Art. 28 EuGVÜ, Rdnr. 3.

Schutz für den Beklagten bewirken sollten".[125] Abgesehen davon, daß unklar bleibt, was damit gemeint ist, muß man Geimer zustimmen, der klarstellt, daß der beabsichtigte Beklagtenschutz nichts mit dem Anwendungsbereich des EuGVÜ zu tun hat.[126]

eee) Artikel 55 EuGVÜ

Eines der Argumente in Harrods lautete folgendermaßen: Diejenigen Staatsverträge, die gemäß Artikel 55 EuGVÜ vom EuGVÜ verdrängt werden, seien allesamt Verträge zwischen Vertragsstaaten des EuGVÜ. Für den Fall, daß das EuGVÜ auch das Verhältnis zu Drittstaaten regeln wollte, hätte man aber, so Bingham L.J., erwarten können, daß auch das Verhältnis des EuGVÜ zu bilateralen Verträgen zwischen Vertragsstaaten und Drittstaaten geregelt würde.[127]

Bei genauerem Hinsehen entpuppt sich dieser Gedankengang jedoch als falsch. Denn bis auf eine Ausnahme (für die Artikel 58 EuGVÜ eine Sonderregelung trifft) waren alle bilateralen Verträge zwischen Vertragsstaaten des EuGVÜ und Drittstaaten reine Anerkennungsverträge, die keine Regelung der Entscheidungszuständigkeit enthielten.[128] Auf die *Anerkennung* von Entscheidungen aus Drittstaaten findet das EuGVÜ aber keine Anwendung. Deshalb war es auch nicht nötig, die Fortgeltung der Anerkennungsverträge mit Drittstaaten auszuschließen.[129] Daraus läßt sich aber nicht folgern, daß das EuGVÜ auch hinsichtlich der Regelung der *Entscheidungs*zuständigkeit keine Geltung im Verhältnis zu Drittstaaten wollte. Im Gegenteil, Artikel 58 EuGVÜ bestimmt für den einzigen Vertrag eines Vertragsstaats mit einem Drittstaat, der eine Regelung der Entscheidungszuständigkeit enthält,[130] daß dieser – ausnahmsweise und in begrenztem Umfang – von den Vorschriften des EuGVÜ nicht berührt werden soll.[131] Eine derartige Ausnahmeregel wäre aber nicht nötig gewesen, wenn das EuGVÜ die Entscheidungszuständigkeit im Verhältnis zu Drittstaaten von

---

[125] OLG München IPRax 1991, 46, 48.

[126] *Geimer*, IPRax 1991, 31, 32, Fn. 12.

[127] In re Harrods (Buenos Aires) Ltd. [1991] 3 W.L.R. 397, 421 (C.A.).

[128] Vgl. *Jenard*-Bericht, S. 59.

[129] Vgl. *Mennie*, in *Jayme*, Gesamteuropa, S. 173, 198.

[130] Es handelt sich um ein französisch-schweizerisches Abkommen vom 15.6.1869.

[131] Vgl. *Jenard*-Bericht, S. 61; zur Neuregelung dieses Punkts durch das Luganer Abkommen (*Jayme/Hausmann*, Nr. 76) vgl. MünchKommZPO/*Gottwald*, Art. 58 EuGVÜ.

vornherein nicht hätte regeln wollen. Aus Artikel 55 EuGVÜ läßt sich also auch kein Argument für eine teleologische Reduktion ableiten.

fff) Zusammenfassung

Von den für eine teleologische Reduktion des Anwendungsbereichs genannten Argumenten bleiben allein die Hinweise auf die innergemeinschaftlichen Beziehungen, die sich in der Präambel und im Somafer-Urteil des EuGH finden. Beide lassen sich aber in vertretbarer Weise entkräften, indem man annimmt, daß sich das Erfordernis des innergemeinschaftlichen Bezugs in den einzelnen Vorschriften konkretisiert. Selbst wenn man diese Gegenthese ablehnt, muß man anerkennen, daß einem so allgemein formulierten Programmsatz in der Präambel bei der Lösung spezieller Probleme kein großes Gewicht zukommen kann. Es bleibt also allenfalls ein Argument von geringer Bedeutung. Was die aus der Systematik und aus Artikel 55 EuGVÜ gewonnenen Argumente betrifft, so rechtfertigen sie eher die These, daß das EuGVÜ sich nicht komplett von Drittstaaten abschottet und die in den jeweiligen Vorschriften aufgestellten Anwendungsvoraussetzungen als abschließend betrachtet.

dd) Argumente gegen die teleologische Reduktion des Anwendungsbereichs

aaa) Wortlaut des Artikels 2 EuGVÜ

Artikel 2 EuGVÜ verlangt nicht, daß die Streitsache einen Bezug zu einem anderen Vertragsstaat aufweisen müsse. Die einzige erforderliche Verbindung zu einem Vertragsstaat ist der Wohnsitz des Beklagten in einem Vertragsstaat.[132] Hätte das EuGVÜ seine allgemeine Anwendbarkeit zusätzlich noch von einem Bezug zu einem anderen Vertragsstaat abhängig machen wollen, so hätte man erwarten können, daß es im Text konkrete Anhaltspunkte zur Auslegung eines derart schwer zu bestimmenden Begriffs geben würde. Daß es dies nicht getan hat, ist deshalb ein Hinweis darauf, daß es eine teleologische Reduktion ablehnt. Entsprechendes gilt für den Wortlaut von Artikel 16 EuGVÜ.

bbb) Historische Auslegung

In den Berichten von Jenard und Schlosser finden sich keine Anhaltspunkte für eine teleologische Reduktion des Anwendungsbereichs auf Fälle

---

[132] Vgl. *Jayme*, in *Schwind*, Europarecht, S. 97, 101; *Geimer*, IPRax 1991, 31.

mit Berührungspunkten zu mehreren Vertragsstaaten. Im Gegenteil, bestimmte Passagen sprechen gegen eine solche Reduktion, wie Geimer zutreffend ausgeführt hat.[133] So sagt der Schlosser-Bericht zur Einfügung von Artikel 12 Nr. 4 n.F. EuGVÜ,[134] der den Anwendungsbereich von Gerichtsstandsvereinbarungen gegenüber der alten Fassung erweitert hat:

„Wegen der großen Tragweite, welche die Frage der Gerichtsstandsvereinbarungen mit Versicherungsnehmern von außerhalb der Gemeinschaft für das Vereinigte Königreich hat, war es notwendig, den Grundsatz der prinzipiellen Zulässigkeit solcher Prorogationsabreden im Übereinkommen ausdrücklich zu verankern."[135]

Wenn nun ein Versicherungsnehmer aus einem Drittstaat seine dort belegenen Anlagen bei Lloyd's in London versichert, besteht aber in der Regel kein Bezug zu einem anderen Vertragsstaat. Nimmt man aber mit den Anhängern einer teleologischen Reduktion des Anwendungsbereichs an, daß in solchen Fällen nicht das EuGVÜ, sondern das nationale Recht des angerufenen Gerichts zur Anwendung komme, so wäre die Einfügung einer ausdrücklichen Ausnahmeregel in das EuGVÜ überflüssig gewesen. Trotzdem wurde Artikel 12 Nr. 4 EuGVÜ neugefaßt. Daraus läßt sich nur schließen, daß die Vertragsparteien nicht davon ausgingen, daß das EuGVÜ in reinen Drittstaaten-Fällen keine Anwendung finde.[136] Ebenso verhält es sich mit dem im Schlosser-Bericht angeführten Beispiel für den Fall einer gesetzlichen Pflichtversicherung im Sinne von Artikel 12 Nr. 4 letzter Halbsatz: deutsche Haftpflichtversicherung für das in Deutschland stationierte Auto eines schweizerischen Halters.[137] Auch hier geht der Schlosser-Bericht ohne weiteres von der Anwendbarkeit des EuGVÜ aus, obwohl kein Bezug zu einem anderen Vertragsstaat als Deutschland besteht.[138]

Aus dem Schlosser-Bericht ergibt sich also, daß die Vertragsstaaten (jedenfalls anläßlich des ersten Beitrittsübereinkommens) nicht von der Existenz einer ungeschriebenen Anwendungsvoraussetzung eines Bezuges zu mehreren Vertragsstaaten ausgingen.

---

[133] *Geimer*, IPRax 1991, 31, 34.

[134] Durch das Beitrittsübereinkommen vom 9.10.1978 (Vgl. *Jayme/Hausmann*, Nr. 73).

[135] *Schlosser*-Bericht, Rdnr. 137.

[136] Vgl. *Geimer*, IPRax 1991, 31, 34.

[137] *Schlosser*-Bericht, Rdnr. 138.

[138] Vgl. *Geimer*, IPRax 1991, 31, 34.

ccc) Systematische Argumente

Im Rahmen der Diskussion der für eine teleologische Reduktion sprechenden Argumente wurde bereits ausgeführt, daß zwei systematische Erwägungen gegen eine solche Reduktion sprechen. Zum einen die Tatsache, daß sich aus den Anerkennungsregeln[139] ergibt, daß das EuGVÜ sich nicht völlig von Drittstaaten abschotten will. Zum anderen die Regelung in Artikel 58 EuGVÜ, die überflüssig wäre, wenn das EuGVÜ in reinen Drittstaaten-Fällen von vornherein nicht anwendbar wäre.[140]

ddd) Abgrenzungsprobleme

Folgt man der Lehre von der teleologischen Reduktion, so ergibt sich als ungeschriebene Voraussetzung für die Anwendung des EuGVÜ, daß neben dem Wohnsitz des Beklagten Berührungspunkte zu einem weiteren Vertragsstaat bestehen müssen. Es stellt sich dann die Frage, anhand welcher Kriterien entschieden werden soll, ob dieser Bezug gegeben ist.

Die beiden Möglichkeiten, die bei Artikel 17 EuGVÜ für diese Abgrenzung genannt werden, passen bei der Frage nach dem allgemeinen Anwendungsbereich des Abkommens nicht. Denn sie setzen voraus, daß es eine Gerichtsstandsvereinbarung gibt, die die Zuständigkeit eines anderen Gerichts derogiert. Die jetzt behandelte These bezieht sich dagegen auf alle Situationen, in denen die Anwendbarkeit des Abkommens in Frage steht, und nicht nur auf Fälle einer Gerichtsstandsvereinbarung.

Man müßte also einen neuen Abgrenzungsmechanismus finden. Praktische Probleme würden sich dabei in zweierlei Hinsicht ergeben. Zum einen wäre fraglich, welche Arten von Berührungspunkten zu anderen Vertragsstaaten man als ausreichend betrachten müßte. Ohne Zweifel würde es wohl genügen, wenn neben der Wohnsitzzuständigkeit im Sinne von Artikel 2 EuGVÜ noch eine weitere EuGVÜ-Zuständigkeit in einem anderen Vertragsstaat gegeben wäre, zum Beispiel aufgrund von Artikel 5 EuGVÜ. Aber wie steht es mit anderen Berührungspunkten? Soll man den Wohnsitz des Klägers in einem anderen Vertragsstaat akzeptieren? Würde auch sein gewöhnlicher Aufenthalt ausreichen, vielleicht sogar ein nur vorübergehen-

---

[139] Anerkennung auch von Urteilen von Gerichten in anderen Vertragsstaaten, die mangels Wohnsitzes des Beklagten in einem Vertragsstaat aufgrund der nationalen Zuständigkeitsvorschriften ergangen sind, s.o. 7. Kap., B, III, 1, a, cc, ccc.

[140] Siehe o. 7. Kap., B, III, 1, a, cc, ccc.

der Aufenthalt? Wie steht es mit dem Abschlußort eines Vertrages oder mit dem Ort, an dem nur ein Folgeschaden eines Delikts eintritt (mit der Konsequenz, daß Artikel 5 Nr. 3 EuGVÜ nicht eingreift[141])? Die Gefahr von Rechtsunsicherheit wäre erheblich.[142] Selbst wenn es gelingen würde, einen verbindlichen und fest umrissenen Kanon von akzeptierten Verbindungspunkten zu finden, blieben erhebliche praktische Schwierigkeiten. Denn das angerufene Gericht müßte in jedem einzelnen Fall prüfen, ob irgendeiner dieser Verbindungspunkte zu irgendeinem der anderen Vertragsstaaten besteht. Dies wäre eine umständliche Prozedur, die der Zielsetzung des EuGVÜ, Klarheit über die internationale Zuständigkeit zu schaffen, zuwiderlaufen würde.[143]

eee) EuGVÜ als europäisches Einheitsrecht

Das Argument, das EuGVÜ betreffe nur die Beziehungen der Vertragsstaaten untereinander, wäre dann angebracht, wenn das EuGVÜ „im *Bilateralismus* bzw. *inter partes-Relativismus* des klassischen Völkerrechtsverkehrs steckengeblieben" wäre, wie es Geimer formuliert hat.[144]

Es spricht aber viel dafür, das EuGVÜ als „europäisches Einheitsrecht"[145] zu betrachten, das – innerhalb seines sachlichen Anwendungsbereichs – Regeln über die internationale Zuständigkeit aufstellt, die unabhängig davon zu beachten sind, ob ein Bezug zu einem anderen Vertragsstaat besteht.

Für diese Sichtweise spricht ein Vergleich mit herkömmlichen Anerkennungs- und Vollstreckungsverträgen. Diese beschränkten sich darauf, die internationale Anerkennungszuständigkeit zu regeln und die wechselseitige Anerkennung von in Vertragsstaaten ergangenen Entscheidungen zu erleichtern.[146] Soweit lediglich die wechselseitige Anerkennung betroffen ist, ist es zur Verwirklichung des Vertragszwecks ausreichend und in der

---

[141] Vgl. MünchKommZPO/*Gottwald*, Art. 5 EuGVÜ, Rdnr. 33.

[142] *Jayme*, IPRax 1992, 357 f.

[143] Vgl. *Geimer/Schütze/Geimer*, Bd. 1/I, S. 229; *Geimer*, IPRax 1991, 31, 32; *Jayme*, in *Schwind*, Europarecht, S. 97, 102; *Gaudemet-Tallon*, R.C.D.I.P. 1991, 491, 521; *Cheshire/North*, S. 333; zu den praktischen Abgrenzungsproblemen bei Artikel 17 EuGVÜ überzeugend *Basedow*, IPRax 1985, 133, 135.

[144] *Geimer*, IPRax 1991, 31, 33.

[145] *Geimer*, IPRax 1991, 31, 33.

[146] *Geimer*, FS Kralik, S. 179, 180.

Praxis einfach, die Wirkungen des Vertrages nur auf Gerichte aus Vertragsstaaten zu beschränken. Deshalb ist es bei solchen Verträgen üblich, die Wirkungen nur im Verhältnis der Vertragsstaaten untereinander eintreten zu lassen. Das EuGVÜ dagegen geht weit über einen solchen inter-partes-Anerkennungsvertrag hinaus.[147] Es geht davon aus, daß die Vereinfachung der Anerkennung von Entscheidungen im europäischen Rahmen voraussetzt, daß die Regeln über die internationale Zuständigkeit der Gerichte vereinheitlicht werden. Aus diesem Grund stellt es der europäischen „Anerkennungsordnung" (Artikel 25 bis 45 EuGVÜ) eine europäische „Zuständigkeitsordnung" (Artikel 2 bis 24 EuGVÜ) voran.[148] Dabei haben Zuständigkeitsordnung und Anerkennungsordnung gleiches Gewicht. Dies ergibt sich aus ihrer gleichberechtigten Stellung als Titel II und Titel III im Text des Abkommens.[149] Mit einer staatsvertraglichen Regelung der internationalen Zuständigkeit ist aber gewissermaßen systemimmanent die Möglichkeit verbunden, auch Fälle mit Drittstaatenbezug zu erfassen. Denn während es leicht ist, bei reinen Anerkennungsverträgen festzustellen, ob der Urteilsstaat ein Vertragsstaat ist, bereitet die Beantwortung der Frage, wann ein Sachverhalt ausschließlich Drittstaatsbezug hat, erhebliche Schwierigkeiten.[150] Daraus, daß das EuGVÜ trotzdem die internationale Zuständigkeit regelt, ohne eine Ausnahmeregel für reine Drittstaaten-Fälle zu schaffen, läßt sich schließen, daß es nicht auf solche Fälle beschränkt sein soll, in denen ein Bezug zu mehreren Vertragsstaaten besteht. Vielmehr will das EuGVÜ europäisches Einheitsrecht in dem Sinne sein, daß jedes Gericht in einem Vertragsstaat die Regeln des EuGVÜ immer dann anwenden muß, wenn sie nach ihrem Wortlaut anwendbar sind.[151] Im Ergebnis führt dies innerhalb des sachlichen und zeitlichen

---

[147] Ebenso geht es damit über den in Artikel 220 EWGV genannten Zweck der Vereinfachung der Anerkennung hinaus.

[148] Vgl. die Präambel und *Basedow*, Hdb. IZVR I, Kap. II, Rdnr. 7 m.w.N.; *Geimer*, IPRax 1991, 31, 34.

[149] Auch einzelne Aussagen des EuGH, die die Vereinheitlichung der Zuständigkeitsgründe in einem Atemzug mit der Erleichterung der Anerkennung nennen, stützen diese Sichtweise, vgl. EuGH (Duijnstee/Goderbauer), Slg. 1988, 3663, 3674, Rdnr. 12; EuGH (Hagen/Zeehaghe), Slg. 1990, 1845, 1865, Rdnr. 17; s.auch *Mennie*, in *Jayme*, Gesamteuropa, S. 173, 197. Allerdings gibt es auch andere Aussagen, die den Schwerpunkt auf die Anerkennungsregeln zu legen scheinen, vgl. EuGH (Dumez France/HeLaBa), Slg. 1990-I, 49, 80, Rdnr. 18.

[150] Siehe o. 7. Kap., III, 1, a, dd, ddd.

[151] Vgl. *Jayme*, IPRax 1992, 357; *ders.*, in *Schwind*, Europarecht, S. 97, 101; *Bernasconi/Gerber*, S.Z.I.E.R. 1993, 39, 71.

Anwendungsbereichs des EuGVÜ zu einem Europäischen Internationalen Zuständigkeitsrecht in Fällen, in denen der Beklagte einen Wohnsitz in einem Vertragsstaat hat.

Für eine solche Sichtweise spricht auch das Urteil des EuGH in Overseas Union[152], wo er es ablehnte, für Artikel 21 EuGVÜ eine ungeschriebene Anwendungsvoraussetzung aufzustellen. In diesem Verfahren hatten die Beklagten behauptet, die Anwendung des Artikel 21 EuGVÜ setze – zusätzlich zum Wortlaut der Vorschrift – voraus, daß der Beklagte seinen Wohnsitz in einem Vertragsstaat habe. Denn es sei nicht beabsichtigt gewesen, daß Parteien ohne Wohnsitz in einem Vertragsstaat von den Regeln des EuGVÜ profitieren sollten.[153] Nach dieser Ansicht wäre das EuGVÜ Ausdruck des traditionellen völkervertraglichen Begünstigungsgedankens, wonach durch einen Staatsvertrag die rechtliche Stellung der Angehörigen der anderen Vertragsstaaten derjenigen der eigenen Staatsbürger angeglichen werden soll.[154] Folgt man dieser Ansicht, dann macht es Sinn, den Anwendungsbereich eines Abkommens im Zweifel durch ungeschriebene Anwendungsvoraussetzungen, die einen größtmöglichen Bezug zu den anderen Vertragsstaaten herstellen sollen, einzuschränken. Indem der EuGH jedoch die Annahme solcher ungeschriebener Anwendungsvoraussetzungen bei Artikel 21 EuGVÜ ablehnt, bringt er zum Ausdruck, daß das EuGVÜ über die klassischen Völkerrechtsverträge hinausgeht und betont so den Vereinheitlichungsgedanken.[155]

ee) Abwägung der Argumente für und gegen eine teleologische Reduktion

Für eine teleologische Reduktion des allgemeinen Anwendungsbereichs des EuGVÜ auf Fälle mit Berührungspunkten zu mehreren Vertragsstaaten spricht also nur die Bezugnahme in der Präambel auf den Rechtsschutz „innerhalb der Gemeinschaft". Daß dieses Argument allenfalls geringes Gewicht haben kann, wurde bereits ausgeführt.[156]

---

[152] EuGH (Overseas Union Insurance u.a.), Slg. 1991-I, 3317 = IPRax 1993, 34, m. Anm. *Rauscher/Gutknecht*, S. 21.

[153] EuGH (Overseas Union Insurance u.a.), Slg. 1991-I, 3317, 3324 f.

[154] Vgl. *Rauscher/Gutknecht*, IPRax 1993, 21, 24.

[155] *Rauscher/Gutknecht*, IPRax 1993, 21, 24.

[156] Siehe o. 7. Kap., III, 1, a, cc, aaa.

Dagegen spricht zunächst einmal, daß weder der Wortlaut,[157] noch die Geschichte,[158] noch die Systematik des EuGVÜ eine derartige Einschränkung des Anwendungsbereichs rechtfertigen. Im Gegenteil, bestimmte Stellen im Schlosser-Bericht und zwei systematische Erwägungen[159] sprechen positiv dafür, daß die Zuständigkeitsordnung des Abkommens auch in reinen Drittstaaten-Fällen grundsätzlich Anwendung finden soll. Außerdem ergäben sich erhebliche praktische Probleme und Unsicherheiten bei der Bestimmung des erforderlichen Bezugs zu einem anderen Vertragsstaat.[160] Schließlich läßt sich mit guten Gründen argumentieren, daß das EuGVÜ ein europäisches Einheitsrecht der internationalen Zuständigkeit schafft, das unabhängig davon angewendet werden will, ob der konkrete Fall Beziehungen zu anderen Vertragsstaaten aufweist oder nicht.[161]

Die gegen eine teleologische Reduktion des allgemeinen Anwendungsbereichs vorgebrachten Gründe stechen das ohnehin schwache Präambel-Argument klar aus. Eine Beschränkung des allgemeinen Anwendungsbereichs der Zuständigkeitsvorschriften des EuGVÜ auf Fälle mit Bezugspunkten zu mehreren Vertragsstaaten ist also unangebracht. Die im Urteil vom 12.10.1989[162] geäußerte Ansicht des BGH ist deshalb abzulehnen.

Damit scheitert die These, nach der das EuGVÜ in Fällen, in denen mit Ausnahme des Gerichtsstaats ausschließlich Drittstaaten berührt sind, von vornherein nicht anwendbar sei (mit der Folge, daß sich die internationale Zuständigkeit nach nationalem Recht richten würde und die englischen Gerichte die forum-non-conveniens-Doktrin weiter anwenden könnten). Wenn das EuGVÜ in reinen Drittstaaten-Fällen grundsätzlich anwendbar ist, so ist zunächst einmal davon auszugehen, daß auch in solchen Fällen der Justizgewährungsanspruch prinzipiell gegeben ist, wenn das EuGVÜ eine Zuständigkeit eröffnet. Die nächste Frage, die sich stellt, ist dann, ob die Tatsache, daß im konkreten Fall keine Verbindungen zu anderen Vertragsstaaten bestehen, eine Durchbrechung des Justizgewährungsanspruchs rechtfertigen und so die Anwendung der forum-non-conveniens-Lehre ermöglichen kann.

---

[157] Siehe o. 7. Kap., III, 1, a, dd, aaa.

[158] Siehe o. 7. Kap., III, 1, a, dd, bbb.

[159] Einerseits die Tatsache, daß sich das Abkommen bei den Anerkennungsregeln nicht gegen Drittstaaten abschottet und andererseits die Regelung des Artikel 58 EuGVÜ; s.o. 7. Kap., III, 1, a, cc, ccc und dd, ccc.

[160] Siehe o. 7. Kap., III, 1, a, dd, ddd.

[161] Siehe o. 7. Kap., III, 1, a, dd, eee.

[162] BGH IPRax 1990, 318, 319.

b) Anwendbarkeit der forum-non-conveniens-Doktrin in reinen Drittstaaten-Fällen selbst wenn sich die Zuständigkeit aus dem EuGVÜ ergibt?

aa) Das Argument, das EuGVÜ regle nur das Verhältnis der Vertragsstaaten untereinander

In Harrods[163] wurde die Frage nach dem allgemeinen Anwendungsbereich des EuGVÜ nicht gestellt. Man ging davon aus, daß Artikel 2 EuGVÜ die Zuständigkeit der englischen Gerichte begründe. Erst bei der Frage, ob in reinen Drittstaaten-Fällen weiterhin Platz für die Anwendung der forum-non-conveniens-Doktrin sei, wurde gesagt, sie bleibe anwendbar, weil das EuGVÜ nur das Verhältnis der Vertragsstaaten untereinander betreffe.[164]

Genau betrachtet ist dieses Argument aber nicht stimmig. Denn wenn das EuGVÜ wirklich nur die Beziehungen der Vertragsstaaten untereinander regeln wollte, dann fände es in reinen Drittstaaten-Fällen von vornherein keine Anwendung. Das „Nur Vertragsstaaten"-Argument kann also nur bei der Bestimmung des *allgemeinen* Anwendungsbereichs herangezogen werden. Warum es in diesem Zusammenhang letztlich nicht durchgreift, wurde im vorhergehenden Abschnitt erläutert.

Die nächste Frage ist dann, ob die Vertreter dieser These andere Argumente für ihre Sichtweise anführen können. Dabei muß aber folgendes klar sein: Ausgangspunkt ist der Grundsatz, daß das EuGVÜ auch in Fällen ohne Bezug zu einem weiteren Vertragsstaat anwendbar ist. Daraus ergibt sich, daß auch der Justizgewährungsanspruch in solchen Fällen grundsätzlich gegeben ist. Nur wenn es gelänge, überzeugend zu begründen, daß aus bestimmten Gründen der Justizgewährungsanspruch ausnahmsweise nicht bestehen solle, wenn außer dem Gerichtsstaat nur Drittstaaten betroffen seien, könnte die forum-non-conveniens-Lehre weiter angewendet werden. Zwei Argumente werden vorgebracht, um eine Sonderregelung für reine Drittstaaten-Fälle zu begründen: erstens, daß der auf die Erleichterung der Anerkennung von Entscheidungen aus Vertragsstaaten gerichtete Zweck des EuGVÜ nicht beeinträchtigt werde; und zweitens die Tatsache, daß das EuGVÜ auch in anderen Fällen mit ausschließlichem Drittstaatsbezug die Lösung dem nationalen Recht überlasse.

---

[163] In re Harrods (Buenos Aires) Ltd. [1991] 3 W.L.R. 397, 411 ff. (C.A.).

[164] Ähnlich *Kaye*, Civil Jurisdiction, S. 1244 f.; *Collins* (1990) 106 L.Q.R. 535, 538 f.

bb) Keine Beeinträchtigung der auf die Erleichterung der Anerkennung gerichteten Zielsetzung des EuGVÜ?

In Harrods wurde folgendermaßen argumentiert: Zielsetzung des EuGVÜ sei – in Übereinstimmung mit dem Auftrag des Artikels 220 EWGV – die Vereinfachung der Anerkennung von Entscheidungen von Gerichten aus Vertragsstaaten gewesen. Dieser Zweck werde nicht dadurch beeinträchtigt, daß das englische Gericht das Verfahren zugunsten eines Gerichts in einem Drittstaat aussetze. Denn – anders als im Verhältnis von Vertragsstaaten untereinander – gebe es in diesem Fall keine Entscheidung eines anderen Gerichts in einem Vertragsstaat, die im Rahmen des EuGVÜ Anerkennung beanspruchen könne.[165]

An diesem Gedankengang ist richtig, daß die Entscheidung des Gerichts in einem Drittstaat nicht nach Artikel 26 EuGVÜ anerkennungsfähig wäre. Falsch ist aber der Ausgangspunkt. Denn die Erleichterung der Anerkennung von Entscheidungen aus anderen Vertragsstaaten ist nur eine von zwei Zielsetzungen des EuGVÜ. Die andere ist die Vereinheitlichung der Regeln über die internationale Zuständigkeit; sie steht gleichberechtigt neben dem Anerkennungsgedanken.[166] Die Einheitlichkeit hinsichtlich der Inanspruchnahme von internationaler Zuständigkeit leidet aber unter einer Aussetzung zugunsten eines Drittstaats in gleicher Weise wie unter einer Aussetzung zugunsten eines Vertragsstaats. Aus dem Zweck des EuGVÜ läßt sich also eine Sonderrolle für reine Drittstaaten-Fälle nicht begründen.

cc) Maßgeblichkeit des nationalen Rechts in anderen Drittstaaten-Fällen

Eines der entscheidenden Argumente in Harrods war, daß das EuGVÜ auch in anderen Situationen, in denen (mit Ausnahme des angerufenen Gerichts) nur Bezugspunkte zu Drittstaaten bestünden, die Lösung dem nationalen Recht überlasse.[167]

Hauptbeispiel für diese These sind Gerichtsstandsvereinbarungen zugunsten von Gerichten in Drittstaaten. Nach herrschender Meinung

---

[165] In re Harrods (Buenos Aires) Ltd. [1991] 3 W.L.R. 397, 416 (C.A.); so auch *Fentiman*, (1993) 26 Cornell Int. L.J. 59, 78.

[166] *Mennie*, in *Jayme*, Gesamteuropa, S. 173, 197; siehe o. 7. Kap., III, 1, a, dd, eee.

[167] In re Harrods (Buenos Aires) Ltd. [1991] 3 W.L.R. 397, 416 f. (C.A.); *Hartley*, S. 79 f.; *Collins*, (1990) 106 L.Q.R. 535, 537; *Briggs*, (1991) Lloyd's M.C.L.Q. 10, 12.

richtet sich der Derogationseffekt solcher Gerichtsstandsvereinbarungen nicht nach Artikel 17 EuGVÜ, sondern nach dem autonomen Recht des jeweils in Frage stehenden Gerichts.[168] Das bedeutet, daß ein aufgrund von Artikel 2 EuGVÜ zuständiges Gericht in Übereinstimmung mit seinem autonomen Recht die Inanspruchnahme der Zuständigkeit verweigern kann, wenn eine Gerichtsstandsvereinbarung zugunsten eines Gerichts in einem Drittstaat vorliegt. Das bedeute doch, so die These in Harrods, daß es mit dem zwingenden Charakter von Artikel 2 EuGVÜ[169] nicht so weit her sein könne. Deshalb sei es unlogisch, nicht auch für die forum-non-conveniens-Doktrin eine Ausnahme zuzulassen.[170]

Diese Ansicht verkennt aber einen entscheidenden Unterschied zwischen einer Aussetzung des Verfahrens aufgrund von forum non conveniens und der Beachtung der Derogationswirkung einer Gerichtsstandsvereinbarung. Während das EuGVÜ aus Respekt vor der freien Willensübereinstimmung der Parteien die Derogationswirkung einer Gerichtsstandsvereinbarung zugunsten eines Gerichts in einem anderen Vertragsstaat in Artikel 17 grundsätzlich anerkennt, fehlt jegliche Anerkennung einer forum-non-conveniens-Doktrin. Wenn man nun der Parteivereinbarung grundsätzlich die Durchbrechung des zwingenden Charakters der Zuständigkeitsgründe ermöglicht, dann ist es logisch gut vertretbar, dies nicht nur für Vereinbarungen zugunsten der Gerichte eines Vertragsstaats zu tun, sondern auch für solche, die zugunsten eines Gerichts in einem Drittstaat geschlossen wurden.[171] Mit anderen Worten: Das EuGVÜ akzeptiert die Vereinbarung der Parteien im Prinzip als Ausnahme zum Justizgewährungsanspruch. Die forum-non-conveniens-Lehre dagegen findet im EuGVÜ keine Stütze. Für eine Analogie ist deshalb kein Platz.[172]

In gleicher Weise wie auf Gerichtsstandsvereinbarungen zugunsten von Gerichten in Drittstaaten wird auf Fälle von Rechtshängigkeit in einem Drittstaat verwiesen. Es wird gesagt, wenn man die Behandlung von Fällen ausländischer Rechtshängigkeit in einem Drittstaat dem nationalen Recht

---

[168] *Schlosser*-Bericht, Rdnr. 176; MünchKommZPO/*Gottwald*, Art. 17 EuGVÜ, Rdnr. 11; *Kropholler*, EuZPR, Art. 17, Rdnr. 13; BGH IPRax 1990, 41, 42; **a.A.** jedoch *Geimer/Schütze/Geimer*, Bd. I/I, S. 892 ff.; *Schack*, IZVR, Rdnr. 467; *ders.*, IPRax 1990, 19, 20.

[169] Besser wäre es, sich auf den zwingenden Charakter aller Zuständigkeitsgründe des EuGVÜ zu berufen.

[170] In re Harrods (Buenos Aires) Ltd. [1991] 3 W.L.R. 397, 417 (C.A.); *Hartley*, S. 79 f.; *Collins*, (1990) 106 L.Q.R. 535, 537; *Briggs*, (1991) Lloyd's M.C.L.Q. 10, 12.

[171] Wenn auch nach den Regeln des nationalen Rechts.

[172] Ähnlich *Mennie*, in *Jayme*, Gesamteuropa, S. 173, 198; Arkwright Mutual Insurance Co. v. Bryanston Insurance Co. Ltd. and Others [1990] 2 Lloyd's Rep. 70, 79.

überlasse, müsse man dies auch für Fälle von forum non conveniens tun.[173] Daran ist zunächst schon der Ausgangspunkt zweifelhaft. Denn es ist keineswegs sicher, daß die Behandlung von solchen lis-alibi-pendens-Fällen dem nationalen Recht überlassen bleibt. Die Entscheidung in Arkwright spricht sich beispielsweise dagegen aus.[174] Genauere Ausführungen zu diesem Problemkreis folgen später.[175] Selbst wenn man aber der Meinung folgt, die in diesem Fall das autonome Recht anwenden will, spricht das gleiche Argument gegen einen Analogieschluß, das bei Gerichtsstandsvereinbarungen dagegen spricht: Für Fälle ausländischer Rechtshängigkeit sieht das EuGVÜ selbst in den Artikeln 21 bis 23 eine – wenn auch auf Gerichte in Vertragsstaaten beschränkte – Ausnahme zum Justizgewährungsanspruch vor, für forum-non-conveniens-Fälle dagegen nicht.

Auch der Hinweis auf die Behandlung von Gerichtsstandsvereinbarungen und ausländischer Rechtshängigkeit in Drittstaaten-Fällen rechtfertigt also keine Sonderrolle für forum-non-conveniens-Fälle ohne Bezug zu einem weiteren Vertragsstaat.[176] Aus den eben aufgeführten Gründen ergibt sich ferner, daß ein von Fentiman[177] vorgetragenes Argument nicht überzeugend ist. Seiner Ansicht nach hätte ein Ausschluß der forum-non-conveniens-Doktrin zwingend zur Folge, daß den englischen Gerichten die Möglichkeit genommen würde, Gerichtsstandsvereinbarungen zugunsten der Gerichte eines Nichtvertragsstaats oder anderweitige Rechtshängigkeit in einem Nichtvertragsstaat zu beachten. Dieser Schluß ist aber nicht richtig, weil diese Fallgestaltungen aus den genannten Gründen nicht mit forum-non-conveniens-Fällen vergleichbar sind.

dd) Zusammenfassung

Es gibt keine überzeugenden Gründe, warum forum-non-conveniens-Fälle ohne Bezug zu einem anderen Vertragsstaat anders behandelt werden sollten als solche mit Bezug zu einem anderen Vertragsstaat. Deshalb bleibt es auch in reinen Drittstaaten-Fällen bei dem Grundsatz, daß die Zuständigkeitsgründe des EuGVÜ zwingend sind und den Parteien einen Justizgewährungsanspruch geben.

---

[173] In re Harrods (Buenos Aires) Ltd. [1991] 3 W.L.R. 397, 417 (C.A.); *Hartley*, S. 79.

[174] Arkwright Mutual Insurance Co. v. Bryanston Insurance Co. Ltd. and Others [1990] 1 Lloyd's Rep. 70, 79.

[175] Siehe u. 7. Kap., C.

[176] Siehe auch *Kohler*, FS Matscher, S. 251, 259 f.

[177] *Fentiman*, (1993) 26 Cornell Int. L.J. 59, 78.

c) Ergebnis zum Justizgewährungsanspruch

Das EuGVÜ ist grundsätzlich auch in Fällen anwendbar, in denen keine Berührungspunkte zu anderen Vertragsstaaten als dem Gerichtsstaat gegeben sind, sondern nur Bezüge zu einem Drittstaat; eine entsprechende teleologische Reduktion des allgemeinen Anwendungsbereichs ist abzulehnen. Daraus folgt, daß der Justizgewährungsanspruch grundsätzlich auch in solchen Fällen besteht. Auch die Frage nach einer Durchbrechung des Justizgewährungsanspruchs zugunsten der forum-non-conveniens-Lehre ist in reinen Drittstaaten-Fällen nicht anders zu beantworten als in Fällen mit Bezug zu mehreren Vertragsstaaten: Eine Ausnahme ist nicht gerechtfertigt. Daraus folgt: Auch in Fällen, in denen keine Berührungspunkte zu anderen Vertragsstaaten als dem Gerichtsstaat bestehen, verhindert der Justizgewährungsanspruch eine Anwendung der forum-non-conveniens-Lehre, wenn sich die Zuständigkeit auf das EuGVÜ stützt.

Diese Begründung allein würde schon ausreichen, um die Anwendung der forum-non-conveniens-Doktrin auszuschließen. Trotzdem werden im folgenden auch noch die beiden anderen Erwägungen, die in Fällen, in denen das alternative Forum in einem Vertragsstaat liegt, gegen die Anwendbarkeit der Doktrin sprechen, im Hinblick auf ihre Gültigkeit in reinen Drittstaaten-Fällen untersucht.

2. Bedürfnis nach Rechtssicherheit und Einheitlichkeit

Bei der Untersuchung der ersten Fallgruppe war eines der Argumente, daß die Anwendung der forum-non-conveniens-Lehre zu Rechtsunsicherheit führen und so gegen eines der Hauptanliegen des EuGVÜ verstoßen würde, nämlich die Schaffung von Rechtssicherheit hinsichtlich der internationalen Zuständigkeit.[178] Daß diese Zielsetzung des EuGVÜ auch in reinen Drittstaaten-Fällen gilt, ergibt sich daraus, daß es auch in solchen Fällen grundsätzlich Anwendung findet.[179] Und die Rechtsunsicherheit, die aus der Anwendung der forum-non-conveniens-Lehre resultieren würde, wäre in Fällen, in denen das alternative Forum in einem Drittstaat liegt, noch größer als in Fällen, in denen es in einem Vertragsstaat liegt. Denn zu den systemimmanenten Unsicherheiten der Doktrin[180] kämen noch die

---

[178] Siehe o. 7. Kap., B, I, 1, b, aa.

[179] Siehe o. 7. Kap., B, III, 1, a.

[180] Siehe o. 7. Kap., B, III, 1, b, aa.

Schwierigkeiten bei der Prüfung, ob Berührungspunkte zu einem weiteren Vertragsstaat bestehen.[181]

Neben der Gefahr von Rechtsunsicherheit war ein weiterer Gesichtspunkt, daß das Gebot der Einheitlichkeit bei der Anwendung des EuGVÜ durch eine Zulassung der forum-non-conveniens-Lehre verletzt würde, weil diese nur in wenigen Vertragsstaaten bekannt ist.[182] Auch dieser Gesichtspunkt verliert nicht dadurch an Gewicht, daß das alternative Forum in einem Drittstaat liegt und keine weiteren Berührungspunkte zu Vertragsstaaten bestehen.

3. Charakter der Zuständigkeitsgründe des EuGVÜ

Daran, daß Artikel 3 EuGVÜ für Beklagte mit Wohnsitz in einem Vertragsstaat exorbitante Zuständigkeitsgründe ausschließt, ändert sich nichts, wenn das alternative Forum in einem Drittstaat liegt. Weil eine forum-non-conveniens-Doktrin – wenn überhaupt – nur dann gerechtfertigt sein kann, wenn sie exorbitante Zuständigkeitsgründe ausschließt, fehlt also auch in der hier behandelten Fallgruppe jegliche Berechtigung für deren Anwendung.[183] In gleicher Weise bleibt es auch möglich, die durch das EuGVÜ eingeräumten Gerichtsstände als vertypte Formen von forum conveniens zu betrachten.[184]

Auch in Fällen, in denen das alternative Forum im Ausland liegt, gilt also, daß bei Wohnsitz des Beklagten in einem Vertragsstaat kein Bedürfnis nach der Anwendung der forum-non-conveniens-Lehre besteht.

4. Sonderfälle

a) Ausnahme für Fälle von Rechtsmißbrauch oder fehlendem Rechtsschutzbedürfnis?

Bei der ersten Fallgruppe (alternatives Gericht in Vertragsstaat) wurde die These diskutiert, nach der die forum-non-conveniens-Lehre unter dem Deckmantel des internationalen Rechtsschutzbedürfnisses auch im Rahmen

---

[181] *Jayme*, in *Schwind*, Europarecht, S. 97, 102; *Jayme*, IPRax 1992, 357 f.; *Cheshire/North*, S. 333; siehe o. 7. Kap., B, III, 1, a, cc, dd, ddd.

[182] Siehe o. 7. Kap., B, I, 1, b, bb.

[183] Siehe o. 7. Kap., B, I, 1, c, aa.

[184] Siehe o. 7. Kap., B, I, 1, c, bb.

des EuGVÜ angewendet werden könne. Sie wurde jedoch in Anlehnung an das Urteil des EuGH in Hagen[185] abgelehnt, weil sie die praktische Wirksamkeit des EuGVÜ beeinträchtigen würde.[186] Wenn man wie die vorliegende Arbeit davon ausgeht, daß das EuGVÜ grundsätzlich auch in Fällen Anwendung findet, in denen keine Berührungspunkte zu anderen Vertragsstaaten als dem Gerichtsstaat bestehen, ändert sich an der Gültigkeit dieses Arguments nichts, wenn das alternative Forum in einem Drittstaat liegt. Auch eine allgemeine Sonderregelung für fraude à la loi ist im Rahmen der hier behandelten Fallgruppe aus dem gleichen Grund (Rechtsunsicherheit) abzulehnen wie bei der ersten Fallgruppe.[187]

b) Differenzierung nach einzelnen Zuständigkeitsgründen?

Hélène Gaudemet-Tallon[188] hat ein Modell entwickelt, das danach differenziert, welcher Zuständigkeitsgrund im konkreten Fall in Anspruch genommen wurde. Ihrer Ansicht nach soll die Anwendung der forum-non-conveniens-Lehre ausgeschlossen sein, wenn sich die Zuständigkeit auf Artikel 16 oder Artikel 17 EuGVÜ stützt; in allen anderen Fällen will sie ihre Anwendung aber zulassen. Als Grund für diese Unterscheidung führt sie an, daß bei den Artikeln 16 und 17 EuGVÜ die Verbindung von Sachverhalt und zuständigem Gericht viel stärker sei als bei den anderen Zuständigkeitsgründen.[189]

Überzeugend ist diese Unterscheidung aus zwei Gründen nicht. Zum einen könnte sie zu Rechtsunsicherheit führen. Denn es wäre denkbar, daß verschiedene Gerichte die „Stärke" der einzelnen Zuständigkeitsgründe unterschiedlich beurteilen. Warum soll beispielsweise die Verbindung zwischen Sachverhalt und Gericht beim Gerichtsstand des Erfüllungsorts notwendigerweise schwächer sein als bei einer Gerichtsstandsvereinbarung? Aus dieser Überlegung heraus wird deutlich, daß das Lösungsmodell von Gaudemet-Tallon im Grunde nichts anderes ist als die grundsätzliche Anerkennung der forum-non-conveniens-Lehre, nur eben mit der Besonderheit,

---

[185] EuGH (Hagen/Zeehaghe), Slg. 1990-I, 1845.

[186] Siehe o. 7. Kap., B, I, 3, b, wo eine ausführliche Begründung gegeben wird. *Schwartz* (1991-1992) 15 Fordham Int. L.J. 174, 200 f., dagegen ist der Ansicht, die praktische Wirksamkeit des Übereinkommens werde nicht beeinträchtigt. Eine Begründung dafür bleibt er aber schuldig.

[187] Siehe o. 7. Kap., B, I, 3, c.

[188] *Gaudemet-Tallon*, R.C.D.I.P. 1991, 491.

[189] *Gaudemet-Tallon*, R.C.D.I.P. 1991, 491, 513 ff.

daß es in Fällen von Artikel 16 oder Artikel 17 EuGVÜ aufgrund der dort vorausgesetzten engen Verbindung zwischen Sachverhalt und Gericht nie ein anderes, deutlich besser geeignetes, Forum geben wird.

Zum anderen spricht auch eine grundsätzliche Erwägung gegen eine Unterscheidung nach Zuständigkeitsgründen. Der Justizgewährungsanspruch besteht nämlich in jedem Fall, in dem das EuGVÜ eine Zuständigkeit eröffnet. Zur Erinnerung: Die Herleitung der Existenz dieses Anspruchs gründete sich auf Argumente des Wortlauts, der Systematik, der Entstehungsgeschichte und der Teleologie.[190] Keines dieser Argumente läßt den Schluß zu, daß der Justizgewährungsanspruch nur bei bestimmten Zuständigkeitsgründen gegeben sein solle. Daran ändert sich auch dann nichts, wenn außer dem Gerichtsstaat ausschließlich Drittstaaten betroffen sind.[191]

Aus diesen Gründen ist eine Differenzierung nach Zuständigkeitsgründen nicht angebracht.

c) Differenzierung nach Wohnsitz des Klägers?

Hartley[192] schlägt vor, die Anwendbarkeit der forum-non-conveniens-Doktrin nur dann auszuschließen, wenn der Kläger einen Wohnsitz in einem Vertragsstaat habe.[193] Er rechtfertigt dies damit, daß nur in diesem Fall Interessen der Gemeinschaft auf dem Spiel stünden.

Die Differenzierung nach dem Wohnsitz des Klägers kann aus mehreren Gründen nicht überzeugen. Zum einen würde eine solche Lösung bedeuten, daß der Justizgewährungsanspruch nur Klägern mit Wohnsitz in einem Vertragsstaat zustünde. Dafür ergeben sich aber aus Wortlaut, Geschichte und System des EuGVÜ keine Anhaltspunkte. Alle Gründe, die für die Existenz des Justizgewährungsanspruchs sprechen, gelten sowohl für Kläger mit als auch für Kläger ohne Wohnsitz in einem Vertragsstaat. Auch aus der Regelung in Artikel 4(2) EuGVÜ ergibt sich nichts anderes. Danach können Kläger mit Wohnsitz in einem Vertragsstaat in diesem Staat auch diejenigen Zuständigkeiten des autonomen Rechts in Anspruch nehmen, die auf der Staatsangehörigkeit des Klägers beruhen. Zwar ist richtig, daß diese Vorschrift Kläger mit Wohnsitz in einem Vertragsstaat begünstigt. Sie tut dies

---

[190] Siehe o. 7. Kap., B, I, 1, a, bb.

[191] Siehe o. 7. Kap., B, III, 1, b, dd.

[192] *Hartley*, (1992) E.L.R. 553.

[193] *Hartley*, (1992) E.L.R. 553, 555. Ähnlich verfahren die US-amerikanischen Gerichte, siehe o. 4. Kap., B, I, 3.

aber nur in einem eng begrenzten Rahmen, nämlich beschränkt auf Fälle, in denen mangels Beklagtenwohnsitzes in einem Vertragsstaat die Zuständigkeitsregeln des EuGVÜ wegen Artikel 4(1) EuGVÜ grundsätzlich keine Anwendung finden. Hat der Beklagte dagegen – wie in der hier behandelten Fallgruppe – einen Wohnsitz in einem Vertragsstaat, so findet Artikel 4(2) EuGVÜ keine Anwendung. Es handelt sich also um eine restriktiv zu interpretierende Ausnahmevorschrift für einen Bereich, in dem die Zuständigkeitsregeln des EuGVÜ grundsätzlich keine Geltung beanspruchen. Daraus kann man keine Schlüsse für Fälle ziehen, in denen die Zuständigkeitsgründe des Abkommens nach ihrem klaren Wortlaut eingreifen.

Zum anderen sprechen rechtspolitische Erwägungen gegen die von Hartley vorgeschlagene Bevorzugung von Klägern mit Wohnsitz in Europa. Das EuGVÜ benachteiligt Parteien ohne Wohnsitz in einem Vertragsstaat ohnehin schon in kritikwürdiger Weise[194], indem es sie den exorbitanten Gerichtsständen der nationalen Rechtsordnungen der Mitgliedsstaaten aussetzt (Artikel 3 f. EuGVÜ). Die bereits bestehenden Ungleichgewichte sollte man nicht noch dadurch verschärfen, daß man Kläger aus Nichtvertragsstaaten dem Risiko einer Aussetzung des Verfahrens aufgrund von forum non conveniens aussetzt.

d) Kompromißlösung über Vermutungen?

Fentiman[195] will die Anwendung der forum-non-conveniens-Doktrin in beschränktem Umfang zulassen. Zunächst könne man bei der ersten Stufe des Tests (Suche nach dem natural forum) eine Vermutung dafür sprechen lassen, daß ein aufgrund des EuGVÜ zuständiges Gericht das forum conveniens für das betreffende Verfahren sei. Sollte diese Vermutung im konkreten Fall widerlegt werden, etwa weil alle Faktoren (mit Ausnahme derjenigen, die die Zuständigkeit nach dem EuGVÜ begründen) für das alternative Gericht sprächen, so könne man im Rahmen der zweiten Stufe des Tests großzügig mit der Verweigerung eines stay sein. Als Beispiel dafür nennt Fentiman den Fall, daß der Kläger nachweisen könne, daß ihm durch die Aussetzung des Verfahrens legitime Vorteile verloren gehen würden, die ihm das englische Verfahren geboten hätte.[196]

---

[194] Vgl. für viele *Kropholler*, FS Ferid (1988), S. 239, 240 ff.; *von Mehren*, (1981) 81 Col. L.R. 1044; *Juenger*, R.C.D.I.P. 1983, 37.

[195] *Fentiman*, (1993) 26 Cornell Int. L.J. 59, 88 ff., 92.

[196] *Fentiman*, (1993) 26 Cornell Int. L.J. 59, 89 f.

Abgesehen davon könne man, so Fentiman, einen stay dann verweigern, wenn dieser den Kläger in seinen berechtigten Erwartungen enttäuschen würde, beispielsweise weil er im Vertrauen auf die nach dem EuGVÜ in England eröffnete Zuständigkeit auf eine Gerichtsstandsvereinbarung zugunsten der englischen Gerichte verzichtet habe.[197] Einen generellen Ausschluß der forum-non-conveniens-Doktrin lehnt Fentiman ab, weil der Justizgewährungsanspruch sich nicht schon aus der bloßen Eröffnung einer Zuständigkeit ergebe, sondern nur dann bestehe, wenn berechtigte Vorteile oder Erwartungen des Klägers auf dem Spiel stünden.[198]

Auch diese Ansicht ist abzulehnen. Denn aus den bereits ausführlich dargelegten Gründen[199] entsteht der Justizgewährungsanspruch schon mit der Eröffnung einer Zuständigkeit durch das EuGVÜ. Aus Wortlaut, Systematik, Zielsetzung und Entstehungsgeschichte des EuGVÜ ergeben sich keine Anhaltspunkte dafür, daß es auf die Existenz berechtigter Erwartungen des Klägers im Einzelfall ankomme. Diesem Justizgewährungsanspruch genügt aber auch eine durch Vermutungen eingeschränkte forum-non-conveniens-Doktrin nicht. Es muß deshalb beim generellen Ausschluß dieser Lehre bleiben.

Abgesehen davon würde die von Fentiman vorgeschlagene Beschränkung der forum-non-conveniens-Doktrin zwar möglicherweise dazu führen, daß Anträgen auf Gewährung eines stay aufgrund von forum non conveniens seltener entsprochen würde. Für die Rechtsicherheit im Einzelfall wäre damit jedoch nichts gewonnen. Denn der Kläger hätte zwar eine statistisch gesehen größere Chance, das englische Verfahren weiterbetreiben zu können. Er müßte aber trotzdem immer mit der Möglichkeit eines stay rechnen. Und gerade diese Rechtsunsicherheit im Einzelfall ist es, die das EuGVÜ vermeiden will.[200]

5. Zusammenfassung zu Fallgruppe 3: Alternatives Gericht in einem Drittstaat und Beklagter mit Wohnsitz in einem Vertragsstaat

In dieser Fallgruppe ist die Anwendung der forum-non-conveniens-Doktrin selbst dann ausgeschlossen, wenn keine Berührungspunkte zu einem

---

[197] *Fentiman*, (1993) 26 Cornell Int. L.J. 59, 76 f.

[198] *Fentiman*, (1993) 26 Cornell Int. L.J. 59, 76 f.

[199] Siehe o. 7. Kap., B, I, 1, a und 7. Kap., B, III, 1.

[200] Siehe zu diesem Punkt auch 7. Kap., B, I, 2, b, aa.

anderen Vertragsstaat als dem Gerichtsstaat bestehen.[201] Dies ergibt sich aus folgenden Überlegungen. Das EuGVÜ hat keine ungeschriebene Anwendungsvoraussetzung des Inhalts, daß Bezüge zu mehreren Vertragsstaaten bestehen müssen. Deshalb ist sein allgemeiner Anwendungsbereich auch in den eben erwähnten Fällen eröffnet. Daraus folgt grundsätzlich auch, daß die Eröffnung einer Zuständigkeit durch das EuGVÜ den Parteien einen Justizgewährungsanspruch gibt. Die Tatsache, daß in einem konkreten Fall keine Beziehungen zu einem anderen Vertragsstaat bestehen, rechtfertigt auch keine Ausnahmen zu diesem Anspruch, weil die Situationen, in denen das EuGVÜ in solchen Fällen Sonderregeln zuläßt, mit forum-non-conveniens-Fällen nicht vergleichbar sind. Auch der Gesichtspunkt der Rechtssicherheit und der Charakter der Zuständigkeitsgründe des EuGVÜ sprechen gegen die Anwendbarkeit der forum-non-conveniens-Lehre. Eine Differenzierung nach einzelnen Zuständigkeitsgründen ist ebenso abzulehnen wie eine Anwendung der forum-non-conveniens-Lehre unter dem Deckmantel des internationalen Rechtsschutzbedürfnisses oder aufgrund einer allgemeinen fraude-à-la-loi-Ausnahme.

Deshalb ist erst recht kein Platz für die vom Court of Appeal offensichtlich in The Po[202] vertretene Ansicht, daß die forum-non-conveniens-Lehre selbst dann Anwendung finden könne, wenn Berührungspunkte zu weiteren Vertragsstaaten gegeben seien, solange nur das alternative Forum in einem Nichtvertragsstaat liege.

IV. Fallgruppe 4: Alternatives Forum in einem Drittstaat und Beklagter ohne Wohnsitz in einem Vertragsstaat

Ebenso wie bei Fallgruppe 2 gilt hier als Grundsatz, daß aufgrund von Artikel 4(1) EuGVÜ das angerufene Gericht nach seinem nationalen Recht über die internationale Zuständigkeit entscheidet. Insoweit findet das EuGVÜ keine Anwendung. Ein englisches Gericht würde also die Zuständigkeitsregeln des Common Law anwenden und könnte deshalb auch auf die forum-non-conveniens-Doktrin zurückgreifen, ohne in Konflikt mit dem EuGVÜ zu geraten. Daran ändert die Tatsache nichts, daß das alternative Forum in einem Drittstaat liegt.

---

[201] So auch *Jayme*, IPRax 1992, 357 f.; *Cheshire/North*, S. 332 ff.; *North*, IPRax 1992, 183, 184; *Mennie*, Jur. Rev. 1989, 150, 162 ff.; *Mennie*, in *Jayme*, Gesamteuropa, S. 173, 201; **a.A.** dagegen In re Harrods (Buenos Aires) Ltd. [1991] 3 W.L.R. 397 (C.A.); *Kaye*, Civil Jurisdiction, S. 1244 f.; *ders.*, [1992] J.B.L. 47, 75 f.; *Hartley*, S. 79 f.; *Collins*, (1990) 106 L.Q.R. 535, 537; *Briggs*, (1991) Lloyd's M.C.L.Q. 10, 12.

[202] The Po [1991] 2 Lloyd's Rep. 206 (C.A.).

Bei der Fallgruppe 2 wurde auch erwähnt, daß es bestimmte Ausnahmen zu Artikel 4(1) EuGVÜ gibt, nämlich Artikel 16 EuGVÜ, Artikel 12, 15 und 17 EuGVÜ und möglicherweise auch Artikel 18 EuGVÜ.[203] Soweit sich aufgrund einer dieser Ausnahmen die internationale Zuständigkeit trotz fehlenden Wohnsitzes des Beklagten in einem Vertragsstaat nach dem EuGVÜ richtet, ist in Fallgruppe 2 die forum-non-conveniens-Doktrin ausgeschlossen.[204] Fraglich ist nun, ob sich daran etwas ändert, wenn das alternative Forum in einem Drittstaat liegt. Dies ist zu verneinen. Denn der Justizgewährungsanspruch besteht unabhängig davon, ob sich das alternative Forum in einem Vertragsstaat befindet und unabhängig davon, ob Berührungspunkte zu anderen Vertragsstaaten als dem Gerichtsstaat bestehen.[205] Auch bei dieser Fallgruppe gilt also, daß in den Fällen, in denen das EuGVÜ in Abweichung von Artikel 4(1) Anwendung findet, die forum-non-conveniens-Lehre ausgeschlossen ist.

V. Zusammenfassung zu den forum-non-conveniens-Fällen ohne ausländische Rechtshängigkeit

Die Ergebnisse der einzelnen Fallgruppen lauten also:

(1) Fallgruppe 1 (Alternatives Forum in Vertragsstaat, Beklagter mit Wohnsitz in Vertragsstaat): Die Anwendung der forum-non-conveniens-Doktrin ist ausgeschlossen.

(2) Fallgruppe 2 (Alternatives Forum in Vertragsstaat, Beklagter ohne Wohnsitz in Vertragsstaat): Mangels Anwendbarkeit des EuGVÜ ist die Anwendbarkeit der Doktrin möglich, es sei denn, die Zuständigkeit ergibt sich ausnahmsweise doch aus dem EuGVÜ.

(3) Fallgruppe 3 (Alternatives Forum in Drittstaat, Beklagter mit Wohnsitz in einem Vertragsstaat): Wie Fallgruppe 1.

(4) Fallgruppe 4 (Alternatives Forum in Drittstaat, Beklagter ohne Wohnsitz in einem Vertragsstaat): Wie Fallgruppe 2.

Diese Ergebnisse lassen sich systematisieren und zu einer einfachen Formel zusammenfassen: Immer wenn sich die Zuständigkeit eines Gerichts in einem Vertragsstaat auf eine Norm des EuGVÜ stützt, ist die Anwendung der forum-non-conveniens-Doktrin ausgeschlossen. Der entscheidende

---

[203] Siehe o. 7. Kap., B, II, 2.

[204] Siehe o. 7. Kap., B, II, 2.

[205] Siehe o. 7. Kap., B, III, 1.

Punkt ist also die Begründung der Zuständigkeit aufgrund des EuGVÜ. Ob dessen Anwendbarkeit auf dem Wohnsitz des Beklagten in einem Vertragsstaat beruht oder auf einer der anerkannten Ausnahmen zu Artikel 4 EuGVÜ, ist unerheblich. Ebenso spielt es keine Rolle, ob das alternative Forum in einem Vertragsstaat oder in einem Drittstaat liegt und ob Berührungspunkte zu anderen Vertragsstaaten als dem Gerichtsstaat bestehen.

Die Antwort auf die diesbezüglichen Vorlagefragen an den EuGH[206] würde nach der hier vertretenen Auffassung also lauten:

Ad (1): Ja, das EuGVÜ regelt die internationale Zuständigkeit der Gerichte der Vertragsstaaten auch dann, wenn keine Zuständigkeit der Gerichte eines anderen Vertragsstaats im Spiel ist.

Ad (2)(a): Ja, es ist mit dem EuGVÜ unvereinbar, wenn ein aufgrund von Artikel 2 EuGVÜ zuständiges Gericht in einem Vertragsstaat aufgrund eines nach seinem nationalen Recht gegebenen Ermessensspielraums die Inanspruchnahme der Zuständigkeit ablehnt, selbst wenn keine Zuständigkeit der Gerichte eines anderen Vertragsstaats im Spiel ist.

Ad (2)(b): Dies gilt in jedem Fall und für alle Zuständigkeitsgründe des EuGVÜ.

Ad (3)(a): Die Antwort auf diese Frage hängt davon ab, wie man eine bei Artikel 6 Nr. 1 EuGVÜ diskutierte Streitfrage entscheidet. Diese Vorschrift ermöglicht es – unter bestimmten, vom EuGH entwickelten Voraussetzungen[207] – mehrere Personen mit Wohnsitz in verschiedenen Vertragsstaaten im Wege der Streitgenossenschaft am Wohnsitz eines von ihnen zu verklagen.[208] Fraglich ist nun, ob die Vorschrift analog gegenüber Beklagten angewendet werden kann, die keinen Wohnsitz in einem Vertragsstaat haben.[209] Wenn man der wohl herrschenden Ansicht folgt, daß Artikel 6 Nr. 1 EuGVÜ auch in solchen Fällen anwendbar ist, so ist die Anwendung der forum-non-conveniens-Lehre nach der hier vertretenen Ansicht ausgeschlossen. Wenn man diese Fälle dagegen dem nationalen Recht überläßt, wäre ihre Anwendung möglich.

---

[206] Siehe o. 6. Kap., C, III.

[207] EuGH (Kalfelis/Schröder), Slg. 1988, 5565; vgl. MünchKommZPO/*Gottwald*, Art. 6 EuGVÜ, Rdnr. 5.

[208] MünchKommZPO/*Gottwald*, Art. 17 EuGVÜ, Rdnr. 2.

[209] Dafür *Geimer/Schütze/Geimer*, Bd. 1/1, S. 209 ff.; MünchKommZPO/*Gottwald*, Art. 6 EuGVÜ, Rdnr. 3; *Kropholler*, EuZPR, Art. 6, Rdnr. 4.

Ad (3)(b): Diese Frage kann sich nur stellen, wenn man bei der eben aufgeworfenen Frage nicht der herrschenden Ansicht folgt. Die Gefahr solcher Situationen wie der in Frage (3)(b) beschriebenen ist zwar ein rechtspolitisches Argument für die herrschende Ansicht; wenn man dieser Ansicht aber trotzdem nicht folgt, dann muß man solche Situationen hinnehmen.

Ad (6): Nein, auch wenn sich die Zuständigkeit aus Artikel 16 EuGVÜ ergibt, kann die forum-non-conveniens-Doktrin keine Anwendung finden; dies gilt auch dann, wenn keine Zuständigkeit eines anderen Vertragsstaats in Frage steht.

C. Fälle ausländischer Rechtshängigkeit (lis alibi pendens)

Unter dem Begriff ausländische Rechtshängigkeit werden in dieser Arbeit solche Fälle zusammengefaßt, in denen neben dem englischen Verfahren in einem anderen Staat ein Parallelverfahren anhängig ist und in denen beide Verfahren entweder bezüglich des Streitgegenstands und der Parteien identisch sind (ausländische Rechtshängigkeit im engeren Sinne) oder aus anderen Gründen so eng im Zusammenhang stehen, daß eine gemeinsame Behandlung geboten erscheint, um einander widersprechende Entscheidungen zu vermeiden (konnexe Verfahren).

In England werden solche Fälle unter dem Stichwort lis alibi pendens als Unterfall der forum-non-conveniens-Lehre behandelt. Es steht danach im Ermessen des Gerichts, ob es die ausländische Rechtshängigkeit beachtet und das englische Verfahren aussetzt.

Das EuGVÜ entscheidet dagegen in den Artikeln 21 bis 23 streng nach einem Prioritätsprinzip. In Fällen ausländischer Rechtshängigkeit im engeren Sinne muß sich das später angerufene Gericht zugunsten des zuerst angerufenen Gerichts für unzuständig erklären (Artikel 21(1) EuGVÜ). Es hat dabei die Möglichkeit, das Verfahren nur auszusetzen, solange die Zuständigkeit des zuerst angerufenen Gerichts noch nicht feststeht (Artikel 21(2) EuGVÜ).[210] Bei konnexen Verfahren hat das später angerufene Gericht einen Ermessensspielraum, ob es dem zuerst angerufenen Gericht den Vorrang einräumen soll. Will es dies tun, so hat es das Verfahren in der Regel auszusetzen (Artikel 22(1) EuGVÜ). In bestimmten Fällen kann es sich auch für unzuständig erklären (Artikel 22(2) EuGVÜ).

---

[210] Das 3. Beitrittsübereinkommen von 1989 macht die Aussetzung in dieser Situation sogar zum Regelfall.

Jedenfalls bei Fällen ausländischer Rechtshängigkeit im engeren Sinne bestehen also erhebliche Unterschiede zwischen der Regelung im englischen Recht und der im EuGVÜ. Deshalb ist es von großer Bedeutung, zu wissen, inwieweit das englische Recht neben dem EuGVÜ noch anwendbar ist. Untersucht werden die vier schon bei reinen forum-non-conveniens-Fällen behandelten Fallgruppen.

I. Fallgruppe 5: Alternatives Gericht in einem Vertragsstaat und Beklagter mit Wohnsitz in einem Vertragsstaat

Für diese Fallgruppe treffen die Artikel 21 ff. EuGVÜ eine eindeutige Regelung: Es gilt das Prioritätsprinzip, d.h. das später angerufene Gericht hat die Rechtshängigkeit vor dem zuerst angerufenen Gericht zu akzeptieren und das Verfahren auszusetzen bzw. zu beenden. Insofern statuieren die Artikel 21 ff. EuGVÜ also eine Ausnahme zum Grundsatz des Justizgewährungsanspruchs.

Diese Regelung ist abschließend und läßt keinen Platz für die Anwendung nationalen Rechts. Insbesondere wäre es mit der auf Rechtssicherheit gerichteten Zielsetzung der Artikel 21 ff. EuGVÜ unvereinbar, die Frage der Berücksichtigung ausländischer Parallelverfahren in das Ermessen des Gerichts zu stellen. Deshalb ist die englische lis-alibi-pendens-Lehre in dieser Fallgruppe nicht anwendbar.

II. Fallgruppe 6: Alternatives Gericht in einem Vertragsstaat und Beklagter ohne Wohnsitz in einem Vertragsstaat

1. Anwendbarkeit der Artikel 21 ff. EuGVÜ

Zu dieser Frage hat der EuGH in Overseas Union[211] Stellung genommen. In diesem Verfahren hatte die eine Seite plädiert, Artikel 21 EuGVÜ finde keine Anwendung, wenn der Beklagte keinen Wohnsitz in einem Vertragsstaat habe. Vielmehr gelte in diesem Fall das nationale Recht des angerufenen Gerichts. Deshalb sei die englische lis-alibi-pendens-Lehre weiter anwendbar.[212]

---

[211] EuGH (Overseas Union Insurance u.a.), Slg. 1991-I, 3317 = IPRax 1993, 34, m. Anm. *Rauscher/Gutknecht*, S. 21.

[212] EuGH (Overseas Union Insurance u.a.), Slg. 1991-I, 3317, 3324 f.

Der EuGH wies diese Ansicht zurück und entschied, daß Artikel 21 EuGVÜ unabhängig vom Wohnsitz der Parteien anwendbar sei. Ebensowenig komme es darauf an, ob sich die Zuständigkeit über den Beklagten aus dem EuGVÜ ergebe oder nicht.[213] Dies bedeutet, daß Artikel 21 EuGVÜ immer dann Anwendung findet, wenn die beiden konkurrierenden Gerichte in Vertragsstaaten liegen. Eine zusätzliche Anwendungsvoraussetzung gibt es nicht. Damit schloß sich der EuGH der in der Literatur vorherrschenden Meinung[214] an.

Zwei Gründe waren es, die den EuGH zu dieser Entscheidung bewogen: der Wortlaut des Artikel 21 EuGVÜ und seine Zielsetzung. Der Wortlaut der Vorschrift erwähne den Wohnsitz der Parteien nicht. Ebensowenig unterscheide er danach, ob sich die Zuständigkeit im konkreten Fall auf das EuGVÜ oder auf das nationale Recht stütze.[215] Bezüglich der Zielsetzung der Artikel 21 ff. EuGVÜ bezog sich der EuGH auf frühere Entscheidungen[216] und stellte fest:

„(...) dieser Abschnitt hat im Interesse einer geordneten Rechtspflege in der Gemeinschaft zum Ziel, Parallelverfahren vor Gerichten verschiedener Vertragsstaaten und daraus möglicherweise resultierende gegensätzliche Entscheidungen zu verhindern. Diese Regelung soll mithin soweit wie möglich von vornherein eine Situation ausschließen, wie sie in Artikel 27 Absatz 3 geregelt ist, nämlich die Nichtanerkennung einer Entscheidung wegen Unvereinbarkeit mit einer Entscheidung, die zwischen denselben Parteien in dem Staat, in dem die Anerkennung geltend gemacht wird, ergangen ist. Artikel 21 ist somit zum Zwecke der Erreichung dieser Ziele weit auszulegen und erfaßt dem Grundsatz nach alle Fälle der Rechtshängigkeit vor den Gerichten der Vertragsstaaten unabhängig vom Wohnsitz der Parteien."[217]

Damit war auch das auf Artikel 27 Nr. 3 EuGVÜ gestützte Argument der Beklagten angesprochen. Diese hatten folgendermaßen argumentiert: Unvereinbare Parallelentscheidungen im Sinne dieser Vorschrift zu verhin-

---

[213] EuGH (Overseas Union Insurance u.a.), Slg. 1991-I, 3317, 3347 ff., Rdnrn. 11 ff.

[214] *Kropholler*, EuZPR, vor Art. 21, Rdnr. 2; MünchKommZPO/*Gottwald*, Art. 21 EuGVÜ, Rdnr. 1.

[215] EuGH (Overseas Union Insurance u.a.), Slg. 1991-I, 3317, 3348, Rdnrn. 13 f.; kritisch zum Wortlautargument (sonst jedoch zustimmend) *Rauscher/Gutknecht*, IPRax 1993, 21, 22, die als Gegenargument anführen, bei Artikel 21 EuGVÜ fehle die bei Artikel 16 EuGVÜ verwendete Formulierung „ohne Rücksicht auf den Wohnsitz".

[216] EuGH (Gubisch/Palumbo), Slg. 1987, 4861, 4874, Rdnr. 8; EuGH (Dumez France/HeLaBa), Slg. 1990-I, 49, 80, Rdnr. 18.

[217] EuGH (Overseas Union Insurance u.a.), Slg. 1991-I, 3317, 3348, Rdnr. 16.

dern, sei gerade auch die Zielsetzung der Artikel 21 ff. EuGVÜ. Daß nun das EuGVÜ auf der Anerkennungsebene eine „Auffangvorschrift" mit dem gleichen Ziel für nötig erachte, zeige, daß es mit Lücken bei der Anwendung der Artikel 21 ff. EuGVÜ rechne. Eine solche Lücke sei dann gegeben, wenn der Beklagte des später anhängig gemachten Verfahrens keinen Wohnsitz in einem Vertragsstaat habe.[218]

Das ließ der EuGH nicht gelten. Wenn das Abkommen für den Fall, daß die Regeln der Artikel 21 ff. EuGVÜ einmal nicht greifen sollten, im Anerkennungsrecht eine Auffangstellung aufbaue, so könne das nicht dazu hergenommen werden, um Lücken in den Anwendungsbereich der primär zur Abwendung solcher Situationen geschaffenen Vorschriften (Artikel 21 ff. EuGVÜ) zu reißen.[219]

Der EuGH hat also mit guten Gründen festgestellt, daß Artikel 21 EuGVÜ unabhängig vom Wohnsitz der Parteien Anwendung findet.[220] Das muß auch für die ähnlichen Zwecken dienende Vorschrift des Artikel 22 EuGVÜ gelten.

2. *Ausschluß des nationalen Rechts*

Daraus, daß in dieser Fallgruppe die Artikel 21 ff. EuGVÜ anwendbar sind, folgt zugleich auch, daß nationales Recht im allgemeinen und die englische lis-alibi-pendens-Lehre im besonderen[221] keine Anwendung mehr finden können, weil die genannten Vorschriften des EuGVÜ insoweit abschließend sind.

III. Fallgruppe 7: Alternatives Gericht in einem Drittstaat und Beklagter mit Wohnsitz in einem Vertragsstaat

Klar ist in dieser Fallgruppe, daß die Artikel 21 ff. EuGVÜ ihrem Wortlaut nach nicht anwendbar sind, weil sie voraussetzen, daß sich das alterna-

---

[218] EuGH (Overseas Union Insurance u.a.), Slg. 1991-I, 3317, 3325.

[219] EuGH (Overseas Union Insurance u.a.), Slg. 1991-I, 3317, 3349, Rdnr. 17.

[220] *Rauscher/Gutknecht*, IPRax 1993, 21, 22, nennen noch zwei weitere Gründe: eine Stelle im Jenard-Bericht (S. 1 f.), in der Art. 21 EuGVÜ auf einen US-Amerikaner ohne Wohnsitz in einem Vertragsstaat angewendet wird und die Parallele zum ähnlich formulierten Artikel 23 EuGVÜ, der sich auf Kollisionen von aufgrund von Artikel 16 EuGVÜ zuständigen Gerichten bezieht, welcher wiederum unabhängig vom Wohnsitz der Parteien Anwendung findet.

[221] Der Entscheidung in Overseas Union lag ja eine auf die lis-alibi-pendens-Lehre bezogene Vorlage eines englischen Gerichts zugrunde.

tive Gericht in einem Vertragsstaat befindet. In dieser Situation gibt es drei Möglichkeiten. Entweder man beachtet die Rechtshängigkeit in einem Drittstaat überhaupt nicht oder man wendet die Artikel 21 ff. EuGVÜ analog an oder man überläßt die Lösung dem nationalen Recht. Die überwiegende Meinung spricht sich für die Anwendbarkeit des nationalen Rechts des jeweils betroffenen Gerichts aus.[222] Dies würde bedeuten, daß die englische lis-alibi-pendens-Lehre in dieser Fallgruppe anwendbar bliebe.

Die nächste Frage ist, welche Argumente dafür sprechen, mit der herrschenden Meinung die Behandlung von Rechtshängigkeit in einem Drittstaat dem nationalen Recht zu überlassen. Insbesondere bedarf es einer Begründung, warum man lis-alibi-pendens-Fälle anders behandeln soll als einfache forum-non-conveniens-Fälle. Die Erörterung dieser Fragen erfolgt unter den bereits bei der einfachen forum-non-conveniens-Lehre behandelten Schlagworten: Justizgewährungsanspruch, Rechtssicherheit und Bedürfnis nach der Anwendung nationalen Rechts.

1. Justizgewährungsanspruch

Setzt ein englisches Gericht das Verfahren wegen Rechtshängigkeit in einem Drittstaat aus, so ist dies im Prinzip ebenso eine Durchbrechung des Justizgewährungsanspruchs wie eine Aussetzung in einfachen forum-non-conveniens-Fällen. Trotzdem gibt es gute Gründe für eine Sonderbehandlung von Fällen ausländischer Rechtshängigkeit. Dabei sind zwei Situationen zu unterscheiden: solche, in denen der betreffende Vertragsstaat staatsvertraglich gegenüber einem Drittstaat zur Beachtung der Rechtshängigkeit verpflichtet ist und solche, in denen dies nicht der Fall ist.

a) Staatsvertragliche Verpflichtungen

Hat sich ein Vertragsstaat gegenüber einem Drittstaat staatsvertraglich verpflichtet, eine Rechtshängigkeit in diesem Drittstaat zu beachten,[223] so würde das EuGVÜ diesen Vertragsstaat gewissermaßen zum Vertragsbruch

---

[222] MünchKommZPO/*Gottwald*, Art. 21 EuGVÜ, Rdnr. 1; *Kropholler*, EuZPR, vor Art. 21, Rdnr. 2; *ders.*, FS Ferid (1988), S. 239, 244; *Geimer/Schütze/Geimer*, Bd. I/1, S. 293; *Geimer*, FS Kralik, S. 179, 182 f.; *ders.*, FS Stiefel, S. 219, 234; *Rauscher/Gutknecht*, IPRax 1993, 21, 23; v. *Hoffmann*, AWD 1973, 57, 64; *Kaye*, Civil Jurisdiction, S. 1244; *ders.*, (1992) J.B.L. 47, 75; *O'Malley/Layton*, Rdnr. 1.39 und Rdnr. 23.07; *Droz*, Compétence judiciaire, Rdnr. 329; a.A. Arkwright Mutual Insurance Co. v. Bryanston Insurance Co. Ltd. and Others [1990] 2 Lloyd's Rep. 70, 79.

[223] Beispiel: Art. 17 des deutsch-österreichischen Anerkennungs- und Vollstreckungsvertrages vom 6.6.1959, BGBl. 1960 II, S. 1246.

verpflichten, wenn es die Beachtung der Rechtshängigkeit in diesem Drittstaat ausschlösse.[224]

Es ist nicht anzunehmen, daß das EuGVÜ die Vertragsstaaten in eine solche Zwickmühle bringen wollte. In diesem Zusammenhang ist die Begründung des Jenard-Berichts zu Artikel 57 EuGVÜ von Bedeutung. Diese Vorschrift bestimmt die Fortgeltung von Staatsverträgen auf *besonderen*[225] Rechtsgebieten. Laut Jenard-Bericht war eine der ausschlaggebenden Erwägungen für die Einfügung dieser Bestimmung, daß die Mitgliedstaaten solcher Abkommen in der Regel völkerrechtliche Verpflichtungen gegenüber Drittstaaten eingegangen seien, die sie nicht ohne deren Zustimmung aufheben könnten.[226] Eines der Anliegen des EuGVÜ war es also, staatsvertragliche Verpflichtungen gegenüber Drittstaaten zu respektieren. Dies muß auch insoweit gelten, als sich diese Verpflichtungen auf die Beachtung der Rechtshängigkeit beziehen.[227]

Staatsvertragliche Verpflichtungen gegenüber Drittstaaten zur Beachtung der Rechtshängigkeit bleiben also vom EuGVÜ unberührt. Beachtet man die Rechtshängigkeit aber in diesen Fällen, so ist dies ein Grund, auch außerhalb staatsvertraglicher Verpflichtungen so zu verfahren, um gleichgelagerte Sachverhalte nach gleichen Regeln zu beurteilen.

b) Außerhalb von Staatsverträgen

aa) Wortlaut

Ebenso wie zur Stellung der allgemeinen Anerkennungs- und Vollstreckungsabkommen mit Drittstaaten schweigen Vertragstext und Berichte auch zu der Frage, ob die Berücksichtigung der Rechtshängigkeit in einem Drittstaat nach nationalem Recht zulässig ist. Daraus könnte man unterschiedliche Schlußfolgerungen ziehen.

Auf der einen Seite könnte man sagen, der Ausschluß einer nach dem EuGVÜ gegebenen Zuständigkeit durch das nationale Recht bedürfe einer ausdrücklichen Ermächtigung. Deshalb spreche das Schweigen des Texts

---

[224] *Geimer/Schütze/Geimer*, Bd. 1/1, S. 292; Geimer, FS Kralik, S. 179, 182.

[225] Weil es sich um besondere Rechtsgebiete handeln muß, fallen allgemeine Anerkennungs- und Vollstreckungsverträge wie der deutsch-österreichische Vertrag nicht darunter.

[226] *Jenard*-Bericht, S. 60.

[227] Fragen könnte man sich höchstens, warum das EuGVÜ für Staatsverträge über besondere Rechtsgebiete in Artikel 57 eine Sonderregel vorgesehen hat, für allgemeine Anerkennungs- und Vollstreckungsverträge dagegen nicht. Die Antwort darauf ist wohl, daß man das Problem nicht gesehen hat, vgl. *Geimer/Schütze/Geimer*, Bd. 1/1, S. 293.

gegen die Anwendbarkeit nationalen Rechts.[228] Diese Sichtweise ist aber nicht überzeugend. Denn mit ebenso guten Gründen ließe sich argumentieren, es hätte einer ausdrücklichen Regelung im Text bedurft, um eine weit verbreitete Regel wie die der Beachtung ausländischer Rechtshängigkeit auszuschließen.[229] Deshalb ist es besser, davon auszugehen, daß das Schweigen von Vertragstext und Berichten sich daraus erklärt, daß man das Problem der Rechtshängigkeit in einem Drittstaat bei der Abfassung des EuGVÜ nicht gesehen habe.[230] Dann läßt sich daraus für die hier behandelte Frage nichts ablesen und es kommt auf andere Erwägungen an.

bb) Prinzipielle Anerkennung einer Durchbrechung des Justizgewährungsanspruchs in Fällen ausländischer Rechtshängigkeit

Einer der entscheidenden Unterschiede zwischen lis-alibi-pendens-Fällen und einfachen forum-non-conveniens-Fällen ist, daß das EuGVÜ der Beachtung ausländischer Rechtshängigkeit prinzipiell positiv gegenübersteht. In den Artikeln 21 ff. ordnet es ausdrücklich an, daß die Rechtshängigkeit in einem anderen Vertragsstaat unter bestimmten Voraussetzungen zu beachten ist. Es erkennt also die Fallgruppe „ausländische Rechtshängigkeit" im Grundsatz als Ausnahme vom Justizgewährungsanspruch an. Eine entsprechende Ausnahme für forum non conveniens findet sich dagegen nicht.[231] Kombiniert man dies mit der Tatsache, daß das EuGVÜ offensichtlich die Problematik der Rechtshängigkeit in einem Drittstaat nicht gesehen hat, kommt man zu dem Schluß, daß es angebracht wäre, der grundsätzlichen Wertentscheidung des EuGVÜ zugunsten der Beachtung ausländischer Rechtshängigkeit auch dann Wirkung zu verschaffen, wenn das alternative Gericht in einem Drittstaat liegt.

Dafür gäbe es zwei Möglichkeiten, nämlich entweder die analoge Anwendung der Artikel 21 ff. EuGVÜ (also des Prioritätsprinzips) oder die Maßgeblichkeit des nationalen Rechts (in England also der lis-alibi-pendens-Lehre).

Gegen die analoge Anwendung der Artikel 21 ff. EuGVÜ spricht der Zusammenhang der Regeln über die ausländische Rechtshängigkeit mit den

---

[228] Vgl. *v. Hoffmann*, AWD 1973, 57, 64, der diesen Gedanken zwar aufwirft, letztlich aber ablehnt.

[229] *Geimer/Schütze/Geimer*, Bd. 1/I, S. 293; *Geimer*, FS Kralik, S. 179, 183.

[230] *Geimer/Schütze/Geimer*, Bd. 1/I, S. 293; *Geimer*, FS Kralik, S. 179, 183.

[231] Siehe o. 7. Kap., B, III, 1, b, cc.

Grundsätzen der Urteilsanerkennung. Diejenigen Rechtsordnungen, die eine ausländische Rechtshängigkeit beachten, tun dies vielfach nur unter der Voraussetzung einer positiven Anerkennungsprognose. Das bedeutet, daß die ausländische Rechtshängigkeit nur dann berücksichtigt wird, wenn das zu erwartende Urteil des ausländischen Gerichts im Inland anerkennungsfähig wäre.[232] Rechtspolitisch gerechtfertigt ist dies durch die enge Verbindung zwischen der Beachtung ausländischer Rechtshängigkeit und der Anerkennung ausländischer Urteile: Wenn man sogar das Endurteil anerkennen würde, ist es sinnvoll, auch schon das Verfahren selbst zur Kenntnis zu nehmen.[233]

Das EuGVÜ ist nun, was die Berücksichtigung der Rechtshängigkeit in einem anderen Vertragsstaat angeht, sehr großzügig. Die Artikel 21 ff. EuGVÜ verlangen die Beachtung jedes früher rechtshängig gewordenen Verfahrens, ohne ausdrücklich eine positive Anerkennungsprognose zu fordern. Ein solches Erfordernis ist in diesem Rahmen auch nicht erforderlich, weil es nur um Verfahren vor Gerichten anderer Vertragsstaaten geht. Deren Entscheidungen aber sind nach Artikel 26 EuGVÜ – von den eng begrenzten Ausnahmen in Artikel 27 f. EuGVÜ abgesehen – ohnehin automatisch anzuerkennen. Anders formuliert: Die Artikel 21 ff. EuGVÜ verzichten auf das ausdrückliche Erfordernis einer positiven Anerkennungsprognose, weil die Anerkennungsfähigkeit bei allen Entscheidungen, die in ihren Anwendungsbereich fallen, sowieso gegeben ist. Dies wäre jedoch bei Rechtshängigkeit in einem Drittstaat nicht der Fall, weil die Artikel 25 ff. EuGVÜ auf Entscheidungen von Gerichten in Drittstaaten keine Anwendung finden. Eine analoge Anwendung der Artikel 21 ff. EuGVÜ auf Drittstaaten würde also die großzügige Regelung des EuGVÜ auf Situationen übertragen, in denen die Rechtfertigung dafür nicht gegeben wäre. Aus diesem Grund erscheint es angebracht, die Beachtung der Rechtshängigkeit in Drittstaaten dem nationalen Recht zu überlassen.[234]

---

232 Für das deutsche Recht: *Stein/Jonas/Schumann*, § 261, Rdnr. 11 m.w.N.; *Geimer/Schütze/Geimer*, Band I/II, S. 1651; BGH NJW 1986, 2195 m.w.N.; für das österreichische Recht: *Schumann*, FS Kralik, S. 301, 306; für das dänische Recht: *Isenburg-Epple*, S. 66.

233 Vgl. *Schack*, IZVR, Rdnr. 748: „Anerkennung" der Rechtshängigkeit als *Vorstufe der Urteilsanerkennung*".

234 *Kohler*, FS Matscher, S. 251, 260 weist auf eine weitere Lösungsmöglichkeit hin: die analoge Anwendung der Art. 21 ff. EuGVÜ unter der Voraussetzung, daß die zu erwartende Entscheidung des alternativen Gerichts im Forumstaat anerkennungsfähig wäre. Auch dieser Ansatz setzt aber einen Rückgriff auf das autonome Recht des Forumstaats voraus, nämlich bei der Prüfung der Anerkennungsfähigkeit des ausländischen Urteils. Deshalb erscheint es vorzugswürdig, von vornherein das autonome Recht des Gerichtsstaats zur Anwendung zu bringen.

cc) *Argument aus Artikel 27 Nr. 5 EuGVÜ*

Artikel 27 Nr. 5 EuGVÜ besagt, daß die Mißachtung der Rechtshängigkeit in einem Drittstaat durch das Urteilsgericht ein Anerkennungshindernis darstellt, wenn die Entscheidung des (Drittstaats-)Gerichts im Anerkennungsstaat anerkennungsfähig wäre. Aus dieser Beachtlichkeit der Rechtshängigkeit in einem Drittstaat auf der Anerkennungsebene folgern manche, daß man die ausländische Rechtshängigkeit auch schon vorher, auf der Zuständigkeitsebene, berücksichtigen solle.[235]

Dieses Argument erscheint vernünftig. Es stellt sich jedoch ein Problem. Der EuGH hat in Overseas Union ein ähnliches, auf Artikel 27 Nr. 3 EuGVÜ gestütztes, Argument mit der Begründung zurückgewiesen, eine Auffangregelung auf der Anerkennungsebene könne nicht dazu führen, den Anwendungsbereich der Artikel 21 ff. EuGVÜ einzuschränken.[236] Der vom EuGH behandelte Fall war allerdings in einem wesentlichen Punkt vom hier besprochenen verschieden. In jenem ging es darum, den nach dem ausdrücklichen Wortlaut gegebenen Anwendungsbereich der Artikel 21 ff. EuGVÜ zugunsten des nationalen Rechts zu beschränken. Hier dagegen ist der Anwendungsbereich dieser Vorschriften mit Sicherheit nicht betroffen. Es geht nicht darum, ob die ausländische Rechtshängigkeit nach den Regeln des EuGVÜ oder nach denen des nationalen Rechts beurteilt werden soll. Die Alternative lautet vielmehr: Berücksichtigung nach nationalem Recht oder überhaupt keine Berücksichtigung. Und Ausdruck der auf großzügige Beachtung ausländischer Rechtshängigkeit gerichteten Grundtendenz des EuGVÜ ist Artikel 27 Nr. 5 allemal.

Auch aus der Regelung der Artikel 27 Nr. 5 EuGVÜ läßt sich also ablesen, daß der Justizgewährungsanspruch auch für Fälle der Rechtshängigkeit in einem Drittstaat durchbrochen werden kann.[237]

c) Zusammenfassung

Es gibt gute Gründe, eine Durchbrechung des Justizgewährungsanspruchs auch für Fälle von Rechtshängigkeit in einem Drittstaat zuzulassen.

---

[235] *Kropholler*, FS Ferid (1988), S. 239, 244; *Hartley*, S. 77; ebenso die – unterlegenen – Beklagten in Arkwright Mutual Insurance Co. v. Bryanston Insurance Co. Ltd. and Others [1990] 2 Lloyd's Rep. 70, wo das Gericht dieses Argument allerdings zurückwies.

[236] EuGH (Overseas Union Insurance u.a.), Slg. 1991-I, 3317, 3349, Rdnr. 17; s.o. 7. Kap., C, II, 1.

[237] **A.A.** jedoch Arkwright Mutual Insurance Co. v. Bryanston Insurance Co. Ltd. and Others [1990] 2 Lloyd's Rep. 70, 79.

Erstens ist dies erforderlich, um Konflikte mit anderen Staatsverträgen zu vermeiden, die zur Beachtung der Rechtshängigkeit in Drittstaaten verpflichten. Zweitens trifft das EuGVÜ selbst in den Artikeln 21 ff. die Grundentscheidung für die Beachtung ausländischer Rechtshängigkeit und drittens spricht ein Rückschluß aus Artikel 27 Nr. 5 EuGVÜ für diese Lösung. Damit ist das Haupthindernis für die Anwendung nationalen Rechts im allgemeinen und der englischen lis-alibi-pendens-Lehre im besonderen ausgeräumt. Trotzdem werden im folgenden auch die beiden anderen Erwägungen behandelt, die bei einfachen forum-non-conveniens-Fällen eine Rolle gespielt haben.

2. Rechtssicherheit und Einheitlichkeit bei der Anwendung des EuGVÜ

Daß die Schaffung von Rechtssicherheit hinsichtlich der internationalen Zuständigkeit eines der Hauptanliegen des EuGVÜ war, wurde bereits dargestellt.[238] Klar ist, daß die auf eine Ermessensentscheidung des Richters hinauslaufende englische lis-alibi-pendens-Lehre ebenso zu Rechtsunsicherheit führen würde wie die forum-non-conveniens-Doktrin in Fällen ohne ausländische Rechtshängigkeit. Dieser Faktor verdient bei der hier behandelten Fallgruppe jedoch weniger Gewicht als dort, weil er gewissermaßen „hausgemacht" ist. Denn auf der einen Seite entscheidet sich das EuGVÜ für die grundsätzliche Beachtung ausländischer Rechtshängigkeit, auf der anderen Seite stellt es aber keine Regelung für den Fall zur Verfügung, daß sich das alternative Gericht nicht in einem Vertragsstaat befindet. Wer Lücken schafft, darf sich über die daraus resultierenden Probleme nicht beklagen.

3. Bedürfnis nach der Anwendung nationalen Rechts

Daß für die Beachtung ausländischer Rechtshängigkeit allgemein (also auch in Drittstaaten-Fällen) ein starkes Bedürfnis besteht, ergibt sich aus drei Überlegungen. Erstens bestünde im Falle ihrer Nichtbeachtung die Gefahr, daß in den beiden Verfahren zwei sich widersprechende Urteile ergehen.[239] Dies ist aus zwei Gründen unerwünscht. Zum einen widerspricht es dem Ziel der internationalen Entscheidungsharmonie.[240] Zum anderen kann es zu Konflikten bei der Urteilsvollstreckung kommen. Die

---

[238] Siehe o. 7. Kap., B, I, 1, b, bb.

[239] *Stein/Jonas/Schumann*, § 261, Rdnr. 11 m.w.N.; *Schumann*, FS Kralik, S. 301, 306; *Schack*, IZVR, Rdnr. 748.

[240] *Schack*, IZVR, Rdnr. 748.

Ansicht Schützes,[241] der meint, dies könne man verhindern, indem man dem ausländischen Urteil die Anerkennung verweigere, ist nicht immer zutreffend. Dies zeigt ein einfaches Beispiel: Der Kläger hat im ausländischen Verfahren Recht bekommen, im inländischen dagegen nicht. Hat der Beklagte in dem betreffenden ausländischen Staat Vermögen, so könnte der Kläger dort vollstrecken und bräuchte sich um die Anerkennung im Inland nicht zu kümmern. Allein daran zeigt sich schon, daß die Verweigerung der Anerkennung nicht immer ein wirksames Mittel ist, um Konflikte zu vermeiden. Noch komplizierter wird die Lage dann, wenn der Beklagte versuchen würde, im Inland über die ungerechtfertigte Bereicherung das herauszuverlangen, was er im Ausland gezahlt hat. Ob er damit letztlich Erfolg hätte, ist zwar zweifelhaft, die Möglichkeit eines Vollstreckungskarussels besteht aber jedenfalls.[242] Der Erlaß zweier einander widersprechender Urteile in den beiden Verfahren hätte also unangenehme Folgen. Der beste Weg, diese zu vermeiden, ist, die ausländische Rechtshängigkeit schon auf der Zuständigkeitsebene zu berücksichtigen.

Zweitens sprechen Erwägungen der Prozeßökonomie für die Beachtung ausländischer Rechtshängigkeit, und zwar sowohl aus der Sicht der Gerichte als auch aus der der Parteien: Zwei Verfahren sind teurer als eines.[243]

Und drittens könnte ihre Nichtbeachtung einen „unwürdigen Wettlauf der Gerichte um den frühestmöglichen Eintritt der Rechtskraft provozieren".[244] Denn die Ergebnisse des früher rechtskräftig gewordenen Urteils könnten im anderen Verfahren mit Hilfe des Einwands der Rechtskraft durchgesetzt werden.[245]

Anders als bei einfachen forum-non-conveniens-Fällen[246] besteht also in dieser Fallgruppe ein Bedürfnis nach der Beachtung ausländischer Rechts-

---

[241] *Schütze*, S. 177 f.

[242] Vgl. zum Ganzen *Schack*, IZVR, Rdnrn. 1029 f.

[243] *Schack*, IZVR, Rdnr. 747; **a.A.** *Schütze*, S. 178, jedoch mit Bezug auf die Schwierigkeiten, die sich aus dem Erfordernis der positiven Anerkennungsprognose ergeben, das ja im englischen Recht nicht existiert.

[244] *Schack*, IZVR, Rdnr. 747.

[245] Natürlich nur in den Grenzen und unter den Voraussetzungen, die das betreffende Prozeßrecht für Anerkennung der Rechtskraftwirkung eines ausländischen Verfahrens aufstellt, vgl. *Schack*, IZVR, Rdnrn. 887 f.; s.o. 4. Kap., B, II, 1, a.

[246] Bei diesen besteht in dieser Fallgruppe kein Bedürfnis für eine Korrektur durch die forum-non-conveniens-Lehre, weil exorbitante Zuständigkeiten durch Artikel 3 EuGVÜ ausgeschlossen sind und die Zuständigkeitsgründe des EuGVÜ als vertypte Formen von forum non conveniens betrachtet werden können, s.o. 7. Kap., B, III, 3 und I, 1, c.

hängigkeit und damit – im englischen Kontext – nach der Anwendung der lis-alibi-pendens-Lehre.

4. Unterscheidung danach, ob Bezüge zu anderen Vertragsstaaten?

Eine Einschränkung dergestalt, daß das nationale Recht nur zur Anwendung kommen könne, wenn der Sachverhalt keine Bezüge zu anderen Vertragsstaaten als dem des angerufenen Gerichts aufweise,[247] ist bei dieser Fallgruppe aus zwei Gründen nicht angebracht. Erstens würde eine derartige Unterscheidung zwischen Verträgen mit Bezug zu einem weiteren Vertragsstaat und solchen ohne derartigen Bezug zu erheblicher Rechtsunsicherheit führen.[248] Die Abgrenzung danach, ob das alternative Gericht in einem Vertragsstaat liegt oder nicht, bereitet dagegen keine Schwierigkeiten. Zweitens wäre unklar, nach welchen Regeln man in Fällen mit Bezug zu einem weiteren Vertragsstaat die ausländische Rechtshängigkeit beurteilen sollte. Denn eine analoge Anwendung der Artikel 21 ff. EuGVÜ ist aus den oben genannten Gründen[249] nicht angebracht, die nicht dadurch an Überzeugungskraft verlieren, daß Berührungspunkte zu einem weiteren Vertragsstaat gegeben sind.

5. Zusammenfassung zu Fallgruppe 7: Alternatives Gericht in einem Drittstaat und Beklagter mit Wohnsitz in einem Vertragsstaat

In dieser Fallgruppe ist die Anwendung nationalen Rechts zur Beachtung ausländischer Rechtshängigkeit zulässig. Die englische lis-alibi-pendens-Lehre bleibt also anwendbar.[250] Dabei kommt es nur darauf an, daß das alternative Gericht in einem Drittstaat liegt. Ob daneben Berührungspunkte zu anderen Vertragsstaaten als dem des angerufenen Gerichts bestehen, ist unerheblich.

Die Durchbrechung des Justizgewährungsanspruchs ist aus drei Gründen gerechtfertigt: der Vermeidung von Konflikten mit anderen Staatsver-

---

[247] Vgl. dazu die Erörterungen zu The Po [1991] 2 Lloyd's Rep. 206 (C.A.), siehe o. 7. Kap., B, III, 1.

[248] Siehe o. 7. Kap., B, III, 2 und 1, a, dd, ddd.

[249] Siehe o. 7. Kap., C, III, 1, b, bb.

[250] So auch die h.M., siehe o. 7. Kap., C, III.

trägen, der Grundentscheidung des EuGVÜ für die Beachtung ausländischer Rechtshängigkeit und dem Rückschluß aus Artikel 27 Nr. 5 EuGVÜ. Es besteht auch ein Bedürfnis nach der Beachtung der Rechtshängigkeit in Drittstaaten. Dies ergibt sich aus dem Bestreben, einander widersprechende Urteile und einen Wettlauf der Parteien um den frühestmöglichen Eintritt der Rechtskraftwirkung zu vermeiden, und aus Erwägungen der Prozeßökonomie. Diese Argumente überwiegen die aus der Anwendung der englischen lis-alibi-pendens-Lehre resultierende Rechtsunsicherheit deutlich.

IV. Fallgruppe 8: Alternatives Forum in einem Drittstaat und Beklagter ohne Wohnsitz in einem Vertragsstaat

In dieser Fallgruppe ist ebenso wie in Fallgruppe 7 nationales Recht anwendbar. Die englischen Gerichte können also weiter lis alibi pendens judizieren. Dies gilt unabhängig davon, ob sich die Zuständigkeit gemäß Artikel 4(2) EuGVÜ aus dem nationalen Recht ergibt oder ob sie aufgrund einer der anerkannten Ausnahmen[251] auf dem EuGVÜ beruht. Denn aus der Entscheidung in Overseas Union[252] ergibt sich als allgemeiner Grundsatz, daß die Abgrenzung des Anwendungsbereichs der Artikel 21 ff. EuGVÜ von dem des nationalen Rechts allein von der Lage des alternativen Gerichts abhängen soll und nicht vom Wohnsitz des Beklagten oder von den im konkreten Fall einschlägigen Zuständigkeitsgründen. Weil in dieser Fallgruppe das alternative Gericht in einem Drittstaat liegt, findet nationales Recht aus den gleichen Gründen wie in Fallgruppe 7 Anwendung.

V. Zusammenfassung zu Fällen ausländischer Rechtshängigkeit

Die Ergebnisse der einzelnen Fallgruppen sehen folgendermaßen aus:

Fallgruppe 5 (Alternatives Gericht in Vertragsstaat, Beklagter mit Wohnsitz in Vertragsstaat): Es gelten die Artikel 21 ff. EuGVÜ. Die Anwendung nationalen Rechts im allgemeinen und der englischen lis-alibi-pendens-Lehre im besonderen ist ausgeschlossen.

Fallgruppe 6 (Alternatives Gericht in Vertragsstaat, Beklagter ohne Wohnsitz in Vertragsstaat): Ebenso wie in Fallgruppe 5 schließen die Artikel 21 ff. EuGVÜ die Anwendung der englischen lis-alibi-pendens-Lehre aus.

---

[251] Siehe o. 7. Kap., B,

[252] EuGH (Overseas Union Insurance u.a.), Slg. 1991-I, 3317.

Fallgruppe 7 (Alternatives Gericht in Drittstaat, Beklagter mit Wohnsitz in Vertragsstaat): Hier ist Raum für die Anwendung nationalen Rechts. Die englischen Gerichte können die lis-alibi-pendens-Lehre weiter verwenden.

Fallgruppe 8 (Alternatives Gericht in Drittstaat, Beklagter ohne Wohnsitz in Vertragsstaat): Ebenso wie in Fallgruppe 7 ist die Anwendung der englischen lis-alibi-pendens-Lehre weiter möglich.

Diese Ergebnisse führen zu folgender allgemeiner Regel: Das entscheidende Abgrenzungskriterium ist der Ort, an dem sich die konkurrierenden Gerichte befinden. Konkurriert das englische Gericht mit einem Gericht aus einem Vertragsstaat, so gelten die Artikel 21 ff. EuGVÜ, und für das nationale Recht bleibt kein Platz. Liegt das alternative Gericht dagegen in einem Drittstaat, so findet nationales Recht Anwendung, und das englische Gericht kann weiter lis alibi pendens judizieren. Unerheblich ist, wo sich der Wohnsitz der Parteien befindet und ob sich die Zuständigkeit des englischen Gerichts auf das EuGVÜ oder auf das nationale Recht stützt.

Ergebnisse der Arbeit

1. Das englische Recht hat innerhalb kurzer Zeit aus einer eng begrenzten Mißbrauchs-Ausnahme eine voll ausgeprägte forum-non-conveniens-Doktrin entwickelt, die dem englischen Gericht einen weiten Ermessensspielraum zugesteht.

2. Die neue Lehre hat in der Praxis zu beträchtlicher Rechtsunsicherheit geführt. Dies ist umso bedauerlicher, als die forum-non-conveniens-Doktrin weder im Hinblick auf das Courtoisie-Gebot noch zur Abwehr von forum shopping erforderlich ist. Allenfalls zur Einschränkung der transient-presence-rule des Common Law wäre eine auf Fälle von Rechtsmißbrauch beschränkte Form der forum-non-conveniens-Lehre akzeptabel. Fälle, in denen sie tatsächlich diesem Zweck dient, sind aber selten.

3. Hinsichtlich der Anwendung der Doktrin im Rahmen des EuGVÜ muß man unterscheiden:

   a) In Fällen ohne ausländische Rechtshängigkeit ist ihre Anwendung immer dann ausgeschlossen, wenn sich die Zuständigkeit eines Gerichts in einem Vertragsstaat auf eine Norm des EuGVÜ stützt.

   b) In Fällen ausländischer Rechtshängigkeit ist ihre Anwendung dann ausgeschlossen, wenn sich das alternative Forum in einem Vertragsstaat befindet. Liegt es dagegen in einem Drittstaat, so bleibt das nationale Recht des angerufenen Gerichts anwendbar, und die englischen Gerichte können auf die forum-non-conveniens-Doktrin (in der Form der lis-alibi-pendens-Lehre) zurückgreifen.

Literaturverzeichnis

Anton, A.E.: Private international law, A treatise from the standpoint of Scots law, 1. Aufl., Edinburgh, 1967 (zit.: Anton, 1. Aufl.)

Anton, A.E. / *Beaumont*, P.R.: Private international law, A treatise from the standpoint of Scots law, 2. Aufl., Edinburgh, 1990 (zit.: Anton, 2. Aufl.)

Arroyo, I.: International Maritime Conventions, Deventer-Boston, 1991

Audit, B.: Droit international privé, Paris, 1991

Barma, A. / *Elvin*, D.: Forum non conveniens: Where do we go from here?, (1985) 101 L.Q.R. 48

Basedow, J.: Das forum conveniens der Reeder im EuGVÜ, IPRax 1985, 133

– Europäisches Zivilprozeßrecht, Allgemeine Fragen des Europäischen Gerichtsstands- und Vollstreckungsübereinkommens, in: Handbuch des Internationalen Zivilverfahrensrechts, Band 1, Kapitel II, Tübingen, 1982 (zit.: Basedow, Hdb. IZVR I, Kap.II)

Beck, A.: Letter box service and errant defendants, (1990) 106 L.Q.R. 47

Berger, D.: Zuständigkeit und forum non conveniens im amerikanischen Zivilprozeß, RabelsZ 41 (1977), 39

Bernasconi, C. / *Gerber*, A.: Der räumlich-persönliche Anwendungsbereich des Lugano-Übereinkommens, S.Z.I.E.R. 1993, 39

Blum, C.: Forum non conveniens, Eine Darstellung der anglo-amerikanischen Doktrin und die Anwendungsmöglichkeiten im kontinentalen Recht am Beispiel der Zürcher Zivilprozeßordnung, Zürich, 1979

Braucher, R.: The inconvenient federal forum, (1947) 60 Harvard L.R. 908

Bridge, M.G.: Changing attitudes to jurisdiction, (1973) 36 M.L.R. 649

Briggs, A.: "Forum non conveniens" – an update, (1985) Lloyd's M.C.L.Q. 360

– Forum non conveniens – now we are ten?, (1983) 3 L.S. 74

– Forum non conveniens – The last word?, (1987) Lloyd's M.C.L.Q. 1

– Forum non conveniens and the Brussels Convention again, (1991) 107 L.Q.R. 180

– Spiliada and the Brussels Convention, (1991) Lloyd's M.C.L.Q. 10

– The staying of actions on the ground of "forum non conveniens" in England today, (1984) Lloyd's M.C.L.Q. 227

Brown, W.J.: G.S.C.E. law, 4. Aufl., London, 1989

Bülow, A. / *Böckstiegel*, K.H. / *Geimer*, R. / *Schütze*, R.A.: Der internationale Rechtsverkehr in Zivil- und Handelssachen, Band 1, München, 1985 (zit.: Bülow/Böckstiegel (/Bearbeiter))

Cheshire, G.C. / *North*, P.M. / *Fawcett*, J.J.: Cheshire and North's Private international law, 12. Aufl., London-Dublin-Edinburgh, 1992 (zit.: Cheshire/North)

Coester-Waltjen, D.: Die Bedeutung des Art. 6 Nr. 2 EuGVÜ, IPRax 1992, 290

Collier, J.G.: Annual Review: Conflict of laws, All E.R. Annual Review 1991, 47

- Conflict of laws, Cambridge, 1987
- Staying of actions and forum non conveniens. English law goes Scotch, (1987) Cambridge L.J. 33

Collins, L.: Forum non conveniens and the Brussels Convention, (1990) 106 L.Q.R. 535

- Negative declarations and the Brussels Convention, (1992) 109 L.Q.R. 545
- The Civil Jurisdiction and Judgments Act 1982, London, 1983
- The Hague Evidence Convention and discovery: A serious misunderstanding, (1985) 35 I.C.L.Q. 765

Dicey, A.V. / *Morris*, J.H.C. / *Collins*, L. u.a. (Hrsg.): Dicey and Morris on the conflict of laws, 11. Aufl., London, 1987 (zit.: Dicey/Morris)

Droz, G.A.L.: Compétence judiciaire et effets des jugements dans le Marché Commun (Etude de la Convention de Bruxelles du 27 septembre 1968), Paris, 1972 (zit.: Droz, Compétence judiciaire)

- Entrée en vigueur de la Convention de Bruxelles révisée sur la compétence judiciaire et l'éxécution des jugements, R.C.D.I.P. 1987, 251

Fawcett, J.J.: Forum shopping – Some questions answered, (1984) 35 N.I.L.Q. 141

- Lis alibi pendens and the discretion to stay, (1984) 47 M.L.R. 481
- Trial in England or abroad: The underlying policy considerations, (1989) 9 Oxford J.L.S. 205

Fentiman, R.G.: Jurisdiction, discretion and the Brussels Convention, (1993) 26 Cornell Int. L.J. 59

Gaudemet-Tallon, H.: Le "forum non conveniens", une menace pour la Convention de Bruxelles? (A propos de trois arrets récents), R.C.D.I.P. 1991, 491

Geimer, R.: Das Zuständigkeitssystem des EWG-Übereinkommens vom 27. September 1968, WM 1976, 830

- Internationales Zivilprozeßrecht, Köln, 1987 (zit.: Geimer, IZPR)
- Kompetenzkonflikte im System des Europäischen Gerichtsstands- und Vollstreckungsübereinkommens, in: Rechberger, W. H./Weber R. (Hrsg.), Festschrift für Winfried Kralik zum 65. Geburtstag, Wien, 1986, S. 179 (zit.: Geimer, FS Kralik)
- The European law of civil procedure under the Brussels Convention, in: Lutter, M./ Oppenhoff, W./Sandrock, O./Winkhans, H. (Hrsg.), Festschrift für Ernst C. Stiefel zum 80. Geburtstag, München, 1987, S. 219
- Ungeschriebene Anwendungsgrenzen des EuGVÜ: Müssen Berührungspunkte zu mehreren Vertragsstaaten bestehen?, IPRax 1991, 31

Geimer, R. / *Schütze*, R.A.: Internationale Urteilsanerkennung, Band 1, 1. Halbband: Das EWG-Übereinkommen über die gerichtliche Zuständigkeit und die Vollstreckung gerichtlicher Entscheidungen in Zivil- und Handelssachen, München, 1983 (zit.: Geimer/Schütze(-Bearbeiter), Bd. 1/I)

- Internationale Urteilsanerkennung, Band 1, 2. Halbband: Allgemeine Grundsätze und autonomes deutsches Recht, München, 1984 (zit.: Geimer/Schütze(-Bearbeiter), Bd. 1/II)

Gottwald, P.: Buchbesprechung zu: Nagel, H., Internationales Zivilprozeßrecht für deutsche Praktiker, ZZP 94 (1981), 351

Grime, R.: Shipping Law, 2. Aufl., London, 1991

Hartley, T.C.: Civil Jurisdiction and Judgments, London, 1984

– The Brussels Convention and forum non conveniens, (1992) E.L.R. 553

– The effect of the 1968 Brussels Judgments Convention on Admiralty actions in rem, (1989) 105 L.Q.R. 640

Henrich, D.: Einführung in das englische Recht, 2. Aufl., Darmstadt, 1993

Herrmann, H.J.: Supranationale und internationale Gerichte, in: Handbuch des internationalen Zivilverfahrensrechts, Band 1, Kapitel 1, Tübingen, 1982 (zit.: Herrmann, Hdb. IZVR I, Kap. I)

Isenburg-Epple, S.: Die Berücksichtigung ausländischer Rechtshängigkeit nach dem Europäischen Gerichtsstands- und Vollstreckungsabkommen vom 27.9.1968, Frankfurt/M.-Bern-New York-Paris, 1991

Jacob, Sir J.I.H.: The Supreme Court Practice 1991, London, 1990 (zit.: Jacob, The Supreme Court Practice 1991)

James, F. / *Hazard*, G.C.: Civil Procedure, 3. Aufl., Boston-Toronto, 1985

James, P.S.: Introduction to English law, 12. Aufl., London, 1989

Jasper, D.: Forum shopping in England und Deutschland, Berlin, 1990

Jayme, E., (Hrsg.): Ein internationales Zivilverfahrensrecht für Gesamteuropa: EuGVÜ, Lugano-Übereinkommen und die Rechtsentwicklungen in Mittel- und Osteuropa (zit.: Jayme, Gesamteuropa), Heidelberg, 1992

– Das Europäische Gerichtsstands- und Vollstreckungsübereinkommen und die Drittländer – Das Beispiel Österreich, in: Schwind, F., (Hrsg.), Europarecht – Internationales Privatrecht – Rechtsvergleichung, Österreichische Akademie der Wissenschaften, Philosophisch-Historische Klasse, Sitzungsberichte, 500. Band, Wien, 1988, S. 97 (zit.: Jayme, in Schwind, Europarecht)

– Fragen der internationalen Verbundszuständigkeit, IPRax 1984, 121

– Grundfragen zum Anwendungsbereich des EuGVÜ – Zwei Vorlagen an den EuGH, IPRax 1992, 357

– Kollisionsrecht und Bankgeschäfte mit Auslandsberührung, Berlin, 1977

– Zur Entscheidungsharmonie im internationalen Kindschaftsrecht, in: Habscheid, W.J./ Gaul, H.F./ Mikat, P. (Hrsg.), Festschrift für Friedrich Wilhelm Bosch zum 65. Geburtstag, Bielefeld, 1976, S. 459 (zit.: Jayme, FS Bosch)

– Zur Übernahme der Lehre vom "forum non conveniens" in das deutsche Internationale Zivilverfahrensrecht. Zugleich Besprechung von Ulrich Wahl: Die verfehlte internationale Zuständigkeit, StAZ 1975, 91

– Urteilsanmerkung in: FamRZ 1972, 508

Jayme, E. / *Haack*, H.: Reziproke Gerichtsstandsklauseln – EuGVÜ und Drittstaaten, IPRax 1985, 323

Jayme, E. / *Hausmann*, R.: Internationales Privat- und Verfahrensrecht, 6. Aufl., 1992

Jayme, E. / *Kohler*, C.: Das internationale Privat- und Verfahrensrecht der EG nach Maastricht, IPRax 1992, 346

Jenard, P.: Bericht zu dem Übereinkommen über die gerichtliche Zuständigkeit und die Vollstreckung gerichtlicher Entscheidungen in Zivil- und Handelssachen, Abl.EG vom 5.3.1979, Nr. C 59/1 (zit.: Jenard-Bericht)

Juenger, F.K.: Der Kampf ums Forum, RabelsZ 46 (1982), 708

- Forum shopping, domestic and international, (1989) 63 Tulane L.R. 553
- La Convention de Bruxelles du 27 septembre 1968 et la courtoisie internationale – Réflexions d'un Américain, R.C.D.I.P. 1988, 37

Junker, A.: Discovery im deutsch-amerikanischen Rechtsverkehr, Heidelberg, 1987

Kaser, M.: Römisches Privatrecht, 15. Aufl., München, 1989

Kaye, P.: Civil Jurisdiction and enforcement of foreign judgments, Abingdon, 1987 (zit.: Kaye, Civil Jurisdiction)

- The EEC Judgments Convention and the outer world: Goodbye to forum non conveniens?, (1992) J.B.L. 47

Kegel, G.: Internationales Privatrecht, 6. Aufl., München, 1987

Kohler, C.: Internationale Gerichtsstandsvereinbarungen: Liberalität und Rigorismus im EuGVÜ, IPRax 1983, 265

- Practical experience of the Brussels Jurisdiction and Judgments Convention in the six original contracting states, (1985) 34 I.C.L.Q. 563
- Staatsvertragliche Bindungen bei der Ausübung internationaler Zuständigkeit und richterliches Ermessen – Bemerkungen zur Harrods-Entscheidung des englischen Court of Appeal, in: Ballon, O./Hagen, J.J. (Hrsg.), Verfahrensgarantien im nationalen und internationalen Prozeßrecht, Festschrift für Franz Matscher zum 65. Geburtstag, Wien, 1993 (zit.: Kohler, FS Matscher)

Kronke, H.: Neue Entwicklungen im englischen Recht der internationalen Zuständigkeit, RIW/AWD 1977, 613

Kropholler, J.: Europäisches Zivilprozeßrecht, Kommentar zum EuGVÜ, 3. Aufl., Heidelberg, 1991 (zit.: Kropholler, EuZPR)

- Internationale Zuständigkeit, in: Handbuch des Internationalen Zivilverfahrensrechts, Band 1, Kapitel III, Tübingen, 1982, (zit.: Kropholler, Hdb. IZVR I, Kap. III)
- Problematische Schranken der europäischen Zuständigkeitsordnung gegenüber Drittstaaten, in: Heldrich, A./Sonnenberger, H. J. (Hrsg.), Festschrift für Murad Ferid zum 80. Geburtstag, München, 1988, S. 239 (zit.: Kropholler, FS Ferid (1988))

Lagarde, P.: Le principe de proximité dans le droit international privé contemporain, Cours général de droit international privé, Recueil des Cours 1986-I, S. 9 (zit.: Lagarde, Recueil des Cours 1986-I)

Landers, J.M. / *Martin*, J.A. / *Yeazell*, S.C.: Civil Procedure, 2. Aufl., Boston-Toronto, 1988

Lange, D.G. / *Black*, S.F.: Der Zivilprozeß in den Vereinigten Staaten. Ein praktischer Leitfaden für deutsche Unternehmen, Heidelberg, 1987

Lasok, D. / *Stone*, P.A.: Conflict of Laws in the European Community, Abingdon, 1987

Lorenz, W.: AGB-Kontrolle bei gewerbsmäßiger Überlassung von Ferienwohnungen im Ausland: Internationale Zuständigkeit und Verbandsklage, IPRax 1990, 318

Maclean, A.: Foreign collisions and forum conveniens, (1973) 22 I.C.L.Q. 748

Mennie, A.: The Brussels Convention and the Scottish courts' discretion to decline jurisdiction, Jur. Rev. 1989, 150

- The Brussels Convention and third states: A British perspective, in: Jayme, E., (Hrsg.), Ein internationales Zivilverfahrensrecht für Gesamteuropa: EuGVÜ, Lugano-Übereinkommen und die Rechtsentwicklungen in Mittel- und Osteuropa, Heidelberg, 1992, S. 173 (zit.: Mennie, in Jayme, Gesamteuropa)

Morison, W.M.: The decisions of the Court of Session from its institution until the separation of the Court into two divisions in the year 1808, digested under the proper heads in the form of a dictionary, Bd. XI/XII, Edinburgh, 1811 (zit.: Morison's Dictionary of Decisions, Bd. XI/XII)

Morse, C.G.J.: Obtaining evidence abroad: English and American comparisons, in: Plender, R., (Hrsg.), Legal history and comparative law: Essays in honour of Albert Kiralfy, London. 1990, S. 159 (zit.: Morse, in Plender)

Müller, H.: Die Gerichtspflichtigkeit wegen "doing business". Ein Vergleich zwischen dem US-amerikanischen und dem deutschen Zuständigkeitssystem, Berlin-Bonn-München, 1992

Münchener Kommentar zur Zivilprozeßordnung, Band 3: §§ 803-1048, EGZPO, GVG, EGGVG, Internationales Zivilprozeßrecht, München, 1992 (zit.: MünchKommZPO (/Bearbeiter))

Nagel, A.M.: Anmerkung zu BGH, 12.10.1989, EuZW 1990, 38

Nagel, H.: Internationales Zivilprozeßrecht, 3. Aufl., Münster, 1991

North, P.M.: The Brussels Convention and forum non conveniens, IPRax 1992, 183

Nussbaum, A.: Deutsches internationales Privatrecht unter besonderer Berücksichtigung des österreichischen und schweizerischen Rechts, Tübingen, 1932

O'Hare, J. / *Hill*, R.N.: Civil litigation, 5. Aufl., London 1990

O'Malley, S. / *Layton*, A.: European civil practice, London, 1989

Park, W. / *Cromie*, S.: International commercial litigation, London, 1990

Piltz, B.: Die Zuständigkeitsordnung nach dem EWG-Gerichtsstands- und Vollstreckungsübereinkommen, NJW 1979, 1071

Prüßmann, H. / *Rabe*, D.: Seehandelsrecht, 3. Aufl., München, 1992

Rauscher, T. / *Gutknecht*, U.: Teleologische Grenzen des Art. 21 EuGVÜ?, IPRax 1993, 21

Reithmann, C. / *Martiny*, D.: Internationales Vertragsrecht, Das internationale Privatrecht der Schuldverträge, 4. Aufl., Köln, 1988 (zit.: Reithmann(-Bearbeiter))

Reus, A.: Die "forum-non-conveniens-doctrine" in Großbritannien und den USA in Zukunft auch im deutschen Prozeß ?, RIW 1991, 543

Robertson, D.W.: Forum non conveniens in America and England: "A rather fantastic fiction", (1987) 103 L.Q.R. 398

Samtleben, J.: Internationale Gerichtsstandsvereinbarungen nach dem EWG-Übereinkommen und nach der Gerichtsstandsnovelle, NJW 1974, 1590

Schack, H.: Derogation des Vermögensgerichtsstands zwischen deutscher lex fori und ausländischem Prorogationsstatut, IPRax 1990, 19

- Einführung in das US-amerikanische Zivilprozeßrecht, München, 1988 (zit.: Schack, US-amerikanisches Zivilprozeßrecht)
- Internationales Zivilverfahrensrecht, München, 1991 (zit.: Schack, IZVR)
- Vermögensbelegenheit als Zuständigkeitsgrund – Exorbitant oder sinnvoll? – § 23 ZPO in rechtsvergleichender Perspektive, ZZP 97 (1984), 46

Schlosser, P.: "Forum non conveniens" wegen Inaktivität der Prozeßbeteiligten?, IPRax 1983, 286

- Bericht zu dem Übereinkommen des Königreichs Dänemark, Irlands und des Vereinigten Königreichs Großbritannien und Nordirland über den Beitritt zum Übereinkommen über die gerichtliche Zuständigkeit und die Vollstreckung gerichtlicher Entscheidungen in Zivil- und Handelssachen sowie zum Protokoll betreffend die Auslegung dieses

Übereinkommens durch den Gerichtshof, Abl.EG vom 5.3.1979, Nr. C 59/71 (zit.: Schlosser-Bericht)

– Die lange deutsche Reise in die prozessuale Moderne, JZ 1991, 599

Schröder, J.: Internationale Zuständigkeit – Entwurf eines Systems von Zuständigkeitsinteressen im zwischenstaatlichen Privatverfahrensrecht aufgrund rechtshistorischer, rechtsvergleichender und rechtspolitischer Betrachtungen, Opladen, 1971

Schulze, J.W.: Der Arrest von Seeschiffen im englischen Recht, TransportR 1987, 409

Schumann, E.: Internationale Rechtshängigkeit (Streitanhängigkeit), in: Rechberger W. H./Welser, R. (Hrsg.), Festschrift für Winfried Kralik zum 65. Geburtstag, Wien, 1986, S. 301 (zit.: Schumann, FS Kralik)

Schütze, R.A.: Deutsches internationales Zivilprozeßrecht, Berlin-New York, 1985

– Die Anerkennung und Vollstreckbarerklärung US-amerikanischer Schadensersatzurteile in Produkthaftungssachen in der Bundesrepublik Deutschland, in: Habscheid, W. J./Schwab, K. H. (Hrsg.), Festschrift für Heinrich Nagel zum 75. Geburtstag, Münster, 1987, S. 392 (zit.: Schütze, FS Nagel)

Schuz, R.: Controlling forum-shopping: The impact of MacShannon v. Rockware Glass Ltd., (1986) 35 I.C.L.Q. 374

Schwartz, A.R.: In re Harrods Ltd.: The Brussels Convention and the proper application of forum non conveniens to non-contracting states, (1991-1992) 15 Fordham Int. L.J. 174

Scoles, E.F. / *Hay,* P.: Conflict of Laws, 2. Aufl., St. Paul (USA), 1992

Siehr, K.: Ehrenzweigs lex-fori-Theorie und die Bedeutung für das amerikanische und deutsche Kollisionsrecht, RabelsZ 34 (1970), 587

– Forum shopping im internationalen Rechtsverkehr, (1984) 25 ZfRvgl. 124

Slater, A.G.: Forum non conveniens, A view from the shop floor, (1988) 104 L.Q.R. 554

Smart, P.: Lis alibi pendens: Staying or discontinuing English proceedings, (1990) Lloyd's M.C.L.Q. 326

Spellenberg, U.: Internationale Zuständigkeit (2. Teil und Schluß), JA 1978, 57, 60

Stein / Jonas: Kommentar zur Zivilprozeßordnung, 20. Aufl., Band 1, §§ 1 – 252, Tübingen, 1984 (zit.: Stein/Jonas(/Bearbeiter))

– Kommentar zur Zivilprozeßordnung, 20. Aufl., Band 2, 1. Halbband, §§ 253 – 299a, Tübingen, 1987, (zit.: Stein/Jonas(/Bearbeiter))

v. Hoffmann, B.: Das EWG-Übereinkommen über die gerichtliche Zuständigkeit und die Vollstreckung gerichtlicher Entscheidungen in Zivil- und Handelssachen, AWD 1973, 57

– Gegenwartsprobleme internationaler Zuständigkeit, IPRax 1982, 217

v. Mehren, A.T.: Recognition and Enforcement of sister-state judgments: Reflections on the European Economic Community and the United States, (1981) 81 Columbia L.R. 1044

Verheul: The forum (non) conveniens in English and Dutch law and under some international conventions, (1986) 35 I.C.L.Q. 413

Wahl, U.: Die verfehlte internationale Zuständigkeit, Berlin, 1974

Weiler, J.H.H.: Forum non conveniens – an English doctrine?, (1978) 41 M.L.R. 739

Wengler, W.: Buchbesprechung zu: Ehrenzweig, A.E., Treatise on the Conflict of Laws (1962), 165 (1965) AcP 367

– Zur Adoption deutscher Kinder durch amerikanische Staatsangehörige, NJW 1959, 127

Zöller, R.: Zivilprozeßordnung, 17. Aufl., Köln, 1991 (zit.: Zöller(/Bearbeiter)

Entscheidungsverzeichnis

I. Entscheidungen des Europäischen Gerichtshofs

EuGH, 30.11.1976, Rs. 21/76 (Bier/Mines de Potasse d'Alsace), Slg. 1976, 1735 = NJW 1977, 493 = RIW 1977, 356

EuGH, 30.11.1976, Rs. 42/76 (De Wolf/Cox), Slg. 1976, 1759 = NJW 1977, 495 (nur Leitsatz) (GA)

EuGH, 22.11.1978, Rs. 33/78 (Somafer/Saar Ferngas), Slg. 1978, 2183 = RIW 1979, 56

EuGH, 15.11. 1983, Rs. 228/82 (Duijnstee/Goderbauer), Slg. 1983, 3663 = IPRax 1985, 92 = RIW 1984, 483

EuGH, 8.12.1987, Rs. 144/86 (Gubisch/Palumbo), Slg. 1987, 4861 = NJW 1989, 665 = IPRax 1989, 157 = RIW 1988, 818

EuGH, 27.9.1988, Rs. 189/87 (Kalfelis/Schröder), Slg. 1988, 5565 = NJW 1988, 3088 = IPRax 1989, 288 = RIW 1988, 901

EuGH, 11.1.1990, Rs. 220/88 (Dumez France/Hessische Landesbank (HeLaBa), Slg. 1990-I 49 = NJW 1991, 631

EuGH, 15.5.1990, Rs. 365/88 (Hagen/Zeehaghe), Slg. 1990-I, 1845 = NJW 1991, 2621 = IPRax 1992, 310

EuGH, 27.6.1991, Rs. 351/89 (Overseas Union Insurance u.a.), Slg. 1991-I, 3317 = NJW 1992, 3221 = IPRax 1993, 34 = EuZW 1992, 734

II. Deutsche Entscheidungen

BGH, 3.5.1977, NJW 1977, 1590

BGH, 10.10.1985, NJW 1986, 2195

BGH, 12.10.1989, IPRax 1990, 318 = BGHZ 109, 29 = NJW 1990, 317 = RIW 1990, 63

BGH, 2.7.1991, NJW 1991, 3092 = BGHZ 115, 90 = IPRax 1992, 160 = JZ 1992, 51 = RIW 1991, 856

OLG München, 28.9.1989, IPRax 1991, 46

III. Englische Entscheidungen

Adams v. Cape Industries Plc. [1990] 2 W.L.R. 657, 747 = [1990] Ch. 433 = [1991] 1 All E.R. 421 (C.A.)

Aldington Shipping Ltd. v. Bradstock Shipping Corporation and Mabanaft G.m.b.H. (The Waylink and Brady Maria) [1988] 1 Lloyd's Rep. 475 (Gibraltar C.A.)

Amin Rasheed Shipping Corporation v. Kuwait Insurance Co. [1983] 1 W.L.R. 228 (C.A.)

Amin Rasheed Shipping Corporation v. Kuwait Insurance Co. [1984] 1 A.C. 50 = [1983] 3 W.L.R. 241 = [1983] 2 All E.R. 884 (H.L.)

Aratra Potato Co. Ltd. and Another v. Egyptian Navigation Co. (The El Amria) [1981] 2 Lloyd's Rep. 119 (C.A.)

Arkwright Mutual Insurance Co. v. Bryanston Insurance Co. Ltd. and Others [1990] 2 Lloyd's Rep. 70 = [1990] 2 Q.B. 649 = [1990] 3 W.L.R. 705 = [1990] 2 All E.R. 335

Astro Exito Navegacion S.A. v. W.T. Hsu (The Messiniaki Tolmi) [1983] 1 Lloyd's Rep. 666

Atlantic Star (Owners) v. Bona Spes (Owner) (The Atlantic Star) [1974] A.C. 436 = [1973] 2 W.L.R. 795 = [1973] 2 All E.R. 175 (H.L.)

Australian Commercial Research and Development Ltd. v. ANZ McCaughan Merchant Bank Ltd. [1989] 3 All E.R. 65

Banco Atlantico S.A. v. The British Bank of the Middle East [1990] 2 Lloyd's Rep. 504 (C.A.)

Barclays Bank of Swaziland Ltd. v. Hahn [1989] 1 W.L.R. 13 (C.A.)

Barclays Bank of Swaziland v. Hahn [1989] 1 W.L.R. 506 = [1989] 2 All E.R. 398 (H.L.)

Boyle v. Sacker [1888] 39 Ch.D. 249 (C.A.)

Boys v. Chaplin [1971] A.C. 356 = [1969] 3 W.L.R. 322 (H.L.)

Britannia Steamship Insurance Association Lt. and Others v. Ausonia Assicurazioni S.p.A. [1984] 2 Lloyd's Rep. 98 (C.A.)

Castanho and Brown v. Root [1981] A.C. 557 = [1980] 3 W.L.R. 991 = [1981] 1 All E.R. 143 (H.L.)

Charm Maritime Inc. v. Minos Xenophon Kyriakou and David John Mathias [1987] 1 Lloyd's Rep. 433 (C.A.);

Chellaram and Others v. Chellaram and Others [1985] 2 W.L.R. 510 = [1985] Ch. 409 = [1985] 1 All E.R. 1043

Cleveland Museum of Art v. Capricorn Art International S.A. and Another [1990] 2 Lloyd's Rep. 166

Colt Industries v. Sarlie [1966] 1 W.L.R. 440

Cordoba Shipping Co. Ltd. v. National State Bank Elizabeth, New Jersey (The Albaforth) [1984] 2 Lloyd's Rep. 91 (C.A.)

De Dampierre v. De Dampierre [1988] 1 A.C. 92 = [1987] 2 W.L.R. 1006 = [1987] 2 All E.R. 1 (H.L.)

Deverall v. Grant Advertising Inc. [1955] 1 Ch. 111 = [1954] 3 W.L.R. 688 = [1954] 3 All E.R. 389 (C.A.)

Dimskal Shipping Co. S.A. v. The International Transport Workers Federation (The Evia Luck) [1986] 2 Lloyd's Rep. 165

Dunlop Pneumatic Tyre v. Cudell [1902] 1 K.B. 342 (C.A.)

E.I. Du Pont de Nemours & Co. and Endo Laboratories v. I.C. Agnew, K.W. Kerr and Others [1987] 2 Lloyd's Rep. 585 (C.A.)

First National Bank of Boston v. Union Bank of Switzerland and Others [1990] 1 Lloyd's Rep. 32 (C.A.)

Gulf Oil Belgian S.A. v. Finland Steamschip Co. Ltd. (The Wellamo) [1980] 2 Lloyd's Rep. 229

H.R.H. Maharanee Seethadevi Gaekwar of Baroda v. Wildenstein [1972] 2 Q.B. 283 (C.A.)

Hamed El Chiati & Co. (T/A Travco Nile Cruise Lines) v. The Thomas Cook Group Ltd. (The Nile Rhapsody) [1992] Lloyd's Rep. 399

Hawke Bay Shipping Co. Ltd. v. The First National Bank of Chicago (The Efthimis) [1986] 1 Lloyd's Rep. 244 (C.A.)

In re Harrods (Buenos Aires) Ltd. [1991] 3 W.L.R. 397 = [1992] Ch. 72 = [1991] 4 All E.R. 334 (C.A.)

In re Norton's Settlement, Norton v. Norton [1908] 1 Ch. 471 (C.A.)

Ionian Bank v. Couvreur [1969] 1 W.L.R. 781 (C.A.)

ISC Technologies Ltd. and Another v. James Howard Guerin and Others [1992] 2 Lloyd's Rep. 430

Islamic Arab Insurance Co. v. Saudi Egyptian American Reinsurance [1987] 1 Lloyd's Rep. 315 (C.A.)

Kuwait Oil Co. v. Idemitsu Tankers KK. (The Hida Maru) [1981] 2 Lloyd's Rep. 511 (C.A.)

Ladenimor S.A. (Appelants) v. Intercomfinanz S.A. (Respondents) IPRax 1992, 373 (H.L.) (Vorlagebeschluß)

Logan v. Bank of Scotland and Others (No. 2) [1906] K.B. 141 (C.A.)

MacShannon v. Rockware Glass Ltd. [1978] A.C. 795 = [1978] 2 W.L.R. 362 = [1978] 1 All E.R. 625 (H.L.)

McHenry v. Lewis [1882] 22 Ch.D. 397 (C.A.)

Meadows Indemnity Co. Ltd. v. Insurance Corporation of Ireland Ltd. and International Commercial Bank Plc. [1989] 1 Lloyd's Rep. 181

Meadows Indemnity Co. Ltd. v. Insurance Corporation of Ireland Ltd. and International Commercial Bank [1989] 2 Lloyd's Rep. 298 (C.A.)

Metall und Rohstoff AG v. ACLI Metals (London) Ltd. [1984] 1 Lloyd's Rep. 598 (C.A.)

Mitsubishi Corporation v. Aristidis I. Alafaouzos [1988] 1 Lloyd's Rep. 191

Muduroglu Ltd. v. TC Ziraat Bankasi [1986] 3 All E.R. 682 = [1986] Q.B. 1225 = [1986] 3 W.L.R. 606 (C.A.)

National Mortgage and Agency Co. of New Zealand Ltd. v. Gosselin [1922] 38 T.L.R. 832 (C.A.)

Okura v. Forsbacka Jernverks [1914] 1 K.B. 715 (C.A.)

Peruvian Guano Company v. Bockwoldt [1883] 23 Ch.D. 225 (C.A.)

ROFA Sport Management AG and Another v. DHL International (UK) Ltd. and Another [1989] 2 All E.R. 743 (C.A.)

Rome v. Punjab National Bank (No. 2) [1989] 1 W.L.R. 1211 = [1990] 1 All E.R. 58 (C.A.)

Roneleigh Ltd v. MII Exports Inc. [1989] 1 W.L.R. 619 (C.A.)

S. & W. Berisford and NGI International Precious Metals Ins. v. New Hampshire Insurance Co. [1990] 1 Lloyd's Rep. 454 = [1990] 2 Q.B. 631 = [1990] 3 W.L.R. 688 = [1990] 2 All E.R. 321

Sabatier v. The Trading Co. [1927] 1 Ch. 495

Saccharin Corporation v. Chemische Fabrik von Heyden [1911] 2 K.B. 516 (C.A.)

Saipem S.p.A. v. Dredging VO B.V. and Geosite Surveys Ltd. (The Volvox Hollandia) [1988] 2 Lloyd's Rep. 361 (C.A.)

Smith Kline & French Laboratories Ltd. and Others v. Bloch [1983] 1 W.L.R. 730 = [1983] 2 All E.R. 72 (C.A.)

Société Nationale Industrielle Aerospatiale v. Lee Kui Jak and Another [1987] 1 A.C. 871 = [1987] 3 W.L.R. 59 = [1987] 3 All E.R. 510 (Pr.C.)

Sohio Supply Co. v. Gatoil (USA) Inc. [1989] 1 Lloyd's Rep. 588 (C.A.)

South Carolina Insurance Co. v. Assurantie Maatschappij "De Zeven Provincien" NV and Another [1987] 1 A.C. 24 = [1986] 3 W.L.R. 398 = [1986] 3 All E.R. 487 (H.L.)

Spiliada Maritime Corporation v. Cansulex Ltd. [1987] 1 A.C. 460 = [1986] 3 W.L.R. 972 = [1986] 3 All E.R. 843 (H.L.)

St. Pierre and Others v.South American Stores (Gath and Chaves) Ltd. and Others [1936] 1 K.B. 382 (C.A.)

The Abidin Daver [1984] 1 A.C. 398 = [1984] 2 W.L.R. 196 = [1984] 1 All E.R. 470 (H.L.).

The Adhiguna Meranti [1988] 1 Lloyd's Rep. 384 (Hong Kong C.A.)

The Adolf Warski [1976] 1 Lloyd's Rep. 107

The Atlantic Star [1971] 1 Lloyd's Rep. 534

The Atlantic Star [1973] 1 Q.B. 364 (C.A.)

The Blue Wave [1982] 1 Lloyd's Rep. 151

The Burns [1907] P. 137 (C.A.)

The Coral Isis [1986] 1 Lloyd's Rep. 413

The Deichland [1990] 1 Q.B. 361 = [1989] 3 W.L.R. 478 = [1989] 2 All E.R. 1066 (C.A.)

The El Amria and El Mina [1981] 2 Lloyd's Rep. 539

The Emre II [1989] 2 Lloyd's Rep. 182

The Forum Craftsman [1985] 1 Lloyd's Rep. 291 (C.A.)

The Gemma [1899] P. 285

The Jalakrishna [1983] 2 Lloyd's Rep. 628

The Kislovodsk [1980] 1 Lloyd's Rep. 183

The Lakhta [1992] 2 Lloyd's Rep. 269

The Nautik [1895] P. 121

The Netty [1981] 1 Lloyd's Rep. 57

The Panseptos [191] 1 Lloyd's Rep. 152

The Pia Vesta [1984] 1 Lloyd's Rep. 169

The Po [1990] 1 Lloyd's Rep. 418

The Po [1991] 2 Lloyd's Rep. 206 (C.A.)

The Prinsengracht [1993] 1 Lloyd's Rep. 41

The Sidi Bishr [1987] 1 Lloyd's Rep. 42

The Standard Owners' Protection and Indemnity Association (Bermuda) Ltd. v. Gann and Another [1992] 2 Lloyd's Rep. 528

The Traugutt [1985] 1 Lloyd's Rep. 76

The Vishva Abha [1990] 2 Lloyd's Rep. 312

The Vishva Ajay [1989] 2 Lloyd's Rep. 558

The Wladyslaw Lokietek [1978] 2 Lloyd's Rep. 520

Thornton v. Thornton [1886] 11 P.D. 176 (C.A.)

Trendtex Trading Corporation and Another v. Crédit Suisse [1980] 3 All E.R. 721

IV. Schottische Entscheidungen

Col. Brog's Heir (1639) Morison's Dictionary of Decisions, Bd. XI/XII, S. 4816

Joel v. Gill [1858-59] 21 S.C. (Dunlop) 929

La Société du Gaz de Paris v. La Société Anonyme de Navigation "Les Armateurs Français" [1926] S.C. (H.L.) 13

Longworth v. Hope [1864-65] 3 S.C. (Macpherson) 1049

Macadam v. Macadam [1872-73] 11 S.C. (Macpherson) 860

Sim v. Robinow [1891-1892] 19 S.C. (Rettie) 665

V. US-amerikanische Entscheidungen

Piper Aircraft Co. v. Reyno, 454 US 235

FSC
www.fsc.org
MIX
Papier | Fördert gute Waldnutzung
FSC® C083411

Kolibri 360 GmbH
Ferdinand-Jühlke-Straße 7
99095 Erfurt, Deutschland
produktsicherheit@kolibri360.de

Druck:
CPI Druckdienstleistungen GmbH
im Auftrag der
Kolibri 360 GmbH
Ferdinand-Jühlke-Str. 7
99095 Erfurt